U0136149

論語核心思想探研

蘭臺國學研究叢刊 第一輯 7

江闊 著

蘭臺出版社

總　序

　　夫國學者，一國固有之學術思想也；此乃民族精神之所基，國家靈魂之所依，文化命脈之所寄。吾泱泱中華之所以卓然傲立於世數千載，端賴於此道統思想薪火相傳，燈燈無盡，代代傳衍，不絕如縷。故四大文明古國，獨中國存世於今，此誠世界文明之奇蹟，亦吾國歷代知識份子之功也。然自清末列強交侵，民初之「五四運動」以來，西潮如浪，澎湃洶湧，傳統之學術思想受到極大的衝擊，頗有「經書緒亂，書缺簡脫，禮壞樂崩」之勢。

　　中國自上古時代起即有史官記事之傳統，綿歷於今數千年不衰；歷代知識份子亦皆有傳承道統思想之自覺。傳統學術思想之傳承，有賴於斯。更切要者，乃在中國傳統之學術思想與人生關係密切，無一不可於日常生活中確實篤行，且隨其歲月歷練淺深之不同，而有不同之感悟，如張潮於《幽夢影》中所言：「少年讀書，如隙中窺月；中年讀書，如庭中觀月；老年讀書，如臺上玩月，皆以閱歷之淺深，為所得之淺深耳。」此乃吾國學術思想之特色和引人入勝處，亦是與西方之純哲學與人生決無關涉所不同者。

　　於今物質勃發，人心飄搖無著之際，中國哲學當有所裨益於世，所謂「求其放心」，進而能「為天地立心，為生民立命；為往聖繼絕學，為萬世開太平」。更有甚者，在於一國之復興，必先待國學之復興；一國之強盛，必先待國學之強盛！未見一國之富

強而國學不興盛者。國學興盛，民族精神方有基礎，國家靈魂方有依憑，文化命脈方有寄託。

　　蘭臺於此時出版「蘭臺國學研究叢刊」，除傳承固有之國學命脈，亦是為故國招魂，更深信東方哲學是本世紀人類文化的出路，在舊傳統裡尋找新智慧，將大有益於世。希冀此叢刊的出版，能收「雲蒸霧散，興化致理，鴻猷克贊」之效。

蘭臺出版社

論語核心思想探研

——對仁義禮的解讀

江闐

蘭臺出版社

前　言
──學習孔學必須注意的幾個問題

中國傳統文化作為中華民族五千年的智慧結晶，博大精深，這個文化思想體系法天則地蘊涵了深邃的文化科學精神，她使華夏文明延續了五千年以上的時間，在眾多的文明古國中，成為了唯一沒有發生重大歷史斷層的文化。只可惜近百年來，中國傳統文化遭到了史無前例的壓制與批判幾乎達到了廢棄的程度。

我們學習中國文化的目的是為了把握民族文化的精神和特質，找到中國人之所以能安身立命的根據，並據此而行，將已傳承了五千多年的民族文化發揚光大，使中國文化屹立於世界民族文化之林。這是我們學習孔子思想文化的根本目的，而其中的關鍵在於能身體力行。

一、學習傳統文化的態度

南懷瑾先生在《論語別裁》中提出了一個非常嚴重的觀點，亡國了還可以復國，而文化的滅亡，則會萬劫不復。

南懷瑾先生的觀點絕非危言聳聽，「亡國了還可以復國」在中國的歷史上是有前例的，早有五代十國之亂，後有元、清之史，但中國都在亡國後得以復國。而「文化的滅亡，則會萬劫不復」的觀點可以從世界上另三個文明古國的歷史得到印證。

中國傳統文化是需要用心靈、智慧去參悟的文化，只從表面上做文章，不但不能對中國傳統文化有正確的理解，反而會扭曲中國傳統文化的本意。

　　孔學之深邃，又因為其追求中正而非常之精微和廣博。曾子關於《大學》的窮理、正心、修己、治世之道提出了「三綱八目」的修習綱要，南懷瑾先生在《原本大學微言》中對如何修習大學，又在「三綱八目」的基礎上增加了「七證」，形成了「三綱七證八目」綱要。他認為要修習八目：格物、致知、誠意、正心、修身、齊家、治國、平天下，還需有：知、止、定、靜、安、慮、得的七證過程。以現代人的浮躁心態最難做到的就是其中「定、靜」的功夫；若是缺少了定、靜的層次，知、止、安、慮、得等則都將要大打折扣了。

　　對治癒時下浮躁的流弊，於此僅提幾點關於學習態度的建議供參考：

　　（一）持「功成不必在我」的心態，浮躁之心便可自消。如此方有可能達到定、靜，而獲得更進一步的深入。

　　（二）學習孔學要以傳承中國文化為己任，以真心誠意地想要釐清孔子思想中的概念，不能是人云亦云以訛傳訛。要以不曲解聖意，不誤來人的責任心來學習經典。

　　（三）要明白學習與做人的關鍵只在於如何「用心」上。不妨在這裡介紹我的體會與大家共勉：

　　用歷史的眼光看歷史，是思考與借鑑；

　　用今天的眼光看歷史，是挑剔與批判；

　　用歷史的眼光看今天，是謹慎與責任；

　　用今天的眼光看今天，則是實用主義。

　　（四）學習的目的在於實踐，所以還要做到「博學之，審問之，慎思之，明辨之，篤行之」。

二、學習傳統文化的方法

　　我們學習中國傳統文化，首先要明白其核心以及文化的層次內

容，如下：中國傳統文化→儒家文化→孔子思想→中庸之道。這個關係鏈能非常明確的告知我們，中國傳統文化的主體內容是儒家文化；而孔子思想又是儒家文化的核心代表；中庸之道又是孔子學說的核心。找到中國文化的主體和層次方向是我們學習的第一步。當然，如果有人就是要學習其他諸子的學說，那也是非常可貴、非常好的事，只是會繞點彎路而且難得中國文化的正解。

其次，要瞭解中國文化的特點與來源依據。中國傳統文化相對於其它文化有許許多多的特點，但最重要的特點有如下兩項。

（一）歸納法

中國傳統文化核心理論的特點是：歸納法。中國文化是既可以演繹也可以歸納的。我們從太極生兩儀、兩儀生四象、四象生八卦、八卦相重成六十四卦，這個方向是描述由太極演繹為六十四卦（萬物）的過程，反過來則是求道日損的歸納過程。中國傳統文化的教育，志在求道，以達到「天人合一」為最高境界，所以中國傳統文化核心理論的特點可總結為歸納法。

在明白「天人合一」的方向後，還要再進一步明白「天人合一」的「合」是合之於德的，當有了這層認識，我們才能用「天人合一」思想指導具體的修行，理解孔學為何強調篤行。

（二）中國傳統文化核心作用的特點

中國傳統文化核心作用上也有特點，東漢政論家王符在《潛夫論》中，對孔子思想體系的作用特點作了高度概括，曰：「不務治民事，而務治民心。」

我們如果要對孔子思想和作用做進一步的細分，則可分為如下數項：

1、孔子思想的核心是仁孝思想，這成為了中國人安身立命的根本所在。

2、孔子思想的世界觀和方法論是中庸之道。

3、孔子思想中的人生觀和價值觀是以修身為本的。在孔子思想中只重視了修身之人，未能立志修身之人不僅得不到重視，而且還會成為社會整治的對象（這是「修身為本」與「以人為本」理念的重要區別）。

4、孔子思想中對個人行為的要求是篤行善道。從對論語的學習中，我發現孔子關於個人行為的四個原則，分別為：「義以為質」、「義之與比」、「義然後取」和「終於立身」。我們瞭解了這四個行為原則，才能理解孔子很多行為背後的指導思想，真正認識孔子。

5、孔子的治世思想。在《論語》中，孔子將「為政」解釋為「政者，正也」和「為政以德」，我們研究孔子的這兩句名言可以得出「政＝正＝德」的思路，深入地研究就能解讀出中國文化是以仁義為「正」的概念，有了「正」與「不正」的概念，我們才能知道中國文化中的對錯標準所在，這個重要性是不言而喻的，它可以說是中國文化所有爭論的根本焦點。然而，人們以往對中國文化的種種爭論卻處在這個問題的周邊。所以，我們學習孔子學說，最要搞清楚的一個字就是這個「正」字，正就是中正仁義，而中正仁義則是聖人為中國人確立的「人之道」，是人之所以為人，是人與禽獸相區別的根本標誌。所以明末的顧炎武先生明確地說：「仁義充塞，而至於率獸食人，人將相食，謂之亡天下。」如果我們把顧先生的這段直接讀為：「仁義充塞…謂之亡天下」則更便於理解仁義的作用。

6、孔子的法制和「為政」思想的有機結合，形成「德主刑輔」的治世思想。孔子作為世界上最著名的大法官，其獨特的法律思想都反映在「必也使無訟乎」這句話中，但要理解其中的深邃內涵和法律

機制，則必須參考曾子和鄭玄等學者對這一句名言的解釋，當你瞭解到孔子的刑法目的只是使犯罪分子「誠其意」，而手段是「大畏民志」時，才能體會儒家「不務治民事而務治民心」的境界，才能明白孔子思想中的人生觀和價值觀為什麼是以修身為本的，才能看到中國儒家法律思想的核心點，這是中國法理之源頭活水！才能看到中國文化中孔學法理的高明。

7、孔子的義利觀。很多人都認為法家是重利，墨家是重義與利的，而儒家是重義輕利的。其實不然，孔子學說所持的中庸之道使得在義利觀上，亦能兼法家重利、墨家義利並重的兩家之善。在下的研究認為孔子的義利觀是一體的，只有主次之分，準確地說：義是綱，利是目。

孔子思想非常廣博、精微，內容非常龐雜且無所不包，因此想在非常龐雜且無所不包的內容中，理出頭緒是非常困難的。我們都知道中國文化有「體用」的兩個層次，我們對中國文化的學習不能在「用」的層次上展開，在「用」的層次上展開則浩如煙海，很難理出頭緒。因此學習的著力點要放在釐清概念的「體」上，且要一門深入，這是一大捷徑。當我們對孔子提到的概念能一追到底時，才能清晰其根本目的。在一門深入時還會牽涉到許多相關的概念，當這些相關概念亦能漸漸釐清時，自然能豁然開朗將許多看似不相干的事情聯繫起來。回過頭來再慢慢品味，才能慢慢地看到中國文化、孔子思想的廣博與精微！

（三）中國文化與西方文化上的幾個區別

1、中西文化的重大區別，是對問題所在「層次」有不同的認識。我們從易經的卦象上就能看出事物都能分為體卦用卦，體卦代表事物的內因，用卦代表外因，而六個爻又分別表示了內因和外因的三

個層次，整個事物共分六個層次，任何一爻的變化都會影響事物的變化。易經思想最能代表中國文化的思維方法。而西方文化只有了矛盾的雙方，層次上只分為了兩個方面。

2、中西文化存在有方向的不同。中國文化是歸納法，西方文化是學習知識、是向外求的，是演繹法。

3、中西文化還存在標準「原點」的不同。關於中國文化中對錯標準的所在，董仲舒有如下的總結，曰：「義之法在正我，不在正人。我不自正，雖能正人，弗予為義」。董仲舒這段話非常清楚地說明中國人是以義為標準的，而義是用來端正自己的，中國儒家文化「原點」的位置在自身。西方文化中的標準「原點」是法律，在身外，關於法律的運用我們只要看看庭審上的表演就知道了，沒有一個是針對自己的，全都是針對別人的。董仲舒在二千年前就留下了對法律的評論，曰：「雖能正人，弗予為義」。

4、中西文化在側重點上也有不同。中國文化是素質教育，而西方文化則只是知識與技能的教育。對於這個問題我們只要總結一下孔子思想中提及的概念，就可清楚的看到這個區別，孔子思想中提及的概念有：仁、義、禮、孝、弟（悌）、知、信、忠、恕、直、勇、節、溫、良、恭、儉、讓、寬、敏、惠等二十項（可能有遺漏）。而我們現代實行的西方教育模式，學習了其中的哪一項呢？二十項都不占一項，社會道德能不降低嗎？

三、學以致用

（一）認識中庸之道的廣博

孔子思想之博大是以中庸之道為核心的。中庸之道之所以深奧有一個重要的原因，中庸沒有門戶之見。因為中庸之道不排斥任何門派

的方法和管理手段，條件是使用這些方法、手段要適中要合於中正仁義的思想。或者說，諸子百家提出的各類思想、方法，若能以中正仁義之心恰如其分的使用之，就又將落回到中庸之道的範圍內；還可以理解為中庸之道攝取了一切思想學說中的合理部分，在別處可能完全錯誤的，絕對不能用的，換了時空條件到了此時此地的境況，行為者又出於中正仁義之心，結果就又合於中庸思想了。對錯之間好像沒有了明確界限，令不知究竟的人完全摸不著頭緒。正因為中庸有如此的包容性，所以成就其廣博深邃。

（二）尋找可安身立命的精神家園

學習中國文化最重要的是要找到自己安身立命的精神家園。

中庸之道是一種世界觀和方法論，諸子百家任何一派的思想觀點都有多少一點合理的部分，然而哪怕是就只有一點點的合理部分，亦都要歸入中庸的範圍。中庸的概念囊括了所有思想派別的合理部分，中庸思想是唯一正確的思想模式。使用中庸之道皆對，反過來亦成立，對的皆可歸於中庸。

如果認為上述結論有什麼出入與偏差，原因不在於中庸之道，而在於你所認為的「對」與客觀上的「對」是否相一致。這就又回到了前文提到的問題：中國人以什麼為對錯（正與不正）？研究透徹這個問題就能明白中國文化為何能予人以安身立命。

我們學習中國文化就是要為自己、為國民找尋安身立命的依據，並身體力行，篤行之和弘揚之，找尋與營造國民之精神家園。

（三）什麼是仁、義的思想

國人皆知孔子思想講仁義。但什麼是仁？什麼是義？卻未必清楚。其實仁的思想觀念就是要培養出一種「用心」的思想傾向、思

想方法。佛學中叫慈悲心，儒學叫仁愛、仁慈、仁義。而中國古時對仁愛之心的培養卻很平常，是從孝悌開始的。當一個人從小就得到良好正確的教育，內心中漸漸養成了關心和隨順長輩，替長輩替他人著想，在以後的生活中則能將「己所不欲勿施於人」的愛心漸漸推而廣之到社會上，自己建立起了「老吾老及人之老，幼吾幼及人之幼」之思想；有了「已欲達而達人，已欲立而立人」的思想後，一個人也就不再會犯大的錯誤了。而所謂的良好教育也不是現代的概念，而是分辨對錯是非按義而行的。在《禮運》中對什麼是義作了非常明確的敘述，曰：「何謂人義？父慈、子孝、兄良、弟弟、夫義、婦聽、長惠、幼順、君仁、臣忠，十者謂之人義。」從《禮運》中我們可以看到中國古人對義的把握與孝悌的培養是完全一致的，這就是為什麼中國人的一切教化皆出自孝悌的原因。

對於缺失了孝悌教育的現代人，仁義道德還曾經是倍受批判的封資修。我就是在「批林批孔」的活動中才第一次聽說中國還有個孔老二的人需要我們來批判的。人們心智已被厚重的權術、功利思想所蒙蔽，社會道德滑坡的泥石流要到哪裡才能停？天知道！

我們今天學習中國文化最起碼應有什麼樣的認識呢？我認為，要認識什麼是仁，仁就是人們心智的一個轉變，能從世俗對利追逐的潮流中清醒過來，在逐利的過程中還認識到有比利更可貴的義，並從「正利而為」轉變為「正義而行」就是仁的轉變。仁與不仁只在一個念頭之中，所以孔子說：「吾欲仁，斯仁至矣」、「為仁由己，而由人乎哉」。孔子因能時時刻刻保持仁義之心，行為上且能不逾矩，故能超凡而入聖。當今社會人們隨大流慣了，個人心性漸受蒙蔽不辨是非曲直，誤以為人生只為金錢奔波，來來往往誤以利祿是故鄉了。如果在讀國學經典中，忽一日理解了聖意，於心中升起大智慧，認識仁義道德，轉變心智，一改往日隨波逐流，人生則將會經過一個最低的

轉捩點。從此告別迷茫，人生則漸漸遠離渾沌與醜陋，而漸進於謙謙君子，這就是我們學習中國文化最起碼的、應有的思想收穫。

（四）仁義的終極作用

明末清初的顧炎武在《日知錄》卷十三〈正始〉中說：「有亡國，有亡天下，亡國與亡天下奚辨？曰：易姓改號謂之亡國。仁義充塞，而至於率獸食人，人將相食，謂之亡天下」。

顧炎武在《日知錄》中明確地區分了亡國與亡天下的不同，「易姓改號」是亡國，只是亡一家一姓之國，是改朝換代，這時的負責者是誰？顧氏態度明確，不關老百姓的事，負責者只是「其君其臣，肉食者謀之」。

當「仁義充塞，而至於率獸食人，人將相食，謂之亡天下」。這時的負責者就不僅僅是「其君其臣，肉食者謀之」了，顧氏認為：為保天下，則是匹夫有責了。

現在我們知道仁孝是一體的，而仁義阻絕則使人與禽獸毫無區別，是謂之亡天下。這樣我們才能認識清楚仁義的終極作用，仁使人端正思想觀念，孝則隨著人類社會的繁衍攜帶著「父慈、子孝、兄良、弟弟、夫義、婦聽、長惠、幼順、君仁、臣忠」這十項人之義不斷化育民眾，這就是仁義的作用，所以我們可以認定仁孝就是中國文化的道統。

先賢聖王確立了「人之道」，又制定了動態變化的概念——禮，以禮協調和運轉著整個社會，並將社會的發展保持在正確的道路上。然而，先賢聖王所做的卻只是擺正了人的觀念而已。用孔子的話說：「無為而治者，其舜也與？夫何為哉。恭己正南面而已矣」。

今年是新中國62華誕，也是孔子誕辰2562週年。62年來中國文化破除了陰霾，開始走向偉大的復興，並真正以本來、獨立的身份參與

人類文明的對話和交流。

本人出書完全是出於一句戲言，也就是此書的緣起。

2008年初，當時我已下了一番功夫閱讀了南懷瑾先生所著的《論語別裁》等一批國學書籍，關於朋友間討論國學的問題就好發表一下看法。一天中午在單位與同事聊到「三十而立」立於什麼？這時屋內的高軍出來說：「我剛聽到廣播裡一位教授說『三十而立』是立於禮。」我當時就肯定的認為：「三十而立」不是立於。經過一番辯論自然是沒有結果的，但我卻有了搞清什麼是禮的念頭，說了一句：「能搞清什麼是禮才行」。只因隨口的這句話，此後我看儒學的書就都抱持著這個問題，由於抱持著問題與思考，其進度更是以往所不能。曾與友人開玩笑說是：「日行一千，夜再八百」。當我把關於禮之本、禮之質、禮的作用、禮與義的關係、仁義禮三者的關係等數個問題基本搞清楚時，順帶又把讀書中看到想到的一些問題也考證了一番後。由於讀書都有筆記，考證了一番後此書也就基本完成了。只是書中內容之間的跳躍比較大，好似在河裡只擺放了一個個石頭塊，非跨上一步並站穩不得過，這是受本人的水準所限，給閱讀帶來許多不便。

我動手寫此書之時只有高軍先生一人知道，整個過程一直得到他多方面的支持。高先生對禮的提問是此書的直接助緣。如今書成之後，高軍先生又康慨支助，使此書得以順利出版與讀者見面。其實也是他促使了此書的寫作，高先生真義士也，他對此書的貢獻已非感謝所能表達。

由於本人受水準所限，於孔學之中的所見，或如初學棋者看九段國手對弈，看漏了多少妙著都不自知，還欣欣然，自以為得益不淺。萬望方家不吝指正。

2011.7.31　江 閬

目錄

論語核心思想探研

——對仁義禮的解讀

 一、 文化的內容和作用

文化是一個非常廣泛的概念，自20世紀初以來，人們從各自學科的角度來界定文化的概念。然而，有關文化的各種不同的定義至少有了二百多種。人們對文化一詞的理解差異之大，足以說明界定文化概念的難度。但是話又得說回來，界定文化概念之所以難，那是因為一直在用西方的思維方式來界定文化，而歸納的、整體的看待事物、研究事物，那不是西方思維的強項。我們從下面的對比就可以看到這個差別。

（一）什麼是文化

　　文化從最寬泛的意義上來界定，文化既包含資訊、知識和運用工具，也是它們的載體。其實就一個國家一個民族而言，文化最重要的特質是：民族精神的載體。文化是一個生命體，一代代的國民從文化中獲得自己的民族意識、獨特的思維方式和生活方式，同時又向文化體系中不斷注入時代的資訊。如果用空氣比喻文化，是再貼切不過了，正如一方水土養一方人，人們不僅接受了環境的影響，同時又將環境的資訊不斷地注入於原有的文化，隨著時間的推移在歷史中沉澱出具有了環境特色的文化。在現在看來，這種特色文化可能在很早以前就已形成和成熟完善，對現代的人來說只是在享受著傳統的獨特的生活方式，形成了與環境相適應的思維方法，而成為這一方土地的主人。

　　文化它是社會生活環境的映照。文化它給予人們民族感、歷史感和自豪感，據此我們才真正理解人的生命存在、意義和人在世界各民族之中的地位。作為一個國家一個民族的文化，它又是全世界總文化的一個部分，文化作為人類認知世界和認知人類自身的生命體，它包含了人類社會實踐的一切成果。

1、文化的定義

　　據專家考證，「文化」是中國語言系統中，古已有之的詞匯。對文化的定義，則牽涉到對「文」字和「化」字本義的探究：

　　（1）文字的本義

　　在《易‧繫辭下》載：「物相雜，故曰文。」

　　在《禮記‧樂記》稱：「五色成文而不亂。」

　　漢代許慎的《說文解字》稱：「文，錯畫也。象交文。今字作紋。」

　　在《尚書‧序》所載伏羲畫八卦，造書契「由是文籍生焉。」

　　在《論語‧八佾》中，子曰，「周監於二代，鬱鬱乎文哉。」

　　從這裡可見「文」，即從紋理之義演化而來。日月往來交錯文飾於

天,即「天文」,亦即天道自然規律。同樣,「人文」則指人倫社會規律,即社會生活中人與人之間縱橫交織的關係,如君臣、父子、夫婦、兄弟、朋友所構成的複雜網路,具有紋理表像。治國者正是要察天文,以明瞭時序之變化,又須察人文,使天下之人均能遵從文明禮儀,行其所當行,止其所當止。這當是「文」字之本義。

（2）化字的本義

「化」的本義:變化、改變。

《易・繫辭下》:「男女構精,萬物化生。」

《易・繫辭傳》虞注:「在陽稱變,在陰稱化。」

《荀子・正名》曰:「化者改舊形之名。」

《黃帝內經・素問》:「化不可代,時不可違。」

歸納以上諸說,「化」指事物型態或性質的改變。

據考證漢語「文化」聯用成為一詞最早出現於劉向《說苑・指武篇》。

原文:

「聖人之治天下,先文德而後武力。凡武之興,為不服也;文化不改,然後加誅。」

譯文:

劉向說:古時聖人先用文,以德治天下,然後才用武力。大凡武力的興起都是因為有的人不服教化。聖人用文以教化之而不改者,然後才運用武力的。

2.文化分為形而上和形而下,亦曰道器之分

在《易傳・繫辭上》曰:「形而上者謂之道,形而下者謂之器。化而裁之謂之變,推而行之謂之通,舉而錯之天下之民謂之事業。」簡略的解釋是:無形體而不可見的層次屬形而上部分,叫做道;有形體可見的層次屬形而下部分,叫做器;轉化而形成萬物的叫做變,推動而使之流布於四方謂之通,將這些施加於天下民眾,就叫做事業。

3.文化中還有知識和學問之分

南懷瑾先生在《論語別裁》中對「學而時習之」所學的是什麼？作了精闢的論述，總結得出中國孔子時代所作的是學問，而不同於現代之學只是知識。

有的學者認為中國的「文化」偏重於精神方面，然而可以更明確地說中國的文化並非僅是偏重於精神方面，而是源自於精神方面，中國文化的出發點就在於對人的思想和人格的塑造，對文化中的知識成分則置於次要地位。

4.文化包含的內容

（1）由文字以及衍生出來的歷史記載、（中國的）經史子集、宗教信仰、哲學、醫學、天文、地理、曆法等。

（2）由各種文化、思想理論流派所組合形成的道德、倫理、法律、禮儀等與思維方式、行為方式相關聯的世界觀、價值觀和由此而衍生出的審美觀。

（3）農、工、畜牧、商等生產生活中的各種科學技術等。

（4）兵戰與外交。

（5）神話故事、文學藝術（詩詞、歌賦、戲曲）、方言等與文字、語言相關的內容與形式。

（6）祭祀的禮儀，婚嫁、喪葬的風俗和各種節日慶典的習俗等。

（7）各種建築的理論與風格，男女老少的各種服飾、手工藝製作技術等。

（8）教育方法與習慣等（中國的胎教和對經典的背誦是非常獨特的一種教育方式）。

（9）飲食文化包括酒文化、茶文化、各種食品的製作和飲食習慣等。

（10）屬於某一區域、小範圍或某種集體所特有的觀念和生活方式。

（11）民間的風俗活動和體育運動等。

以上十一點所述皆是文化的範疇，總而言之，旦凡與人的衣、食、住、行、生、老、病、死相關的所有一切總稱之──文化！

而與中國人的衣、食、住、行、生、老、病、死相關的所有一切則總稱之──中國文化！

以上是非常簡略的分類，其中還有一部分必然重疊，這裡只在乎能將文化的各種成分不要遺漏地全部包括進來，如果去細分，必定會出現更多的遺漏和重疊。

有了文化的概念，我們再回看華夏五千年的歷史，我們中華民族的文化就是五千年來由億萬萬人荷擔而來，文化同空氣一樣迷漫在我們的身邊，我們融入其中，獲得周邊之人的認同。

（二）文化體現了民族的特性

猶太人被驅離本土分散到世界各地有二千多年的時間，雖然連綿不斷的苦難和浩劫總是緊緊伴隨著這個民族，為什麼這個歷史上被卑視、迫害的弱小民族，卻在亡國失土二千多年以後，不僅沒有被同化和消亡！竟然還能重建他們的國家？為什麼這麼一個小國在強敵圍攻、戰禍不斷的情況下，卻不被摧毀，反而越戰越強，在短短幾十年中，把一塊荒涼不毛之地改造為沃土良田，並建立起現代化的工農業國家？所有這些堪稱世界歷史之奇跡。

再對比歷史上的四大文明國家。除中國外，另三個因為歷史上他國的入侵，外族文化也隨戰爭帶進了埃及、巴比倫和印度，他們的人民被迫學習入侵者的文化，三個文明古國各自原有的文化因為長時間的擱置、不使用，漸漸失去了生命力，記載雖然還在，但文化的生命和種子沒能傳承下來。與猶太人相比，埃及、巴比倫和印度人民的狀況並沒有猶太人那麼悲慘，畢竟他們沒有離開過自己的原有土地，但卻都加上了個「古」字！變成了古埃及、古巴比倫和古印度，這又是為什麼呢？！

　　由此我們需深入的思考文化、民族（種族）和地域（國家）三者是怎樣的一種關係？

　　我們有必要從文化傳承的角度深入地去瞭解猶太民族的傳奇歷史。

　　西元前586年新巴比倫國滅猶太王國，大批猶太人淪為「巴比倫囚虜」。巴比倫成為猶太人最主要的文化和精神中心，集中了許多有影響的猶太賢哲和宗教研究人員，形成了一個享有很高威望和領導地位的學者階層。他們以維護猶太傳統及猶太精神價值為己任，潛心研究神學，著書立說，經過數百年的漫長歲月編纂出了猶太民族的律法集，即《巴比倫塔木德》和《巴勒斯坦塔木德》，統稱《塔木德》。《巴比倫塔木德》全書40卷，分為6部，共約250萬字。這部巨著不僅是一部注釋《聖經》律法部分的權威經典，而且是一部豐富多彩的文學作品。其內容除宗教訓誡和道德說教外，還包括大量的神話故事、歷史傳說、民間習俗，乃至天文地理、醫學算術及植物學知識。它不是史書或百科全書，卻包羅萬象，成為猶太智慧的源泉。

　　對沒有了自己祖國並流離失所的猶太人來說，猶太人的典籍就是祖國，猶太人將自己稱為「記憶的民族」。亞伯拉罕的信仰，埃及的奴隸生活，先知的言行，賢人的智慧，民族的歷史與聖城耶路撒冷的關係，猶太人靠著「記憶」將這些繼承了下來，並告訴子孫過去所發生的一切。歷史的教育，其更大的作用是對人格全方位的塑造與啟迪。猶太人的歷史教育不僅有民族的偉業和光榮的成分，還包含有那些迫害、離散、痛苦和失敗。猶太人通過記憶，將這些痛苦和教訓的真相世代相傳，以警示後人。在這層意義上，猶太人試圖將教育定義為「痛苦的教育」。他們不但告訴孩子們人生有喜悅和幸福，更告訴他們人生會有黑暗和失意。孩子們從父母那裡接受歷史和關於戒律習俗生活的教育，並在猶太教會中接受拉比（猶太教教士）的教導。在他們自己的意識中從來就只是猶太人。

　　猶太人的記憶繼承了自己民族的歷史與遺產，其中，最主要的是依靠學習猶太教典籍和過猶太教的節日。猶太教典籍有：聖經、塔木德、

猶太法典、十誡等；猶太教節日有：五旬節，逾越節，安息日等。

如同今天世界各地虔誠的猶太人一樣，過去的千百年來，猶太男子（還有貴族女子）沒有一個不在研習《猶太法典》。每天誦讀一部分猶太教經文或者法典，尤其是在安息日，乃是一種極重要的德行。他們這樣做，過去和現在都被認為是為來世積德。

由於千百年來的被迫遷徙，猶太人分散遍佈世界各地，在美國、以色列、俄羅斯，以及歐洲和其他地區，19世紀以前，由於彼此隔絕，猶太人在融入當地社會的同時，在社會文化、宗教禮儀和生活習俗上都產生了一定差異，但猶太人一直以希伯來語學習猶太教的典籍，典籍成為猶太人行為處世的指南，這種文化的繼承和記憶才是猶太民族的真正烙印。

文化與歷史其實就是一個民族的烙印。猶太人是通過文化得以真實記憶下了民族的歷史。對處於流散狀態的猶太人，文化起到了個人與民族的鏈結、形成了無比巨大的凝聚力。

儘管從西元7世紀始，猶太人的國家先後被阿拉伯人（613─1091）、塞爾柱克人（1091─1099）、十字軍（1099─1291）、馬穆魯克人（1291-1516）、奧斯曼帝國的土耳其人（1517─1917）和英國人（1918─1948）所統治。不同時期的統治者任意變動疆界，更改國名。征服者所建造的王宮殿宇都顯示著他們曾經對這片土地的統治。也儘管千百年來的異族統治使故鄉的猶太人越來越少，但在這片土地上猶太人一直保持著他們的傳統，而且隨著散居各國的猶太人返回故鄉，到了19世紀中葉，猶太人口出現了增勢。多少世紀以來，盼望有朝一日能返回安錫（安錫，傳統上是耶路撒冷和以色列故土的同義詞），一直是散居世界各地的猶太人生活的精神支柱。到了19世紀末，猶太復國主義作為一種民族解放運動而出現。1897年，希歐多爾・赫茨爾（Theodore Herzl， 1860-1904）在瑞士的巴塞爾召開了第一屆猶太復國主義大會。在會上，猶太復國主義運動成為一個正式的政治組織，它號召猶太人返回以色列故土，在祖先的家園復興猶太民族，重建以色列。

　　文化的留存，不僅使經歷千年磨難的猶太民族沒有消亡，還能重建國家，這是世界文化史上的奇跡！

　　以上幾個國家文化變遷的例子，也印證了南懷瑾先生在《論語別裁》中的觀點，亡國了還可以復國，而文化的滅亡，則會萬劫不復。

（三）中國文化的地位

　　從猶太民族的歷史，我們看到了一個民族荷擔其文化的千年艱辛與苦難的歷程，世人都應為之稱奇與讚嘆！從中我們應能體悟到了文化與民族的不可分離！其實，在什麼文化中薰陶浸染出來的人就是什麼人，中國人是從中國文化中薰陶浸染出來的所以叫中國人，如果沒有了中國文化哪來的中國人？莫錯以為生活在東方的黃河之濱的就是中國人？君不見在瑪雅的土地上，除了凝固的文化廢墟，生活著的卻是別的族群？

　　如今還有不少的中國「精英」很想達到全盤西化，有一種夫復何求的渴望。在這裡乾脆把話喊破了，把中國文化的幾條主根也指明了，只要挖斷了她們，全盤西化才有可能實現，以防更多的人成了漢奸都不自知。

　　其一，中國的方塊字。誰能把她改成拼音字，只需五十到八十年，以後的國人就不認識方塊字了，如有人還想學華夏文化就要去當考古學家，這是直接斷滅了華夏文化的載體，切斷了文化的鏈條，文化豈能不滅。美其名為拼音字好認，中國人只認識拼音字時又去看哪一本書呢？

　　其二，中國醫學。這是中國文化的第二大主根，其歷史之久遠，甚至早於中國的文字史，中國文化源於天人合一，中醫理論應春夏秋冬四時之變化，行春發、夏長、秋收、冬藏的生養之天道，用陰陽平衡的和諧觀念、五行生克相互作用的理論、以六氣生養萬物，將陰陽平衡、五行生克、四時流轉有機的融合為了一體。中醫理論與中國文化都是源於天人合一，按老子的說法是：「人法地，地法天，天法道，道法自然。」 中醫在用藥之前尚有砭、針、灸三個層次，哪裡像西醫拿著刀子

來得直接，你哪裡不舒服西醫幫你割了，割出問題你自己負責，上手術臺前最好先看一眼太陽，打麻醉劑時你就自求多福吧！若是把中醫理論閹割了出去，中國文化少了一大半了，連帶將「文化源於天人合一」的基礎都給否定了。

其三，孔子學說。孔子學說是中國文化的正統代表。要清除孔子學說和中國的文化，達到全盤西化，另一種有效的方法是給中國文化注入一種自我否定的「病毒」，這個病毒就是文化的評價系統。把西方的文化評價系統作為唯一的評價標準，用西方的文化標準評價和衡量中國文化的對與錯，與其不符者皆為糟粕。「可喜」的是這個「病毒」經過幾代精英們一百多年的培養，有的中國人對自己的文化已經有了包袱感。基本上達到了培養「病毒」的預期目的，就只差一點點的時日火候了。

現在經常能看到一種檢討的口氣在研究中國社會，「中國社會為什麼不這樣」「為什麼不那樣」，好像祖宗丟了他們的臉似的，非要回過頭來，打著「以文化進步的名義」、「以科學的名義」等「很響亮」的招牌，向著自己的祖宗文化口誅筆伐一番，示之有「大義滅親」的決心與狠心，以向洋人討點好。

其實，洋人又不都是傻子，洋人同樣也厭惡叛徒與賣國賊的，自視已都不如狗，所以才有「華人與狗不得入內」的牌子。中國真要檢討的是，到底哪條神經造成了「精英」們有一種作賤自己取悅於人的心態。現在作賤自己，用大耳光狠抽臉來取悅於人的少了，轉而，作賤自己的文化了。中國古時的教育，主要的是先教做人，是人格的教育。這種作賤自己文化取悅於洋人的心態沒有轉變之前，中國人沒有重新認識自己文化的價值和文化與民族的不可分離之前，中國人就算是醒了，那也是跪著的！沒有自己文化的支撐，沒有了民族精神的載體，心中連三分底蘊都沒有，又憑什麼精神站立起來呢？！

中西文化從一百多年前以來就已經不再是交流，而是西方文化對華夏文化的殖民。標誌性的特徵就是中國文化的評價體系、評價系統沒有了話語權，對與錯要由西方的文化體系來衡量。最明顯易見的就是對中

醫的圍剿，理由竟是：中醫理論在解剖學上找不到依據？我不禁要問：誰告訴你中醫理論要在解剖學上找依據的，解剖學是最後的科學嗎？

　　現在做學問寫論文的，如果沒能引用幾個外國人的論述，這篇論文就像少了斤兩、掉了魂似的。

　　現在我們把文化的評判權交出去了，這總讓人想到英租界、法租界，裁決權在英國、法國人的手裡一樣，這不是文化殖民，又是什麼？

二、 中西文化的差異

任何一種文化放在歷史的背景下考察都是自然形成的。雖然在幾種文化的交鋒時期，有這樣那樣的偶然因素在起作用，使某種文化成為了主流文化，但既然看似偶然的因素在發揮作用，成為了歷史事件，然而其中就有其必然性。這是客觀的歷史事實，就不能不給予尊重。

文化各有優劣，尊重其民族的文化與尊重其人民是相一致的，受人歧視的重大原因是來源於滋養他們的文化，文化輝煌民族自然榮耀。只是如今的價值觀念只剩下了經濟觀，經濟欠發達等同於「文化欠發達」，衡量文化的優劣變成只看能不能賺錢了。

我們找尋中西文化的衝突，不是要批評別人的文化，我們是要把文化的區別與層次搞清楚，只是要認識和保衛自己的文化，也只有找到了我們自己文化的位置，才有可能使文化真正成為交流，否則人家說什麼是什麼，這不是交流，還是在看別人對自己文化的指手畫腳，是在聽人家罵我們沒家教。文化沒有地位，中國人也就永遠沒有了尊嚴。

從對文化尊重的這個角度，我們也可以瞭解中華民族在世人眼裡的地位。

一種方法是從別人如何看待我們的中國文化，就能判斷出他們國家是如何看待我們個人的；另一種正相反，是從我們如何對待自己的文化來判斷別人是如何看待我們的，我們不尊重自己的文化，別人也不會尊重我們。

我們無法準確地瞭解世人對我們文化的看法，但我們完全知道我們對自己文化的態度。

我們在幹什麼？

許多「精英」將中華文化形容成包袱，既然有了包袱的感覺，那是

因為有了甩之而後快的想法。這讓我猜到了上世紀初在上海被立「華人與狗不得入內」牌子的原因，孟子教訓說：「家必自毀，而後人毀之」（《孟子‧離婁上》）。找不到中華民族文化的位置，中國人也就永遠不能找回自己的尊嚴。

　　為找尋中華文化的地位，擺正自己文化的位置，我們需要看中華文化與西方文化都有哪些種類，這從古代的圖書分類中就能清楚的看到，並能對比出中西文化哪一種文化更廣大和更有包容性。有包容性的文化最終必將勝出。

（一）中國傳統文化的分類

　　從中國圖書的分類中最能看出文化的所含種類。然後我們再從《論六家要旨》中看司馬談對諸子文化流派所作的評判，這對瞭解中國文化分化的起因有很高的參考價值。

1.圖書的分類「六分法」

　　西漢成帝河平三年（26 B.C.），劉向、劉歆父子受命主持了我國歷史上第一次大規模整理群書的工作。在每一部書整理完畢時，劉向便撰寫一篇敘錄，記述這部書的作者、內容、學術價值及校讎（音：chóu仇）過程。這些敘錄後來匯集成了一部書，這就是我國第一部圖書目錄《別錄》。劉向死後，劉歆繼續整理群書，並把《別錄》各敘錄的內容加以簡化，把著錄的書分為六略，即六藝略、諸子略、詩賦略、兵書略、術數略、方技略，再於前面加上一個總論性質的「輯略」，編成了我國第一部圖書分類目錄《七略》。

　　《別錄》、《七略》奠定了我國目錄學的基礎。

　　班固（32-92 A.D.，東漢史學家）所編寫的《漢書‧藝文志》是根據《七略》來的。首先，他沿用了《七略》的六分法，把天下圖書做如下分類：

　　（1）六藝略，著錄易、詩、書、禮、樂、春秋、論語、孝經、小學九類圖書。

　　這些都是儒家經典或與儒家經典有關的著作，它們被安排在最突出的位置，單獨為一略，體現了漢武帝罷黜百家之後，儒家經典在政治上學術上的指導作用。

　　（2）諸子略，著錄儒、道、陰陽、法、名、墨、縱橫、雜、農、小說等十家著作。

　　東漢去古未遠，諸子書保存頗多，漢雖以儒學為尊，但對諸子百家學說採取了兼收並蓄，不像前秦和後世那樣極端，所以諸子列為第二大類。

　　（3）詩賦略，著錄了辭、賦、歌詩等五類文學作品。

　　（4）兵書略，著錄了兵權謀、兵形勢、陰陽、兵技巧四類軍事文獻，包括了戰略思想、戰術技巧等各個方面。

　　（5）數術略，著錄了天文、曆譜、五行、蓍龜、雜占、形法六類，這裡既有天文曆法、數學、物理方面的知識，也有占卜吉凶、相宅看風水的圖書。

　　（6）方技略，著錄了醫經、經方、房中、神仙四類著作。

　　以上六略三十八類，共著錄了當時可以看到的五百九十六家，一萬三千二百六十九卷圖書。它就像一組分類陳列的大「櫥窗」，將中國的各種文化、學術著作按照它的特點陳列了出來。

　　而在六略三十八類中，只在法、雜、農、小說、歌詩、兵技巧、天文、曆譜、形法、醫等十類中才能找到西方文化的影子，可見中國文化僅在種類上就遠比西方文化多出了二十八類。所以從文化的廣博上看，中國文化遠勝於西方文化。

2、圖書分類的「四分法」

　　西晉的荀勖（勖xù，西元？—289年）。荀勖根據三國魏鄭默所編的《中經》更撰《中經新簿》時，把圖書分成了四個部類：甲部六藝、小學；乙部諸子、兵書、兵家、數術；丙部史書、雜事；丁部詩賦、圖

贊、汲塚書。

東晉李充作《晉元帝書目》，又對荀勗的乙、丙兩部位置進行了對調，這樣，就大體確定了後世經、史、子、集四部順序的分類方法——四分法。

3.司馬談對六家的評論

司馬談（？-前110）。司馬遷之父，司馬談在漢武帝時任太史令，司馬遷受他的影響最深。司馬談擔心後來者難辯陰陽、儒、墨、名、法、道六家的意趣，故著《論六家要旨》一文，對六家學說加以評述。第一次分析了春秋戰國以來中國文化的分支起因和形成的原因，以及各學術流派所存在的優劣與特點。我們從《論六家要旨》中能非常清楚地看出儒家、道家、陰陽家、名家、墨家和法家的側重與區別。但卻看不出文化的主次，很容易讓人誤以為孔子的文化地位與其他諸子是同一個層次的。這是司馬談《論六家要旨》一文存在的弊病。

（二）中國文化源自上古孔子學說才是正統

1. 孔子學說是中國文化的主幹

在《論六家要旨》中，司馬談引用《易大傳》中所說的：「天下一致而百慮，同歸而殊途」來說明中國文化的分化。「同歸」給人的啟示是：對文化的追溯都是回歸到共同的源泉上，但源泉是什麼他卻沒有說。「殊途」才使文化分成了一個個的流派，諸子百家本是同源的，這個源其實就是儒道（未分）之學，也就是說，儒道（未分）才是中國諸子文化的根。

儒道之學原本就有！後來文化的分化使儒道分開了，同時又出現了陰陽家、名家、墨家、法家等，後人的整理給予分別命名才出現了六家並列。然而，儒道（未分之時）的文化才是其它各學派之根。如果再追問說儒道文化之根又是什麼？這就要去研究人之所以成為人的根本原因

了，這是後話。

　　從班固的《漢書‧藝文志》中也可看到這種文化同源的說法：「諸子十家，其可觀者九家而已。皆起於王道既微，諸侯力政，時君世主，好惡殊方，是以九家之術蜂出並作，各引一端，崇其所善，以此馳說，取合諸侯」。其中的「九家之術蜂出並作，各引一端」，所說的就是諸子從原有文化上引出一端來加以發揮，「崇其所善，以此馳說」而發展出來的。

　　因時代的變化到了「王道既微，諸侯力政」，而各諸侯又「好惡殊方」，投其所好者找上門來，從不同側面展開論述，因各有側重而發展出具有不同特色的文化分支。說其「各有側重」是好聽的說法，說白了，諸子已沒有能力從全部、從整體來理解和傳承中國儒道未分時的文化了，只能從某個角度、局部的、帶有偏見的來觀察和研究儒道一體時文化的某一部分，並各自發展成為一種專門的學說，這才是諸子之學出現的真正原因。這就是文化本散的過程。（在後面關於墨子、商鞅的論述中都能看到這種印跡。）

　　換個更形象的說法，諸子百家文化是中國「文化本散而萬殊」的結果，好比鋼化玻璃摔在了地上，我們後來者看到的是晶瑩剔透美麗如鑽的顆粒，卻都沒有見過完整時的美麗！

　　然而文化的分化又是歷史的必然趨勢。我們只是不能因循了歷史趨勢發展了、變化了，而不知其所以然。

　　中國文化從儒道未分之時流傳下來，經過先秦時期諸子百家的分述，形成了各家各派。又經二千多年歷朝歷代「時君世主，好惡殊方」的改造，漸漸變成現在我們看到的這個樣子。其中加進了多少時君世主們的思想和觀念？發生了多大的變化？然而，仍舊冠之以相同的名稱，這就擾亂了視聽混淆了是非。因此，努力去釐清孔子時代中國文化的真實概念，還原其本來面目，才是當務之急。而不能跟著故意歪曲中國文化的人一起瞎咧咧。

　　正是因為中國的文化在幾千年的流傳過程中沙石俱下，內涵是擴大

了，但真正的文化精神卻被在遺忘中。人們都以為所見到的就是真實的中國文化精神。本人認為很有必要區分孔子文化和「中國傳統文化」的不同概念，並作為後記放在了本書的末尾。

2. 孔子學說才是文化的正統

在中國上古之時，文化是儒道不分的，這從《易》既是儒家也是道家之經典，就能看出這個問題。這已經說明儒家學說本就來自正統。如果我們能確定儒道分離之後，儒家學說依然不失其正，這就根本確定了儒學的正統性。當然這裡所講的儒學都是特指孔子時代的原儒之學或稱孔子之學。

研究的過程中，我們需要明確一件事實，孔子是「祖述堯舜」、「信而好古」、「述而不作」的，他「刪詩書、定禮樂、修春秋、序易傳」是對上古流傳下來的資料進行整理。使得中國聖賢確定下來的以仁為指導思想，義為行為準則，禮為行動方式的中國上古文化之思想精神，由儒家一派承載而得以流傳。

儒家學說博大精深，儒家的思想方法對於形而下之事物可以說是包羅萬象。問題是如何認識和理解儒學的包羅萬象呢？

首先，班固承劉向、劉歆將諸子分為十家，除去小說家，又稱作九流，合稱為「九流十家」，分別為：儒、道、陰陽、法、名、墨、縱橫、雜、農、小說家。這十家包括了當時天下之所有的文化思想。

班固在《漢書藝文志》中有一段評述：「《易》曰：『天下同歸而殊途，一致而百慮。』今異家者各推所長，窮知究慮，以明其指，雖有蔽短，合其要歸，亦六經之支與流裔。」非常明確地說諸子之說都是源於六經，而六經正是儒家的經典。如果將中國文化比喻為一棵大樹，大樹的根植於大地，儒道未分時的文化為樹幹，諸子百家之學就是樹枝，正因為儒學對諸子之學說有包含性，所以儒家學說才會包羅萬象。

其次，我們知道儒家學說的最高境界是中庸之道。孔子之儒學最強調的是「君子之於天下也，無適也，無莫也，義之與比。」（《論語·里仁》）

意為：

「君子對於天下的事情，無可無不可，唯一標準是要符合義。」因此，陰陽、法、名、墨、縱橫、雜、農、小說家等，他們的理論在使用的過程中只要能做到有度、不過分、適中或者說「以禮節之」，就又都要落回在儒學的範圍之中。再說明白些中庸之道攝取了諸子百家一切思想學說中的合理部分，在別處可能完全錯誤的，絕對不能用的，換了時空條件到了此時此地的境況，行為人者又出於中正仁義之心，結果就又合於中庸思想了。

儒家中庸的方法論，能使「九流十家」思想的合理部分通通皆入儒家之學，這就充分說明儒學末失其正。中庸思想的關鍵是「尊德性而道問學」。「尊德性」就能不失其正，「道問學」就能博大精深。

經上述分析，我們得出了其他諸子學說都只是中國上古文化主幹儒道學說的分枝。並且搞清了儒學與其他諸子之學是以中庸、中正為鏈結的，這就非常明白儒學為何包羅萬象與博大精深了。司馬談在《論六家要旨》中亦說「儒者博而寡要」，意謂什麼都包含在儒學之中，不易得其要領。

柳詒微在《中國文化史》中云：「孔子者中國文化之中心；無孔子則無中國文化。自孔子以前數千年之文化賴孔子而傳，自孔子以後數千年之文化賴孔子而開」。

（三）中西文化的四項重大差異

甲午海戰終於使國門洞開，國民在震驚於西洋物質繁華的同時，也飽受了西洋物質力量的屈辱，這才體會到君子文化於強盜竟然是無可奈何，君子文化體現在自修自恃，以此語強盜，不諦於與虎謀皮。持君子文化而無利器者竟喪失了話語權！堅船利炮的強權，很快讓國人從「富與貴」的雙重價值觀，轉變為單一的價值觀「富貴」。「道與器」的衝突成為近現代的難解之結。

對比中西文化的優劣問題，應從兩個方面入手。一方面要看中西方的文化都包含有那些內容，哪種文化是大系統、哪種文化是總的、根本的，才知道誰可能融合誰，把這些問題搞清了，中西文化的前景才會有大概的輪廓。第二方面，文化最終都要由人為載體傳播和表現出來，因此就要看文化對個人要求的高低，從這個層次才能最終看出文化的高下、優劣。

無論中西文化如何激盪，首要的是我們個人要先建立起中心思想才是最根本的，否則隨波逐流，受物所轉而不自知。

我們從上一個問題「中國傳統文化的分類」之「圖書的『六分法』」中可以看到中國文化有「六略大序和三十八部的小序」，而西方文化只占其中的10/38。西方文化只存在於：天文曆法、數學、物理等現代曰「科學」的知識領域，這些只是中國文化中很小很小的一部分。

從「六略大序和三十八部的小序」的圖書分類中，我們可以清楚地看到中國文化根植於自然，法天則地，成枝幹於仁義禮樂，華於諸子百家，枝繁葉茂鬱鬱蔥蔥，比起西方文化僅種類就多出28項，範圍寬廣得太多太多了！

從中國歷史上曾經的四大發明看，中華民族對「形而下」並不是玩不轉，而只是因為會破壞心性、有違大道，是「不為也！非不能！」

顧准在《顧准文集》中，他一再慨歎中國人太聰明，太善於綜合，是「先天的辯證法家」，因而不肯像希臘人那樣花大力氣，下「笨功夫」，對事物分門別類加以分析，深鑽細研，因而沒能發展出科學來。對中國人的「不為也！非不能」做了很準確的評價。

1.中國文化中萬物是統一相通的

中國文化對世界的認識是著眼於整體而又分層次。心和物都不是世界的本源，而只是組成部分。因此在諸經之首的《易經》上有「形而上者之謂道，形而下者之謂器」的論述，中國文化將人的認知範圍分為了「形而上與形而下」的兩大區域。

　　中國文化源於天地，它的最大特點是渾然一體，統一制禦，按老子所講是「人法地，地法天，天法道，道法自然。」天地之變化是如何影響到人和萬物的，或者說天地與萬物是如何融合為一體的，這裡舉一個「運氣」的例子，看看是否能說清天地對人與萬物的影響。

　　「運氣」二字是人人盡識，也經常掛在口邊，但「運氣」是怎麼回事則未必知。運與氣，全稱為「五運六氣」。

　　運分為五運：金運、木運、水運、火運、土運，也就是中國的「五行」，這五運再分陰陽，則分別配十天干，用「甲、乙、丙、丁、戊、已、庚、辛、壬、癸」表示。

　　氣分為六氣，於不同事物有不同的所指，在中醫為：風、火、暑、濕、燥、寒；在人的情感方面則是：喜、怒、哀、樂、愛、惡，也稱六情；在味道方面又為：苦、辣、鹹、酸、辛、淡，稱為六味；這六氣再分陰陽，則分別配十二地支，用「子、丑、寅、卯、辰、巳、午、未、申、酉、戌、亥」表示，分別代表十二種動物而成為十二生肖。

　　十天干與十二地支相配，推演出六十甲子為一個週期。中國文化認為人的一生就是這樣按年月日時與天地的「運和氣」相聯繫在一起，並且人出生時的「天干地支」對人一生影響最為巨大，所以，中國人一生下來，父母就要記住他（她）們與生俱來的符號「生辰八字」，這裡面就包含了人一生的大小運程。

　　中國上古就是如此科學地從天地人一體的這個層面上認識生命的，我們現在過的春節就是由夏朝的曆法確定的。然而「六氣」能變來變去，沒有具體可認定的事物，對於局限於「知識」層面的西方文化那當然是不科學的了，而且是很不科學，他們的文化根本就沒有這種能「變」的概念！他們只有「準確」的概念。

　　可能有人要問「氣」是怎樣的？「六氣」是你說有就有的嗎？對這些問題其實很好解釋。我們都知道有重力和重力場，「氣」與場的概念只是相近，但還是不同。

　　我們舉個常識性的例子。在自然環境下，植物是春季發芽抽枝，秋

天葉黃凋落，中國人是春種秋收，外國人也懂春種秋收。但一年中的四季說明了什麼呢？西方人只知表面的，中國上古時期就知是因天地之陰陽變化，春夏為陽主生之氣、秋冬為陰主蕭殺之氣，這是四時之序不可亂。細之則可分為：陰陽、四時、八位、十二度、二十四節氣、七十二候。「夫春生夏長，秋收冬藏，此天道之大經也，弗順則無以為天下綱紀」（《史記·太史公自序》）。

四季，其實都只是陰陽二氣在一年中逐天、逐月的變化，陰陽二氣消長的不同程度，使一年中呈現出四季之現象。中國文化中萬物就是這樣一統於天地，而相通於五運六氣。

在這裡我們只講了有氣的存在，但「六氣」分別又是怎樣，那又是更深更細的分類方法的表述。

2.中西文化層次上的差異

中西文化在層次上存在的差異，從而引發文化的相互衝突。

中國文化對事物的判斷上能更綜合、更全面地把其它因素考慮進來，形成整體的觀念，之所以會形成這樣的思維方式，是源於中國文化所具有統一而又多層次，相對的西方知識型文化則是缺少層次，而顯得扁平。

舉個潮汐例子來說明這個問題

如果只孤立的從地球一個方面來考察潮汐，就難有正確答案。然而，中國東漢思想家王充（27-97 A.D.）在《論衡》中寫道：「濤之起也，隨月盛衰。」指出了潮汐跟月亮有關係。

餘靖（1000-1064 A.D.，本名希古，字安道）也在他著的《海潮圖序》一書中說：「潮之漲落，海非增減，蓋月之所臨，則之往從之」。王充和餘靖都不是單從地球這個孤立事物考慮問題，而是從地球與月球相互作用的層次考慮問題而得出的結論。

然而，西方是到了17世紀80年代，英國科學家牛頓被蘋果砸痛了之

後，才發現了萬有引力定律，才能把潮汐現象與月亮和太陽聯繫起來，提出月亮和太陽對海水的吸引力引起潮汐的假設，這才解釋了潮汐的現象。

如果在牛頓以前，我們用王充、餘靖的觀點向西方人解釋潮汐現象，會不會也要被燒死呢？

西方文化明顯缺少往高一級層次綜合的能力，所以會與中國的文化特別是中醫發生重大衝突。他們就是想不通肝病怎麼會與秋季有關！這些衝突是因為西方文化只有一個知識型的層次，充其量也只是認識到了有矛盾的雙方。中國文化卻有六個層次！

中國文化以天、地、人為三才，三才中再分陰陽，故有「兼三材而兩之，故六」之說。原文：「有天道焉，有人道焉，有地道焉。兼三材而兩之，故六。六者非它也，三材之道。」（《繫辭上》）

西方知識型的文化相對於中國文化的「樹模型」都排到了樹杈和樹枝邊邊上去了，再上去一點就是樹葉的葉柄了。西方文化沒那麼大的內涵來包容中國文化，而應該是反過來由中國文化包容西方文化。歷史上也證明中國文化對其他文化的包容與同化力，因為其他民族的文化都在中國文化中能找到依據。

可惜，我們現在拿不是標準的事物來做標準，衡量著自己的醫學文化和其它方面的文化，不相同的就想方設法按西方的改，決心還是很大的，改來改去改不過來了，不知是哪個沒腦子的首先提出了要「全盤西化」。

一百多年來中國文化都在拿不是標準的事物來做標準，都在不斷地削足以適西履。

3.中西文化方向上的區別

中國儒家文化的根本是修身，是學問，是向自己的內心去追尋（追尋什麼？是追尋「明德」，而目的是「明明德」，這在《大學》中有說明），是歸納法；西方文化是知識、是向外求的，是演繹法。

中西文化從追求的目標和研究的方法上都存在有方向上的區別。

儒家學說作為中國文化的正統，體現了中國文化的基本精神。孔子的教育思想和中心思想都集中反映在「志於道，據於德，依於仁，游於藝」這句話中，明確表示了其教育的最終目的是「志於道」；「據於德，依於仁」則指出教育的關鍵是教人「用心」於「德與仁」上，這是中國孔子文化的核心；「游於藝」則是對個人能力的拓展。「志於道」是孔子的最終目標，老子對為道的評價是「為道日損，損之又損，則近道矣。」再明白不過地說明了為道的過程是歸納簡化的過程。

我們再看六經之首《周易》的演繹過程。由太極生兩儀、兩儀生四象、四象生八卦、八卦相重成六十四卦，這個方向是描述由大道演繹為六十四卦（萬物）的過程，反過來則是求道日損的歸納過程。中國文化的傳統教育志在求道，所以可總結為歸納的過程。

4.中西文化行為標準的「原點」不同

上面所講的是文化「層次和方向」上的區別，另一個是行為標準的「原點」問題，這個標準的「原點」是在內心還是在外部，在內心者當然是向內心追求，在外部者自然是向外追求。

中國文化講求的是示範「政者，正也，子帥以正，孰敢不正。」講求的是「挈矩」的原則，認為自己（即使是君主）沒做到卻要求別人要做到是沒有道理的。所以中國人的做人原則是「無諸己，而後非諸人」。因此「自天子以至於庶人，壹是皆以修身為本」。這是行為標準於人內心的表現——自正然後正人。自正然後正人這是中國文化的公理和公義。

董仲舒的總結為：「仁之法在愛人，不在愛我；義之法在正我，不在正人。我不自正，雖能正人，弗予為義」。董仲舒的這個總結非常明確的區分了仁與義的概念和使用方向。

西方文化強調的是人與人之間的平等（這有別於群體、族群所爭取的平等，若在「人權天授」的層面上來理解平等，平等才有其積極的

意義。對中國文化的深入研究，最後會發現有一項是人人都要遵守的，對於每個人來說也是人人平等的，這就是義。這與西方的人人平等是完全不同的。西方的平等是權利與利益的平等。中國的是責任與義務的平等。）其實，人與人之間，只要是你能想到的任何一個方面，比較一下，會發現沒有一項是相同的、平等的。哪怕是講到人的靈魂，應該是平等的吧，錯！於西方文化中，靈魂也還要經過「末日的審判」，於東方文化中則是有六道輪迴！可見，靈魂也不平等。

然而，西方文化強調的人與人之間的平等。平等的是什麼？現實中，從理解到實踐都只是局限於物質上的權利平等，是「你要我也要，你能我也能，你敢我也敢」標準是在外部的。八國聯軍來瓜分中國時，就是在爭享這樣的「平等權」。

當然這是比較原始的說法了，如今已不再是如此的露骨，而是在法律的層面上講平等了，但這依然還是表面的，其真實意義或者本質卻是說「大家都要按法律辦，如果這樣你都沒保護好你的利益，你不能再說我搶了你啊，要怪你自己無能。」完全將人生追求與人的行為標準寄於心外之物的法律程式上。這就突顯出中西方文化標準的「原點」位置的不同。

中國文化中的行為標準在人的內心是對義的認識，西方文化的行為標準在法律條文與程式上；中國文化中的行為標準是來自於天經地義，並可隨著人的道德境界的提高而不斷提高自我約束的標準和要求。

中國文化中，人人平等的標準（是對「義」的認識，與職責道義有相同之處，但比職責道義的範圍要更大得多，職責道義畢竟是他人可見的部分，而不可見的部分才是個人道德境界的增長點。

西方文化的行為標準是法律，來自於《聖經・舊約》的推演與細化，是「契約」精神的法律程式，由「契約」者約定了的修改程式才能改變人的行為標準（法律）。

在《大戴禮記・禮察篇》中對「禮」與「法」的作用作了精準描述，曰：「禮者，禁於將然之前；而法者，禁於已然之後。是故法之所

用易見；而禮之所為生難知也。若夫慶賞以勸善，刑罰以懲惡，先王執此之正，堅如金石，行此之信，順如四時；處此之功，無私如天地爾，豈顧不用哉？然如曰禮云禮云，貴絕惡於未萌、而起信於微眇，使民日從善遠罪而不自知也。孔子曰：『聽訟，吾猶人也，必也使無訟乎。』此之謂也。」

中國傳統的德治思想講求的是誠信，完全是一種個人的品質，依靠的完全是自律的良知，其特點可以是單方面的承諾，而不是雙方的契約。這是中西文化的又一區別。

在文化的源頭上，中國一開始就是講示範、是以德服眾、按義行事的。所以，才有「先王執此之正，堅如金石，行此之信，順如四時；處此之功，無私如天地爾。」以德服眾作為中華民族的文化開端，自然是由上而下「順如四時」，因此中華文化中天生就缺少了制約與監督的基因。這於三皇五帝之時是聖人當政，民眾古樸如赤子的環境是相應的。

隨時間推移「禮崩樂壞」，當政者轉為「以智治國」，經幾千年的歷練，民眾也由「性相近」達「習相遠」了。然而中國的文化依舊是「自上而下」，沒有形成有制約和監督機制的「閉合的調節回路」。這是文化留給當代的一個難題，但並不是不能逾越。

行為標準的「原點」位於內心或是源自心外，看似差別只一點點，卻成為人是自己的主人還是物的奴隸的分水嶺。人不能自識心性，有多少知識都仍將似無根之浮萍隨波逐流，隨社會風氣而流轉，也許有人說這不正是適應了社會？沒錯，是適應了社會流轉的一面，不變的一面呢？門都沒摸著。換句話說，自己沒有建立中心思想，就要隨環境的轉變而迷失方向，最後迷失自己，發現這個問題的會很痛苦、很苦惱、很無耐，但又不知問題出自哪兒。沒發現的就更可憐了「人生一世間，如白駒過隙。」

只因為自己沒有中心思想的修養，一切受制於外。自己有了中心思想才能處有處無，坦然自在不受物轉而轉物。正是：「素富貴行乎富貴，素貧賤行乎貧賤」；「衣敝縕袍，與衣狐貉者立而不恥」；「君子

居之，何陋之有？」

　　可見，中西文化是有層次、方向和「原點」諸多的區別。在人的行為上則表現出是以「義」或是以「利」為標準，反映出的是價值觀的不同了。

　　在《論語‧衛靈公》裡，子貢問老師有沒有一個字可以終身奉行時，孔子回答道：「其恕乎！己所不欲，勿施於人」。在孔子的心目中，「己所不欲，勿施於人」也是非常難以做到的，所以要作終身的努力。孔子的這句經典語錄是中國人處理人際關係的重要原則。中國的文化是「我不欲人之加諸我也，吾亦欲無加諸人。」西方文化是你沒防範好，算你活該。

　　近代學者王韜，在比較中西文化時認為，「形而上者中國也，以道勝；形而下者西人也，以器勝。」

　　中國人於「形而下」能不能玩得轉？能玩得轉就與西方比肩了，如果還沒把「形上」的東西丟掉，那麼就只會是接引西方文化往正途。

5.矯枉至義

　　由於一個多世紀以來社會對中國文化的認識存在著嚴重的片面性，並且這種片面性絕不是由個別人造成的，而我們今天提出糾正這些片面性，也不是要有一場大批判。在這裡有必要說明：歷史事件的發生，後人研究起來可能有無數個偶然性，但是發生了，其中體現出的是必然性！這是尊重歷史應有的起碼態度，這是其一。

　　其二，在文化糾正中長期以來是用矯枉過正的方法，其中除了有對歷史憤憤不平的非正常心理之外，也反映出矯枉不知道是應回歸於義。

三、 讀孔學經典的體會

在　《中庸》中，子思曰：「仲尼祖述堯舜，憲章文武。」

在《論語》中，孔子自敘曰：「述而不作，信而好古，竊比於我老彭。」

這些都彰顯孔子是在於傳述聖賢道統，並非自己創作。但他所總結發現和推崇的中庸之道，卻是人間大道。子曰「舜其大知也與！舜好問以好察邇言。隱惡而揚善。執其兩端，用其中於民。其斯以為舜乎！」中庸之道它最具中國之特色，既是世界觀，也是方法論。

孔子思想、學說的精華，比較集中地見諸於《論語》一書，是孔子學生及再傳弟子對孔子言行的追記。「仁」是孔子一切理論的中心，所有關於「禮」、「樂」的規範，都不過是實現「仁」的手段。《論語》對中國歷史產生了深遠而巨大的影響。它的思想內容、思維方式、價值取向都早已融入了我們民族的血液，沉澱在我們的生命中，已鑄成了我們民族的特性。

《論語》是孔子與弟子及其它一些人的對話記錄，以語錄匯集成書也真難為了孔夫子的弟子門人，其用心之良苦，又著實為難了天下人。以致各種解釋混雜，也險害國粹淪為「文化的包袱」。在下每讀懷師《論語別裁》總有「心中縱橫十萬里，意訪上下五千年」之感。明讀書與為人都只在「用心」二字。點點體會不敢私，故陳如下：

（一）用心

用歷史的眼光看歷史，是思考與借鑒。

用今天的眼光看歷史，是挑剔與批判。

用歷史的眼光看今天，是謹慎與責任。

用今天的眼光看今天，則是實用主義。

（二）對經典理解上的三個層次

1.由文字所表述的事

2.由事中所含的理

3.由理所寓的意

論語是語錄式的記述，文字上不連貫，但卻是在第二和第三「理與寓意」的層次上渾然一體。

（三）知行合一，誠為核心

讀四書必須知行合一，儒學對「中庸」之道的求索是漸進式的修為，正如現代的表述「實踐─理論─再實踐─再理論」循環往復螺旋式的上升，對自己則是於「體、相、用」的塑造。如於《大學》中只知有「三綱」、「八目」，而不經「七證」，就只能停留在「知」的最表層，不能進入「知─行─知」的循環，則達不到「知行合一」的修身目的，就好比識「誠」字不知「誠」之意，知「誠」意，而未履誠之行。有了誠之行，而後才能更深一層地理解「誠」。

「誠者，天之道也。誠之者，人之道也，誠者，不勉而中，不思而得。」（《中庸》）

「盡其心者則知其性、知其性者則知天。」（《孟子》）

四、禮的本、質、指導思想和作用

按　《辭海》對禮的解釋，禮：泛指奴隸社會或封建社會貴族等級制度的社會規範和道德規範。（上海辭書出版社1979年9月版）

禮是什麼？若以《辭海》的解釋禮是奴隸社會或封建社會所特有的，那在當今社會禮就是不復存在的了，禮和我們現實生活就沒有了任何的關繫。

禮真的是這樣嗎？禮的概念不釐清，是很難深入研究道、德、仁、義等概念的。

（一）狹義與廣義的禮

禮的狹義範圍

禮的狹義範圍包括禮器（禮物）、禮儀（禮節）、禮義（意）等方面，也包括社會制度、規範、秩序等等。

1.禮器、禮物。就是行禮之時所需用到的器皿、犧牲、物品、服飾、場地等。

2.禮儀、禮節。就是行禮之人使用禮器、禮物演禮的儀容動作等行為舉止。

3.禮意。它是由禮器、禮物和禮儀所表達的內容、旨趣或目的。這就要求禮儀的禮器、禮物使用上必須適當，恰到好處，才能準確表達出禮之意。

禮的廣義範圍

　　禮的廣義範圍是在禮的狹義範圍基礎上，還包括了所有社會人員於各種場合的所有行為。

　　事實上以上的有些行為是屬於非禮的，如何區分禮與非禮，待後面另有解釋。此處將社會人員於各種場合的各種行為且先理解為禮。

　　本書對禮的研究重點在禮的廣義概念。即社會成員的社會行為。

　　其實人與人之間的日常之禮，也是通過禮器、禮物和禮儀來表達的，只是人與人之間的日常之禮所用的器物就是我們的日用品，在與不同的人在一起時我們站的位置、坐的主次和方向實際上都反映出禮的內容。

　　在孔子以前已有夏禮、殷禮、周禮。夏、殷、周三代之禮，因革相沿，代代都有損益變化。經二千多年的演變，再經過近現代上百年來的批判，現代社會已把禮歸為需要批判的封建概念。

　　在孔子的思想體系中，有許多的概念其實是說得非常明確的，只因太白了，我們反而不能理解其真意和全意。

　　孔子最得意弟子亞聖顏淵尚有喟然之嘆曰：「仰之彌高，鑽之彌堅，瞻之在前，忽焉在後。夫子循循然善誘人，博我以文，約我以禮，欲罷不能，既竭吾才。如有所立卓爾。雖欲從之，未由也已」（《論語·子罕》）。

　　意為：

　　顏淵說：「老師的思想和學問，我抬頭仰望它，愈望愈覺得高，我研究它，愈鑽愈覺得深。看見它好像在前，一下卻又好像轉到了後面。老師善於循序漸進地誘導我，用文獻典籍豐富我的知識，用禮約束我的行為，使我想停止學習也不能了。我已經用盡了自己的才力，它好像仍然矗立在我的前面。雖然想攀登上去，卻感到沒有路可上去。」

　　亞聖尚有如此的感嘆，我等凡夫俗子只有逐條釐清概念，以圖不曲

解聖意，不貽誤來人。要研究孔夫子的思想，首先是要搞明白孔夫子思想體系的三個重點：仁、義、禮概念的聯繫和區別。

（二）禮的起源與作用─制禮以立義

我們知道仁與禮的相互關係，一直是眾所注目的重要問題。或云仁重於禮，或云禮重於仁。為說清這個問題，我們得從禮說起。禮是個非常難解的概念。

其實我們時刻都在用禮，只是時用而不知。

荀子所著《禮論》中對禮的起源有如下論述：「禮起於何也？曰：人生而有欲，欲而不得，則不能無求，求而無度量分界，則不能不爭，爭則亂，亂則窮。先王惡其亂也，故制禮義以分之，以義人之欲，給人之求。使欲必不窮於物，物必不屈於欲，兩者相持而長，是禮之所起也。」

意為：

禮的起源是什麼呢？曰：人生下來就有欲望，有欲望卻實現不了，就不能不想辦法去索取，索取卻沒有度量分界，就不得不引發紛爭，紛爭起就引發社會亂，社會亂就又導致國家和人民貧窮。先王厭惡社會的紛爭，於是定禮以立義，來界定人們索求的度與界限，使人的欲望和索求按照公正的方法與限度，使得欲望不會造成物的枯竭，物的供給也不會過分的順從於人的欲望，欲望和物資兩者形成可持續久遠的平衡，這是禮出現的原因！

簡而言之，先王**制禮是為了立義**，以約束富者之淫奢野性而保民之人性。荀子對禮起源的論述，揭示了人與自然應和諧發展的深層問題─人要循義。

「人之命在天，國之命在禮。人君者，隆禮尊賢而王，重法愛民而霸，好利多詐而危，權謀傾覆幽險而亡。」（荀子《強國》）

「禮之生，為賢人以下至庶民也，非為成聖也。然而亦所以成聖也，不學不成。」（荀子《大略》）

司馬談在《論六家要旨》提到的還有一個重要的文化部分是名教，名即名份，教是教化。名教即通過定名份來教化天下，定人的應行、應止，使人人知其應行和該行，應止與該止。孔子強調以等級名份教化社會，認為為政首先要「正名」，做到了人人行己之當行，止之於當止，這樣就做到了「君君、臣臣、父父、子子」的秩序，這樣的社會則是有序與和諧的。

「不學禮，無以立。」禮的作用，於小處說是日常待人接物，於大處說是建立和諧社會，建立社會秩序，使貴賤、尊卑、長幼、親疏有別，使人們的生活方式和行為符合他們在家和在社會上的身份地位，不同的人有不同的行為規範和尺度，這就是禮──人的道德行為規範。

比如我們日常生活中，言行與當時的境況不相符，說錯或做錯了就會有難為情的感覺和臉紅等表現，其實這就是我們對自己行為言語的失禮的體會，只是日用而不知。孔夫子對失禮的表述就要深刻得多了，在《論語‧衛靈公》中，子曰：「可與言而不與之言，失人；不可與言而與之言，失言；智者不失人，亦不失言。」

（三）禮的等級觀念

《論語‧八佾》第一句，孔子謂季氏，「八佾舞於庭，是可忍也，孰不可忍也？」要理解這句話的意思，就要搞清以下概念。

1.八佾

八佾為古代舞蹈，佾舞排列成行，縱橫人數相同，按西周等級規定，天子用八佾，六十四人；諸侯用六佾，三十六人；大夫四佾，十六人；士二佾，四人。另一說：每行八人，稱為一佾。天子用八佾，諸侯六佾，大夫四佾，士二佾。

2.季孫氏的級別

季孫氏的身份是魯國的大夫，魯國只是周天子所封的諸侯國。按禮，諸侯國君只配用六佾，季孫氏只能用四佾，他卻用了八佾是僭越。

3.八佾舞於庭的性質

禮存在於任何時代，並且都是有等級的。季孫氏「八佾舞於庭」的這種僭越是什麼性質呢？八佾是國禮，只有周天子才可以使用，有如現代的鳴禮炮21響，只有國家的最高領導人在接待來訪者也是國家的最高領導人時才可以使用。「八佾舞於庭」的僭越是什麼樣的性質呢？我們只要設想，高官們在家裡接待客人也玩21響是個什麼性質就知道了。所以孔子說：「是可忍也，孰不可忍也？」

禮在現代社會不僅是有，而且隨時在用。禮當然也是有等級之分的。

（四）禮的指導思想──仁

《論語‧八佾》中，子曰：「人而不仁，如禮何？人而不仁，如樂何？」孔子說：「做人卻沒有仁的思想，還要禮儀幹什麼？做人沒有仁的思想，還要音樂幹什麼？」從這裡可見：孔子的觀念中仁是統領禮樂的，或者說禮樂就是為了興仁的，仁是教化之目的，禮樂是實現仁的載體或實踐仁的具體行為。

其實，仁既是禮產生的內在根據，也是人們自覺守禮的內在動力。只有仁居於內心，行為才會合於禮，沒有仁慈之心，禮就失去了根據，心中沒有半點仁的心意在先，所作所為的禮樂完全成為了表面形式，要來幹嘛？「如禮何」？「如樂何」？

複雜的是，有了仁慈之心還不行，必須要使行為（禮）合於義，正所謂「君子義以為質，禮以行之。」

（五）禮之本

本的字義：小篆字形，從「木」，下面加上一橫指明樹根之所在。本義指草木的根或靠根的莖幹。

本：木下曰本。（《說文》）

本，可以理解為物有其才得以生。相應於本質的質則是：物生之所成，是物生長起來後的成色。

在《論語·八佾》有一句話解釋起來很複雜。王孫賈問曰：「與其媚於奧，寧媚於灶，何謂也？」子曰：「不然。獲罪於天，無所禱也。」

從字面上看王孫賈問：「（人家都說）與其奉承奧神，不如奉承灶神。這是為什麼呢？」孔子說：「不是這樣的。如果得罪了天，那就沒有地方可以禱告了。」孔子沒有正面回答王孫賈提的問題，而是給出了「獲罪於天，無所禱也」的第三個答案，也提出了一個大問題「獲罪於天」。

「與其媚於奧，寧媚於灶」的一個選擇題怎麼就會「獲罪於天」了？是怎麼獲罪的？這就牽涉到以下二個方面。

1.天給了我們什麼啟示

老子曰：「人法地，地法天，天法道，道法自然」。

「在天成象，在地成形。」（《易·繫辭上》）

「是故法象莫大乎天地，變通莫大乎四時，懸象著明莫在乎日月。」（《易·繫辭上》）

「河出圖，洛出書，聖人則之。」（《易·繫辭上》）

《易經》講的是卦象，是用八個卦來描繪世界的各種事物。八卦是對宇宙間萬物的歸納，萬物歸納起來就只有這八大類東西，把這八類東西的現象卦出來，陳列在你眼前，明明白白地擺在你面前，只在於你知與不知，識也不識？這就是八卦。

天是至樸無文的，「天何言哉，天何言哉！」（《論語·陽貨》）

「誠者，天之道也。誠之者，人之道也。」（《中庸》）

天將一年四季日月星辰的變化、草木榮枯的過程一天一天地展示給人們，天所做的就是將一切明明白白地擺在你面前，陳列在你眼前，而且還不加任何語言的誘導，這是最誠的展現，所以，天給人們的啟示只是一個字——誠。而且是至誠。

曾子在《大學》中對誠有過明確的解釋，曰：「所謂誠其意者，毋自欺也，如惡惡臭，如好好色。」

諸位於上可有看出「誠」字的寓意？

誠乃眾妙之門。「誠者，天之道也。」這就是天給我們的啟示。

2.禮之本是什麼

《論語・八佾》林放問禮之本，孔子讚嘆曰：「大哉問！」，但回答上孔子只是說了具體事項上的取捨。

原文如下：

「林放問禮之本，子曰：『大哉問！禮，與其奢也，寧儉；喪，與其易也，寧戚』。」

意為：

林放問禮之本，孔子說：「你問的是大問題啊！就禮儀而言，與其奢侈，寧可節儉；就辦喪事而言，儀制完美還不行，毋寧真心悲痛」。

讀完孔子對林放的回答，對「禮之本」是什麼，依然是不甚了了。但要相信孔夫子於其中是一定講了「禮之本」的，只怕是我們未解其味，也就是前面提到的第二、三點「由事中所含的理」和「由理所寓的意」。

我們再細緻一點來分析孔子的這段話，（首先說明「與其易也」的易作「妥帖完美」解）這段話分開講是兩件事，一是禮儀的排場「與其奢侈，寧可節儉」；二是排場儀制和心情相比較，則是注重心情。如果把這兩句話合起來則又是說的一件事，意為：就禮儀的排場而言，與其奢侈，寧可節儉，如果是辦喪事，在排場、儀制和心情的選擇上「毋寧

真心悲痛」。歸結起來可以理解為：禮儀的排場方面可以儉，在禮的根本上，任何時候內心一定要誠懇、真心。

所以，王孫賈問曰：「與其媚於奧，寧媚於灶，何謂也？」子曰：「不然。獲罪於天，無所禱也。」孔子的意思是：對奧（神）、灶（神）是用來禮敬的，現在王孫賈在研究為什麼有「與其媚於奧，寧媚於灶」的說法，問這其中有什麼好處，這個說法是怎麼來的「何謂也？」，對祭祀毫無誠意，把祭祀當作取媚於奧（神）、灶（神），欲從中獲其利而已，沒有了誠意，違背了天意「誠者，天之道也，」自然會「獲罪於天，無所禱也。」

人效法天地，效法什麼呢？就是效法天之誠！「誠者，天之道也。誠之者，人之道也。」（《中庸》）

經過上面的分析，我們可得出「誠」乃天之道，這才是禮之本。對禮之本的認識，是理解禮的概念最最重要的一個環節。

《禮記・樂記》中也有記載，曰：「著誠去偽，禮之經也。」

孔子對祭祀的態度是：「祭如在」。

《論語・雍也》中，「樊遲問知，子曰：『務民之義，敬鬼神而遠之，可謂知矣』」。古人注解說：「敬」是認為有，「遠之」是不用。這也與孔子答王孫賈之問相一致，「敬」而不用是明智之舉，一用就必失其誠意，則又「獲罪於天，無所禱也」。

在《禮記・祭統》中也說：「禮有五經，莫重於祭。夫祭者，非物自外至者也，自中出生於心也。心怵而奉之以禮，是故唯賢者能盡祭之義。」

我們要注意《禮記・祭統》中說禮是「自中出生於心也」這句話，我們還要追問能從心中生出的會是什麼？只有誠。至此，當明禮之本乃誠也！

誠這個字是中國文化核心中的核心

（六）禮的精神實質

孔子的仁學中，「仁」是仁愛之心在行為上的落實。行為要合於禮。

首先是要基於仁慈之心。其次，行為要符合社會倫理的公理、公義，第三，還需有合適的行為限度，這樣的行為才是禮，反之，是非禮；禮是在倫理「天地君親師」的基礎上，依仁的思想建立起來的。其實這就是仁與禮的關係。

不僅要知禮的要求，還要明禮的精神；不僅要知道應該怎樣做，還要明白為什麼要如此做。禮中所含的「義」來源於「天經地義」包含了個人當時的身份與地位的因素。

天有天道，地有地道，日月星辰都有各自的運行軌跡，各有各的作用，各司其職，而形成了一年四季二十四節氣的陰陽變化，華夏文化就是根據這個道理來確定的，也就是效法天地之道。其實質就是相應的確定了社會上每個人的身份地位、職責、本分、義務，當人們能按照各自的身份地位、職責、本分、義務去運作，就會像太陽、月亮各個星辰一樣，各自按照自己的特定軌道運行，才能夠保持穩定與和諧。

然而，以上只是「禮」的精神之一：法天則地。

1.禮之本─誠

我們前面已經研究過，知道禮的本是誠。其實，誠何止是禮之本？！誠乃眾妙之門！大家可細細體會「心誠則靈」四字。也可參悟一下《中庸》裡的「誠者，不勉而中，不思而得」這句話。

2.禮的精神實質

（1）「別」與「和」

《論語》中曰：「禮之用，和為貴。」又云：「君子和而不同，小人同而不和」。

「和而不同，同而不和」這可能在西方思維模式中是令人最頭痛的問題。必竟在東方發源地尚繞了那麼多年。

　　但在上古時代，「和」是一個非常重要的概念，它是指一種有差別的、多樣性的統一；「同」則是「以同裨同」，即排斥差異、矛盾、對立的事物，只求事物的絕對同一，是相同事物的疊加。

　　孔子在這裡將為人處事的「和」與「同」作為區別君子還是小人的一個判斷標準了。

　　在孔子看來，每個人因其身份的不同而遇事時則會有可行、不可行的選擇，不同的人有不同的應行與應止，也就是禮之「別」（行為的差別），這個區別是因身份而來的。知道了自己的應行、應止，並依之而行則是禮。

　　為了區分每個人的行與止，中國先秦時期還有一個名教或曰名家。名教即通過定名份來教化天下，以維護社會的倫理綱常、等級制度。這與孔子的「名不正則言不順」是相一致的，實則也是「君君臣臣、父父子子」的注解，意思是君、臣、父、子各有各的應行、應止，依此而行則合於義，天下則和諧。

　　換另一種角度來說，中國的儒家文化是建立在倫理的基礎上的，每個人都因為有不同的地位和身份而形成各自的社會關係，簡而言之就是：君臣、父子、夫婦、兄弟、朋友這五倫，禮就是在這些區別、分別的基礎上產生的。禮既要區別、分別，釐清又要維持這種有區別的各種關係的存在和延續，這才是禮的作用「和」的精神。

　　所以沒有「別」就沒有禮，沒有禮也就沒有「別」，每個人都能「克己」的、有禮、有節、有度，按「應行」的標準對待和處理身邊的人與事，則社會上各種不同身份的人都將自然融合於社會的公義上（這是禮的實質），社會才是和諧的。禮的真實精神就在於規範人的行為使之合於社會公義。由此可見，公義才是社會上人人都要遵守的，公義才中國人平等的指標（西方的平等是權力與利益），從中可見中西方平等的層次善差別所在。中國人的平等在責任與義務上，西方人的平等是權力與利益上。

　　在《論語・衛靈公》中，子曰：「君子義以為質，禮以行之，孫以

出之，信以成之。君子哉！」

　　孔子所說的意思為：君子以義作為行為的質，用禮加以施行，用謙遜的語言來表達，用誠信的態度來踐行，這才是君子。

　　子曰：「君子之於天下也，無適也，無莫也，義之與比。」（《論語‧里仁》）

　　孔子說：君子對於天下的一切事物，無可無不可，唯一行事的標準就是與義相比較。

　　明白了禮之中所包含的這個精神實質──義，才能將仁、義、禮三者的作用與聯繫搞清楚。仁是人的指導思想，是指導人具體行為（禮）的，而義是人的行為（禮）的本質。有了這些釐清，我們才能明白「克己復禮，天下歸仁」的真正含意。

　　「克己復禮」中的「克己」是對社會每個成員而言的，只有當社會成員人人都做到了「克己」，回復到依禮而行（以義為質），人的行為就會被社會所有的成員認可（因為合於社會公義），所以社會就自然達到了「天下歸仁」的治世目標，而這個「天下歸仁」翻譯為現代語則是和諧社會。

　　在《道德經》中老子說了一個禮崩樂壞的次序，曰：「失道而後德，失德而後仁，失仁而後義，失義而後禮」，老子所說的可以簡明地列為：

　　「（失）道→（失）德→（失）仁→（失）義→（失）禮」的過程。對比「克己復禮，天下歸仁」我們才能看出孔子提出的是一套「（由）禮→（行）義→（歸）仁」的救世方案。

　　禮的另一精神「和」，還可以追溯到周文化中。

　　西周末年史伯認為，周人的先王「聘後於異姓，求財於有方，擇臣取諫工而講以多物，務和同也。」

　　這是說，周人在婚姻上已經確定了同姓不婚的制度，必須聘娶異姓的女子為妻；周人在經濟上反對閉關自守，實行與諸民族互通有無的貿易政策「求財於有方」；周人在政治上反對一人獨斷專行，實行廣納賢

才、廣開言路、聽取多方面的意見，曰：「擇臣取諫工而講以多物」。

周人通過對夏、商朝禮的損益，建立了周朝的禮樂制度。孔子稱讚周人的禮樂制度是「鬱鬱乎！文哉！」

中國西周末期思想家史伯將這一禮樂制度概括為「取和去同」的社會行為準則。

「和」是「以他平他」，即讓相互差異、矛盾、對立的事物相融合，達到動態的平衡即和諧；

「同」則是「以同裨同」，即排斥差異、矛盾、對立的事物，只求同質事物絕對的同一、簡單的疊加。

按照「和」的社會行為準則辦事，就會不斷有新事物產生，出現新效用，事物就會興旺發達。相反，按照「同」去辦事，就「若以水濟水，誰能食之」。所以，周文化包含有「取和去同」的社會行為原則。

在《春秋左傳》（昭公二十年）中記載了晏嬰論「和與同」的事例，現錄於下：

原文：

齊侯至自田，晏子侍於遄台，子猶馳而造焉。公曰：「唯據與我和夫！」晏子對曰：「據亦同也，焉得為和？」公曰：「和與同異乎？」晏子對曰：「據亦同也，焉得為和？」公曰：「和與同異乎？」對曰：「異。和如羹焉，水、火、醯、醢、鹽、梅，以烹魚肉，燀之以薪，宰夫和之，齊之以味，濟其不及，以泄其過。君子食之，以平其心。君臣亦然。君所謂可而有否焉，臣獻其否，以成其可；君所謂否而有可焉，臣獻其可，以去其否，是以政平而不幹，民無爭心。故《詩》曰：『亦有和羹，既戒既平。鬷嘏無言，時靡有爭。』先王之濟五味，和五聲也，以平其心，成其政也。聲亦如味，一氣、二體、三類、四物、五聲、六律、七音、八風、九歌，以相成也，清濁、小大、短長、疾徐、哀樂、剛柔、遲速、高下、出入、周疏，以相濟也。君子聽之，以平其心。心平，德和，故《詩》曰『德音不瑕』。今據不然。君所謂可，據

亦曰可；君所謂否，據亦曰否。若以水濟水，誰能食之？若琴瑟之專
壹，誰能聽之？同之不可也如是。」

譯文：

景公從打獵的地方回來，晏子在遄台隨侍，梁丘據也駕著車子趕
來了。景公說：「只有梁丘據與我是和的啊！」晏子回答說：「梁丘據
只不過是與你同而已，哪裡能說是和呢？」景公說：「和與同有差別
嗎？」晏子回答說：「有差別。和就像做肉羹，用 水、火、醋、醬、
鹽、梅來烹調魚和肉，用柴火燒煮。廚工調配味道，使各種味道恰到好
處；味道不夠就增加調料，味道太重就減少調料。君子吃了這種肉羹，
用來平和心性。國君和臣下的關係也是這樣。國君認為可以的，其中也
包含了不可以，臣下進言指出其中的不可以的部分，使可以的更加完
備；國君認為不可以的，其中也包含了可以的，臣下進言指出其中可以
的部分。因此，政事平和而不違背禮，百姓就沒有爭鬥之心。所以《詩
・商頌・烈祖》中說：『還有調和的好羹湯，五味具備又適中。敬獻神
明來享用，上下和睦不無相爭。』先王使五味相互調和，使五聲和諧動
聽，用來平和心性，成就政事。音樂的道理也像味道一樣，由一氣。二
體、三類、四物、五聲、六律、七音、八風、九歌各方面相配合而成，
由清濁、小大、短長、疾徐、哀樂、剛柔、迅速、高下、出入、周疏各
方面相調節而成。君子聽了這樣的音樂，可以平和心性。心性平和，德
行就協調。所以，《詩・豳風・狼跋》說：『美好音樂沒瑕疵。』現在
梁丘據不是這樣。國君認為可以的，他也說可以；國君認為不可以的，
他也說不可以。如果用水來調和水，誰能吃一下去？如果用琴瑟老彈一
個音調，誰聽得下去？和與同不一樣的道理就像這樣。」

（2）「利後嗣者也」──也是禮的精神

「禮，經國家，定社稷，序民人，利後嗣者也。」（《左傳》）

人道所以有嫁娶何？

以情性之大，莫若男女。

男女之交人情之始，又莫若夫婦。

《周易》有云：「夫婦之道，不可不久也；夫婦之道，不可不正也」。

《周易》又云「有天地然後有萬物；有萬物然後有男女；有男女然後有夫婦；有夫婦然後有父子；有父子然後有君臣；有君臣然後有上下；有上下然後禮義有所錯」。

對《周易》的上述內容可簡述為：「天地─萬物─男女─夫婦─父子─君臣（上下）─禮義」，在這一邏輯鏈中，男女之道恰好處在自然界與人類社會的交匯點上！它上接天地萬物，下接禮義倫常，從自然性方面考察，男女夫婦之間是一種自然關係；從社會性方面考察，它又是倫理綱常是人類繁衍過程中不可改變的。夫婦之道既是自然的產物和表現，又是社會穩定和道德進步的基礎。故曰：夫婦之道，不可不久也！不可不正也！

我們眾所周知的一首詩就是 ：「關關雎鳩，在河之洲。窈窕淑女，君子好逑。」多少年來知其出自《詩經》，只當是那個時代的一首言情詩，以致後來讀到《論語》子曰：「關雎，樂而不淫，哀而不傷。」也是百思不得其解。聯繫《論語‧為政》中，子曰：「詩三百，一言以蔽之，曰：『思無邪』。也相信「詩三百」是思無邪了，但是「關雎」詩為什麼無邪呢？這依然是「不知禮，無以立」的問題。

禮的精神，一是以仁為中心思想；二是符合倫理觀念（義）。

將人的倫理觀念與仁的思想，二者和合於人的具體行為上，則人的行為自然會落於規範之中，這就是禮。或者說：只要符合了以仁為中心的思想，又符合了倫理觀念（義），你的行為怎麼做都是合於禮數的。這裡所說的還是仁義禮三者的關係。

「關雎」的詩是在倫理觀念、人之常情的範圍之內，未含半點不仁的思想，所以何邪之有！

「禮」既是行為規範，又屬倫理道德的範疇，禮是中國人的道德意識、道德覺悟的來源。古人將其名之為禮，實際上則是現代語之道德

也。如果結合「分爭辨訟，非禮不決」（《禮記》），則可知禮還包含著法律的內容。

（3）禮之質—義

《管子・心術上》中指出：「義者，謂各處其宜也。禮者，因人之情，緣義之理，而為之節文者也。故禮者，謂有理也；理也者，明分以諭義之意也。故禮出乎義，義出乎理，理因乎宜者也。」這一段將禮、義、理、宜的關係講得很清楚。

《禮記》也講：「義者，宜也」；義強調的是一切事物都要合於事理，要求適中合宜。

義亦是多意字，本指公正的道理，正直的行為。

《論語・里仁》曰：「君子之於天下也，無適也，無莫也，義之與比。」

《孟子・離婁下》曰：「大人者，言不必信，行不必果，惟義所在」。「惟義所在」所說的「義」就是指禮（行為）的最終所成，應成之於義，成於公正的道理上。（孟子此言是在勸說某人放棄有違道義之承諾。）

孔子曰：「君子義以為質，禮以行之，孫以出之，信以成之，君子哉！」

在《禮記・禮運》中也有記述：「治國不以禮，猶無耜而耕也；為禮不本於義，猶耕而弗種也」。

意為：

治理國家不以禮治，就好似用沒有犁嘴的犁在耕地；為禮而不本於義，就好似耕地而不下種子一樣。

《禮記・禮運》中的這段記述深刻而形象的解釋了禮與義的關係和在國家治理中的作用。

在《說文》中，曰：「義，己之威儀也。從我羊。」段玉裁《說文解字注》云：「義之本訓，為禮容各得其宜。」 其中的「禮容各得其宜」幾個字非常關鍵，我們要細細品味什麼是「禮得其宜」、「容得其

宜」。可見義有時就是由人的禮與容來體現的，而「禮與容」就是人們的行為，就是人的言行舉止。

3.對義字的粗略分類

（1）墨子的義

墨子講義，從墨子時期一直影響到今天，現在於電影電視中也時有所見。但墨子的義又與儒學講的義有了很大不同，所以在標題上加上了定語「墨子的」。關於墨子的學說，放在了第十四章另外討論，此處略。

（2）禮義

禮義還可分開理解。禮為禮儀，可理解是儀式、是演禮、是限度以內的行為；義是禮儀的行為所表達的精神內涵。

為使禮所表達的內容準確，禮儀則需有限度與分寸，合適的禮儀（行為）是義，過度的禮儀（行為）則是不義；符合身份地位的行為是義，超出身份地位的行為則是不義。

按董仲舒《春秋繁露・仁義法》中所述：「《春秋》為仁義法。仁之法在愛人，不在愛我。義之法在正我，不在正人。我不自正，雖能正人，弗予為義。」由此可見義是對自己行為的要求，這個要求當然就包含有分寸、限度的內容。

對義的認識首先是要區分仁與義的使用方向，如果只學會了「以義設人」，最成功也只是個電筒式的法家人物，只知照別人不知照自己「雖能正人，弗予為義」。

所以對義的把握過程實際就是習禮的過程，習禮以「尊賢為大」，親近有道德的人，學習人文的規範就是為了習禮。習禮這在中國過去是最為重要的學習科目與目的。相信不久也會成為現代中國人最為重要的學習內容。

在《論語》中論禮儀形式有多處，如：

──林放問禮之本。子曰：「大哉問！禮，與其奢也，寧儉；喪，

與其易也，寧戚。」（《論語‧八佾》）

——子貢欲去告朔之餼羊。子曰：「賜也！爾愛其羊，我愛其禮。」（《論語‧八佾》）

解讀：

在周代，每年的秋冬之際，周天子會把第二年的曆書頒給諸侯，曆書告知了次年每月的初一是哪一天，這一禮儀叫「頒告朔」。諸侯接受了曆書，藏於祖廟，每逢初一便會殺一隻羊來祭祖廟，然後回到朝廷聽政。這祭廟叫做「告朔」，聽政叫做「聽朔」。

告朔之禮儀最少涉及到三個方面，第一是對天地的敬畏，第二是對祖先的敬仰，第三是對百姓生活的重視。祭祀的時候，也正是表達這種敬畏、敬仰和重視。但是，當時這種禮儀形式已經長期不施行了，到了子貢的時候，每月初一，魯君不但不親臨祖廟，而且也不聽政，只是殺一隻羊應景罷了。所以子貢認為不必留此形式，不如乾脆連羊也不殺。孔子則認為儘管這是殘存的形式，但也比什麼都不留好。如果連這只羊也去掉，那麼人們就把這種禮儀也完全忘掉了。

從普通情形來討論「禮義、道義」很難瞭解其中的深刻含意。我們試用極端的眾所周知的事例來分析。

如電視劇《亮劍》和《狼毒花》中都有一段被迫殺自己女人的場景，殺人是犯罪，何況是殺自己的女人，是殺人罪上更增加了一重，如換在別的場合那必是死罪，何以電視劇裡的上述場景卻給人以悲壯的震撼？如此「出格」的行為為何不受譴責？觀眾給予的竟是肯定呢？因為人們心中都有對「義」的理解，只是不一定知道「義」才是禮（行為）的最終標準。

《孟子‧離婁上》曰：「嫂溺不援，是豺狼也。男女授受不親，禮也；嫂溺援之以手者，權也。」

從以上事例我們得到這樣的一種認識，人們對一個人行為對錯的判斷首先不是以法律的角度來看待，而是從道義、道德的角度來判斷的。

人們在做這些事時都是於特定的環境之下，屬突發的或責無旁貸的、再或是非你不可而於你個人是有所犧牲的，有可做可不做的成份，全靠個人的判斷與抉擇。別的人則是通過你在具體的事務上所做出的選擇和行為表現，而對你的學識、修養和道德水準的高低做出評價。

然而，有了這些的認識，也還只是禮的內容中較粗淺部分。

孟子對「義」這個問題有很透徹的認識。

在《孟子·離婁下》中，曰：「大人者，言不必信，行不必果，惟義所在」。

大意為：

作為大丈夫如果前面的話說錯了、事做錯了，當勇於改正，不必拘泥「言必信，行必果」的信條，只有義才是最重要的。

這說明孟子也認為只有「義」才是對一個人的行為是否正直、公正的最後判定標準。

（1）仁與義的區別

仁與義是二個不同的概念，但現在常將仁義聯用。

關於仁與義的關係，西漢董仲舒在《春秋繁露·仁義法》中有詳細論述，現錄部分於下：

原文：

春秋之所治，人與我也。所以治人與我者，仁與義也。以仁安人，以義正我，故仁之為言人也，義之為言我也，言名以別矣。仁之於人，義之於我者，不可不察也。眾人不察，乃反以仁自裕，而以義設人。詭其處而逆其理，鮮不亂矣。是故人莫欲亂，而大抵常亂。凡以暗於人我之分，而不省仁義之所在也。是故春秋為仁義法。**仁之法，在愛人，不在愛我。義之法在正我，不在正人。我不自正，雖能正人，弗與為義，**人不被其愛，雖厚自愛，不予為仁。

大意為：

《春秋》是做什麼用的呢，是調整人與人之間的關係。是以什麼

來調整人與人的關係呢，是用仁與義；用仁來安人，用義來端正自我；所以，仁是對他人的！而義是對自己的。因此用了不同的名字仁與義加以區別。仁是用於對待他人的，義是用於對待自己的，這個區別不可不知。但民眾確實不知這個道理，反而以仁用於自己，而將義用於他人。違背道理而處，反其道理而說，哪裡能不亂呢？然而沒有人想攪亂社會，而社會卻是常常亂。究其原因都是因為不明了人我之分，不清楚仁與義之所在。所以《春秋》是仁與義的綱紀，仁之法（仁之綱紀）在於愛眾人，並不在於愛自己；義之法（義之綱紀）在於端正自己，而不是為了糾正他人。如果自己不正，雖然也能正人，但這不是義。如果一個人雖然很自愛，但別人得不到他的關愛，這亦不是仁。

董仲舒的這段話非常準確清楚地將仁與義的使用方向做了區別。

（七）對禮的誤解

現在對禮的誤解普遍有這樣的的認為：因為禮是有差別性的行為規範，所以決非普遍適用於一切人的。

對這樣的認識，本人提點相反的看法。我認為結論的前半句「因為禮是有差別性的行為規範」是完全正確的，而後半句「所以決非普遍適用於一切人的」則錯得實在離奇！細想其中原因，言者是把禮看作如同法律一樣必須是「適用於一切人」的，出現了因人而易，動態標準的禮，連中國人自己都覺得不可思、不可議，此正是接受了西學的思維方式使然。

西方研究社會學的方法特點與他們研究自然科學也有相似之處，就是搞不清楚的就忽略不計，使問題簡單化後再行分析，然後得出結論。這種方法運用在自然科學上是頻頻得手的，但於社會學就難說了。

我們接受西方的觀念總認為是在法律的層面上人人平等，而現實社會生活中的情況會是怎樣？我們通過一個例子來說明，而不在此討論法理。比如叛國罪，叛國罪對誰都應該是一樣的，但在抗日戰爭中一般士

兵的投敵和汪精衛的投敵都是叛國罪（都只論投敵此一項罪名），但他們所犯的罪行和影響的大小會是一樣嗎？這就是因為還有社會地位的因素在起作用。而中國的禮制是按每個人的身份地位，確定了每個人的行為標準，每個人因其身份與地位的不同，因此有各自的應行、應止的區別。

從這裡也可以看出中西方文化參照層面的不同，西方文化是以（相對不變的）法為參照層面，而中國文化中是以因人而異的義為參照層面，但是又不排除法律的作用。

中國儒家文化中關於人的身份地位的變化問題，除了不鼓勵你篡權當皇帝外，其實是鼓勵你積極向上做任何職位的，這層意思在「游於藝」三個字中得到了完整而又準確的體現。當然，大前提是內心有了仁與義。

對禮有「決非普遍適用於一切人的一般規範」觀點的人，在這個問題上存在有三個誤區。

其一，認為禮是「一個」而不知禮是一系列。不知禮是一個動態的標準體系，禮實際上與「名教」有很大關係，社會上的每一個人都應得到名教的教化，才能知道自己該幹什麼，用現代的話說是找到了自己的位置，這個位置找到了，才會知道自己行為的「止」與「正」。董仲舒云：禮者「序尊卑、貴賤、大小之位，而差外內遠近新故之級者也。」就是說：禮是關於尊卑、貴賤、大小人人有份的，是普遍適用於一切人的規範。

其二，把禮歸結為某些社會制度才有的典章制度，講到禮就認為只是中國奴隸社會及封建社會才有的，把禮當作是奴隸主貴族及封建地主階級特有的行為準則。禮的作用只是為了維護某種社會制度的。好像現代社會不需要這類準則了，不用禮了。那請問：禮炮21響是怎麼回事？君臣（推而廣之是指上下級）、父子、夫妻、兄弟、朋友等五倫關係應該怎麼擺？禮之不用，社會道德的具體內容是什麼呢？

其三，古時稱之為禮的，其實是現代人稱之為行為規範的東西，只

是名稱變了，人們就日用中對不上號。與現代行為規範不同，古時之禮是以義為質的，實際就是人們社會道德觀念中的共識。以後隨「禮崩樂壞」的社會道德形勢的發展，人們對禮的認識越來越膚淺，只剩下了對聖人語錄的背誦。背誦本來是中國文化教育的特色之一，只是長久不解其中真實的內涵，變成左用不對右用也不對，更不用說根據「此地、此時、此刻」的情況來變通與運用。最後反而成了中國人的「絆腳石」，真正是千古奇冤。

（八）禮的作用

1.內心的尺度

「恭、慎、勇、直」在我們看來都是很好的品質，但在孔子看來卻認為這些品質還得有禮來修葺才是完美的。

子曰：「恭而無禮則勞，慎而無禮則葸，勇而無禮則亂，直而無禮則絞。」（《論語・泰伯》）

我們逐句分析。

「恭而無禮則勞」，孔子這裡所說的禮是指禮之本——誠。如果只有恭敬的外表內心沒有一點誠意，缺少了禮的內涵則是「勞」。換句話說，外在的禮貌固然重要，如果內在缺少了真誠，則毫無意義只是形式而已。

「慎而無禮則葸」，孔子這裡說有些人做事很謹慎，非常小心。小心固然好，過分的小心就變成無能、窩囊，什麼都不敢動手了。禮是尺度、標準，如果個人內心的尺度、標準比禮所給的尺度小太多了，那就是「慎而無禮則葸」。由於修養不夠，對禮的分寸掌握不住，該做（應行）的事都不敢做就什麼都幹不了。

「勇而無禮則亂」，孔子這裡說有些人有勇氣、有衝勁，容易下決心，有事情就幹了，這就是勇。如果內在沒有好的修養，對禮的尺度與

標準把握不住，逾禮了（應止）都不知就容易出大亂子，把事情辦壞。

　　「直而無禮則絞」，孔子這裡說有些人個性直率、坦白，對就是對，不對就是不對，只講直的一面，不知道講直的同時還要有禮的分寸。當長官的或當長輩的，有時候遇到這種人，實在難受，常叫你下不了臺。這種直性人，心地非常好，很坦誠。只是學問上要經過磨練、修養，否則就絞，絞得太過分了就斷，會誤事。還是那句話「不知禮，無以立」。（本段節選於南懷瑾先生的《論語別裁》。經本書作者編輯過。）

2.行為準則

　　有子曰：「禮之用，和為貴，先王之道，斯為美，小大由之；有所不行，知和而和，不以禮節之，亦不可行也。」（《論語・學而》）

　　「禮之用，和為貴」。禮的作用，說明白點就是能使方方面面都非常融洽，上到治國下至鄰里家人的辦事細節，都是禮調節的範圍，人與人之間會有矛盾的，事與事之間彼此會有偏差，中和這個矛盾，調整這個偏差，就要靠人們「以仁慈之心，行己之應行與當行」（即禮），大家都按自己的應行、應止來約束自己，社會就是有秩序的、和諧的。從這裡可以理解到法律也是禮的作用之一，只不過法律的作用是調整更極端的矛盾，而那些矛盾有一個共同特點，就是觸及了──法律。

　　如果人的行為都按禮而行，而義是禮之質，人人依禮而行是符合大家公認之義的，是得到所有人認可的，雖然禮有分別（人們的行為有所不同），然而其結果卻得到所有人的認同，禮的根本作用卻是達到了和諧。所以，有子曰：「禮之用，和為貴」。

　　禮的作用是調整人的行為，不失職、不僭越。

　　從「君臣、父子、夫婦、兄弟、朋友」五倫中每一個人都有不同的身份，這就是為什麼別人能做的事，我卻不該做。我不做是失職的事，他去做了卻是僭越？我們從一則故事來理解「超出身份地位的行為則是不義」的這個問題。

《韓非子・外儲說右上第三十四》（部分）原文：

季孫相魯，子路為郈令。魯以五月起眾為長溝，當此之為，子路以其私秩粟為漿飯，要作溝者於五父之衢而餐之。孔子聞之，使子貢往覆其飯，擊毀其器，曰：「魯君有民，子奚為乃餐之？」子路怫然怒，攘肱而入請曰：「夫子疾由之為仁義乎？所學於夫子者仁義也，仁義者，與天下共其所有而同其利者也。今以由之伯粟而餐民，其不可何也？」孔子曰：「由之野也！吾以女知之，女徒未及也，女故如是之不知禮也！女之餐之，為愛之也。夫禮，天子愛天下，諸侯愛境內，大夫愛官職，士愛其家，過其所愛曰侵。今魯君有民而子擅愛之，是子侵也，不亦誣乎！」言未卒，而季孫使者至，讓曰：「肥也起民而使之，先生使弟子令徒役而餐之，將奪肥之民耶？」孔子駕而去魯。

譯文：

季孫做魯相，子路做郈邑的長官。魯國在五月份徵招民眾開挖長溝，在開工期間，子路用自己的俸糧做成稀飯，邀請挖溝的人到五父路上來吃。孔子聽說後，叫子貢去倒掉他的飯，砸爛盛飯的器皿，說：「這些民眾是屬於魯君的，你幹嗎要給他們飯吃？」子路勃然大怒，握拳露臂走去質問孔子說：「先生憎恨我施行仁義嗎？從先生那裡學到的，就是仁義；所謂仁義，就是與天下的人共同享有自己的東西，共同享受自己的利益。現在用我自己的俸糧去供養民眾，為什麼不行？」孔子說：「子路好粗野啊！我以為你懂了，你竟然還不懂。你原來是這樣的不懂得禮，你供養民眾，是愛他們。禮法規定，天子愛天下，諸侯愛國境之內，大夫愛官職所轄，士人愛自己的家人，越過應愛的範圍就叫侵犯。現在對於魯君統治下的民眾；你卻擅自去愛，這是你在侵權，不也屬膽大妄為嗎！」話沒說完，季孫的使者就到了，責備說，「我發動民眾而欲使用他們，先生讓弟子給徒役吃飯，是想奪取我的民眾嗎？」孔子駕車離開了魯國。

　　從這則小故事看得出，孔子對這件事情處理的分寸把握得非常準確，子路的怒氣還未平息，季孫的使者就到了並問出：「先生讓弟子給徒役吃飯，是想奪取我的民眾嗎？」的話，可見事態的嚴重。要知道古時地廣人稀，不少戰爭就是為了奪取對方的民眾而發生的。

　　有《論語・子路》為證：葉公問政。子曰：「近者說，遠者來。」

　　又如《論語・季氏》曰：「丘也聞有國有家者，不患寡而患不均，不患貧而患不安。蓋均無貧，和無寡，安無傾。夫如是，故遠人不服，則修文德以來之。既來之，則安之。」

意為：

　　我聽說，作為諸侯和大夫的人，所擔心的不是缺少財富，而應考慮財富分配上是否公正（均，此處不能作公平講，有歧義）；不怕人口少，而怕不安定。由於財富分配公正了，也就沒有所謂貧窮的抱怨了；大家和睦，就不會感到人少（和睦才是目的）；安定了，也就沒有傾覆的危險了。如果這樣，遠方的人還不歸服，就用仁、義、禮、樂（修文德）以吸引他們遷來；因為這樣而來的人，來了就會安心住下去了（既來之，則安之）。

　　再有《孟子・梁惠王上》為證：

　　梁惠王曰：「寡人之於國也，盡心焉耳矣。河內凶，則移其民於河東，移其粟於河內。河東凶亦然。察鄰國之政，無如寡人之用心者。鄰國之民不加少，寡人之民不加多，何也？」

大意是：

　　我那麼用心地做了這麼多利國利民的事，鄰國之民為何不過來一些呢？

　　可見子路雖懷仁慈仁愛之心，結果卻好心辦了壞事。

　　儒家認為，人人都有符合其身份和地位的行為規範，這就是禮的區別作用。實行了名份的教化便可「禮達而分定」，「行乎所當行，止乎所當止」，達到「君君臣臣父父子子」的和諧，貴賤、尊卑、長幼、親

疏有別的社會秩序便可持久，國家才有可能長治久安。

　　然而，人人都有符合其身份和地位的行為規範在什麼地方呢？全在「孝」字裡面！

3.禮治即為德政

　　孔子說：「為國以禮。」

　　晏嬰說：「禮之可以為國也久矣。」

　　《左傳》曰：「禮經國家，定社稷。」

　　《禮記》曰：「分爭辯訟，非禮不決。」（此語，言法亦屬於禮的範疇。）

　　荀子云：「國之命在禮」，又說：「禮者治辨之極也，強國之本也，威行之道也，功名之總也，王公由之所以得天下也，不由所以隕社稷也。」

　　《禮記》云治國以禮則「官得其體，政事得其施」，治國無禮則「官失其體，政事失其施」。

　　上一個問題我們討論了禮即人們的行為標準，禮就是現在的道德，是名稱發生了變化。如果要找例證，我們自己往上數四十餘年，想一想自然也就明白儒家為什麼會認為推行禮治即是為政了。為政是什麼？就是現在說的政治嗎？什麼是為政？子曰：「政者，正也」。這句話裡包含了很深的涵意，因為現在的人已不知什麼是正了。（關於什麼是正？詳見第十章）

　　子曰：「道之以政，齊之以刑，民免而無恥。道之以德，齊之以禮，有恥且格。」

　　「民免」，一般人會逃避，鑽法律的漏洞，而且他逃避了責任，逃避了法律的處罰，他還要自鳴得意，認為你奈何他不了，毫無羞恥心。

　　以城市道路交通現象為例。在無人值守的路口，紅燈時機動車輛都會停下，但是，單車和電單車有的就會照走不誤，哪怕是安裝有了電子照相機。深究其原因無非處罰不了他們而已。他們認為闖了紅燈可以來

管的呀！你管不過來了就是你的事了，不能怪我了，人們會把標準降低到是否會被處罰這個低標準。如何在公民心中建立正確的榮辱觀，才是最有效的管理辦法，然而這也並非什麼特殊的要求，只需把道德與法律兩者的位置關係擺正。明確是用法律來維護道德而已。

所以孔子說：「道之以政，齊之以刑，民免而無恥，道之以德，齊之以禮，有恥且格。」

在《禮記・經解第二十六》中關於禮的作用有如下的描述，曰：「故禮之教化也微，其止邪也於未形。使人日徙善遠罪而不自知也，是以先王隆之也。易曰：『君子慎始，差若毫釐，繆以千里。』此之謂也。」

大意為：

用禮來教化人民始於微小的事物，在奸邪行為還沒有形成之前就得到了防止，使人們能日益近善而遠離罪惡，然而人們對此並未察覺。所以先賢聖王都重視用禮來教化民眾。《易》說：「君子很慎重事情的開始，開始時相差毫釐，結果卻繆之千里。」所說的就是這個道理。

（九）什麼是禮

由於禮的內容涵蓋一切學識，並由一切學識凝結昇華而成為個人的儀態之禮，其範圍之廣大，難用現代的字眼來完全解釋，對於中國人，他在接受了我們的文化薰陶浸染，就會形成具有中國特色的處理事務的原則、能力、分寸、氣度等等，綜合之為禮的體現，於人的內在就是道德水準的修養，禮於人的外在表現大概可用氣質來形容。

經過前面的分析，我們已經知道了禮作為行為規範、道德標準是動態的。對於動態的管理問題，我們會想到亞當・斯密的那隻「看不見的手」對資源動態配置管理的貢獻。

由此啟發，應該能夠類推出動態的管理也必須是用動態標準的理念。

　　禮的標準是什麼呢？或者說什麼是禮？在此先要說明：僅是內心標準，且是姑妄提出。

　　《艮・象》曰：「時止則止，時行則行，動靜不失其時，其道光明。」

　　《繫辭上》曰：「君子之道，或出或處，或默或語。」

　　因此，筆者誠認為禮的標準如下：

　　首以仁慈為用心；其次，以「此時、此地、此刻，我能、我可、我應該」為標準。

　　「此時、此地、此刻」是特定的時空環境，「我能」是能力達到了；「我可」是條件的許可；「我應該」是對自己行為是否合適的判斷，是「仁」的思想在對個人觀念的引導，是「義之與比」後的確認。

　　依上標準而行，則我們的所作所為就會自然落於道德規範。其中之「我能」，正是對孔子的中心思想之第四項「游於藝」的體現。

　　其實我們每個動作和態度都含有對禮的理解，只是時用而不知。我們結合孔子的一段話來分析就會明白。子曰：「可與言而不與之言，失人。不可與言而與之言，失言。知者不失人，亦不失言。」

五、　道、德、仁、禮之間的關係

（一）仁義禮的關係

　　「志於道、據於德、依於仁、游於藝」是解讀道、德、仁、義、禮之間聯繫的最明確提示了。

　　從「志於道、據於德、依於仁」這三句話中，我們可以明確孔子是將人的最高理想定於道上。「志於、據於、依於」均還是處之於「內心」的層面，並且順著「志、據、依」的層次逐漸向外推移，直到「游於藝」的「游」才是「外」部的具體行動。

　　我們知道禮是由內心的「依於仁」作抉擇，於外在的「游於藝」上體現出具體行為的，仁與禮是指導思想與具體行動的關係，其中還夾著一層「義」的概念，義是禮的內在標準，子曰：「君子義以為質，禮以行之」。義與禮為表裡、體用、載體與被載體的關係。

　　我們知道「仁與義」之間有差異，我們從子路為邱令時將自己的俸糧煮飯給作溝者食的事件，就可看到有「仁」心還要懂分寸才能合於「義」，才不至於好心辦壞事。所以合於「仁」的未必合於「義」，但合於「義」的必合於「仁」。

仁與義就範圍來說，仁＞義

　　按董仲舒在《春秋繁露·仁義法》中的論述「仁之法，在愛人，不在愛我。義之法在正我，不在正人」來理解：

仁是規範我們思想的標準

　　當我們的思想總是處於仁慈、仁愛之心為他人著想時，我們的思想就處於正思維了。在論語中能三月不違仁的弟子只有顏回一個。

因為仁只是思想層面的活動，所以範圍可以很寬廣且不為人知，僅從思想層面上別人往往感受不到你的仁愛。只有當你將仁慈、仁愛的思想落實在了行動上，表現出來了，哪怕是只有一點點的肢體語言，一個眼神，別人才能感受到你的仁愛與關懷。所以仁的思想必須要由行動來體現。

義是規範我們行為的標準

當我們要具體行動時，我們的行為不僅受到思想上的指導，還要受到時空、環境的局限，如何在特定的時空環境中選擇最合適的行為方式與分寸則是義的體現，當我們的行為合於「此時此地此刻，我能我可我因該」的種種要求時，我們的行為則是適宜的，就是合於義了，我們的行為才是禮。

當我們行為不符合「此時此地此刻，我能我可我因該」的種種要求時，我們的行為就不合於義，此時的行為則為非禮。可見禮與義是同體的，禮（具體行為）是義的載體，義是禮（具體行為）的內質。

我們現在已經知道孔子的仁禮之學，仁是中心、義是內涵、禮是行為與外用。仁是慈愛之心，禮是仁心慈念在人的行為上的落實。德則是仁心慈念與行為在形而上層面的累積。

行為有善有惡，以仁慈心行之是禮（還需有分寸），反之，是非禮。禮是依仁的思想建立起來的，仁既是禮所生的內在根據，也是人們自覺守禮的內在動力。只有仁居於心，則行為才可能合於禮。無仁慈之心，禮就失去了根據；有仁心，行「惡」事，未必逾義（如前文舉的《狼毒花》的例子。此論，萬萬不能離了仁心、萬萬不能離了「此時此地此刻」的環境前提、只在非常時期才能成立。

「君子義以為質，禮以行之」，禮是倫理道德的範疇，其實質是以義為標準的。中國人的道德意識、道德覺悟的來源與西方人的不同，不是靠讀倫理學理論，而是可以在生活的孝道中實踐、在內心中修養的，是做人的學問，同時還是為政的目的，而這些全賴中國有聖人的教化。

（二）孔子理論為何是以「仁」為核心

在「道、德、仁、禮」幾個層次中，孔子何以將仁作為了儒家學說的核心？我們如何理解這個問題呢？

在《論語・公冶長》中，子貢曰：「夫子之文章，可得而聞也，夫子之言性與天道，不可得而聞也」。

大意為：

子貢說：「老師講授的禮、樂、詩、書的知識，能夠靠聽聞而學習到；老師講授的人性和天道的理論，不能僅靠聽就能學到。」言外之意，人性和天道的理論僅靠聽是不行的，要靠悟與行的不斷體認才能學到。

在《論語・雍也》中，子曰：「中人以上，可以語上也；中人以下，不可以語上也。」

大意說：

道與德是「形而上」的學問，要靠悟與行的不斷體認才能學到，並不是任何人都可以、都需要搞清楚的，有中等資質以上的人，才可以與他說「形而上」的學問；中等資質以下的人，是不可以與他說「形而上」之學問的。

老子在《道德經》中也說過類似的話，曰：「上士聞道，勤而行之；中士聞道，若存若亡；下士聞道，大笑之；不笑不足以為道」。

「形而上」之學問，正所謂曲太高而和寡。然而在由「形而上」向「形而下」的過渡中，在道→德→仁→禮的方向上，仁卻是人人可行和必須具備的。儒學的目標是教化君臣父子全體民眾的，仁正處於「形而上」與「形而下」的中間環節上，仁於「形而上」不失其用心，於「形而下」不失其本。在由「形而上」向「形而下」的過渡中，仁起到了承接上下的作用，關鍵是人人可行且必須具備。

其實，在道→德→仁→禮諸環節中，人人都必須具有仁慈之心，這使人的行為能合於義。而仁與義還是人與禽獸相區別的根本所在，所以

人人都必須具備。先賢聖王知道這個道理，而將仁這個概念特別固定下來，使人之行為與天地之德相配，使人們身心有所安、有所歸，這是中國文化為什麼能給人安身立命之根本原因。

西方文化中為人安身立命的是宗教信仰。而在中國以一個仁字就上接天地之德下義人的行為，而具體施行時，只以日常生活中的孝道便能發揚光大和傳承下去。中國的先賢聖人明白了這個道理，所以用推行孝悌以興民眾的仁愛之心，並形成固定的孝悌思想，以中正仁義做為人之道，使眾人之心有所歸屬，這是仁的概念成為儒家學說核心的原因所在。

（三）游於藝

藝分為小六藝和大六藝。

古時，八歲入小學，而教以禮、樂、射、禦、書、數，此六者謂之「小六藝」，皆為應用性或技術性的知識技能。

大六藝，自十五歲而入大學，教之詩、書、禮、樂、易、春秋，此六者謂之「大六藝」，皆為窮理、正心、修己、治世之道。如果按這樣分類，各位讀者也可以對照著判斷一下，自己在大學裡所學的專業算哪一門、哪一類？

「游於藝」源自《論語・述而》子曰：「志於道，據於德，依於仁，游於藝」。這四句話正是孔子的中心思想，也可以說是孔子教育的真正目的，立己立人，都只在於這四點上。

我們應該注意到「禮」作為這麼重要的概念，在孔子的中心思想裡竟然沒有出現，取代的是一個「游於藝」，所以很有必要搞清楚「禮」與「藝」的聯繫。

關於「禮」的討論，在前文我們提出了一個「此時、此地、此刻，我能、我可、我應該」的標準，並且點明了其中之「我能」體現的是「游於藝」，「我能」就是「禮」與「藝」的結合點。

　　「志於道」的最高理想在於達道。於心不動默而識之，一動就是德，再往外就到了形而下的範圍屬於人內心的仁了。仁是要經具體行動才能體現的。並且孔子的要求是「篤行之」。但這裡就涉及到能力的問題了，我心腸好，見人病了我想幫人家治病，解除病人的痛苦。看見別人受欺負了，就想捲起袖子幫人理論一番，想是想，敢不敢就要看本事看能耐了，不練本事不「游於藝」行嗎？這些都還是小事。孔子的目標是「弘毅」，「弘毅」才是君子的大事、正事。

　　《論語·泰伯》中，曾子曰：「士，不可以不弘毅，任重而道遠。仁以為己任，不亦重乎，死而後已，不亦遠乎。」子曰：「興於詩，立於禮，成於樂。」因此，欲成就一番事業、弘毅者，光想著「捲袖子」就不行了，孔夫子交待要「興於詩，立於禮，成於樂，」一句話都是要靠「游於藝」來長本事，要不斷拓展自己的能力，否則「志於道，據於德，依於仁」就是空想，用現代的說法就是「眼高手低」了。

　　禮與藝的關係還告訴我們一個大問題：禮是變的，禮隨個人能力（藝）的大小而變。

　　為說明白這個問題我們只好又來打比方舉例子。

　　比如：我們現場看俄國大力士在上海打擂臺，中國拳師紛紛敗北，在「此時、此地、此刻」，不論是你上場還是我上場只會再多輸一局，多丟一次臉，但是如果是霍元甲先生上去，那就會給中國人爭光。同是「此時、此地、此刻」，你我都可以上（有勇氣就行）、你我也應該上，但由於你我在「我能」（能力）上的欠缺，決定了你我誰上場，結果只會是再一次失「禮」（不宜），問題就出在能力上，決定了此時此地非你我的（能力）範圍。

　　從這個例子可以看出，禮的標準和範圍是隨著人的能力大小而變化的，能力小的人去做會失「禮」的事，能力大的人去做就在「禮」了。這樣我們才能真正明白「志於道，據於德，依於仁，游於藝」的深層次的內涵。「游於藝」就是要不斷地學習各種技藝，拓展自己的能力，同時提高自己的社會地位，能更廣、更好地去行仁，弘毅，而不是去撈

錢。

提高自己的社會地位，與忤逆造反是不同的。

孔夫子對學習的要求是：「博學之，審問之，慎思之，明辨之，篤行之」。

——「博學之」就是廣泛地學習。

——「審問之」即對博學中的內容，以「誠」為標準，審慎地「問」其真偽是非；

——「慎思之」即對審問的內容進行分析，謹慎地思考，並注意反省自己；

——「明辨之」明辨了存在的問題，才知道努力的方向；

——「篤行之」使觀念和行為統一，切實地踐行，還要堅持不懈。

這是孔子的一套反省的教學方法，通過節節回饋，層層深入、篩選，最後融合形成概念、觀念和信念的過程。

研究到這裡，我們應該可以明白什麼才是素質教育了！孔聖人在四書中留下來給我們的除了素質教育就沒講過別的內容。

中國孔子的教育是什麼？包含了為人的原則（仁）、處事的標準（義）、處事能力的（藝）和人生目標：為大眾是弘毅；為自己則是「終於立身」的「志於道」。

孔子的教育就是素質的教育，中國的素質教育始於2500年前。如要按禮的起源開始計算，我們就要討論荀子在《禮論》中講的「先王」指的是誰了，才能知道中國的素質教育始於何年了。

（四）道、德、仁、禮的關係

「志於道」是存心於道，心不動，默而識之，一動就是德，往外顯現就是仁，仁經禮而體現，但禮不是仁的全部；仁還可通過樂來體現。仁與禮樂相比較，仁是總概念大概念，禮樂是子概念小概念；仁是禮的指導思想。德與仁又是什麼關係？有仁者必有德，有德者未必需要有

仁。德可以有而「不現」。仁則不同，仁需要禮樂等形式表現出來了才有仁；德是仁的積累，也就是人們時常說的積德，既然是可累積，就說明德可以是曾經的或者是現在的。另外，據說德還可經量變而昇華。

為什麼「有德者未必需要有仁」？

老子曰：「天地不仁，以萬物為芻狗；聖人不仁，以百姓為芻狗。」

天、地、聖人皆為有大德者，言其不仁有兩種思路。一者，是於此地、此時、此事無仁也；二者，天地之德源於自然而然，所以不會有仁。仁的概念是人所特有的，是人為增加的一個概念，是聖人確定並用來端正人的思想的，自然中不會產生仁的概念。（此論於「十、中國文化中最重要的一個字─正」另有詳述。）之所以說聖人不仁，是聖人隨順自然，不起心，不動念，所以沒有仁的觀念。

有了這些概念，我們對道、德、仁義、禮之間的關係，用「體用」關係來解釋就會更清楚明白了。

（1）在仁義與禮樂的層次上，仁是指導思想，義是體，禮樂是用；

（2）在德與仁義的層次上，德是體，仁義是用；

（3）在道與德的層次上，道是體，德是用。

仁義禮之間的關係，正如《荀子·大略》中曰：「仁義禮樂，其致一也。君子處仁以義，然後仁也；行義以禮，然後義也；制禮反本成末，然後禮也。三者皆通，然後道也。」

荀子說：「仁義禮樂是一致的。君子處仁的原則是按義的，然後能體現仁；行義的原則是依禮而行，然後能體現義；制禮的原則是追溯至禮之本，誠意上，而且還要細化到事物的末節，使禮能夠施行，然後才成之為禮。以上仁義禮三項都做到了，則是道也。

因此可以明白「道、德、仁、義、禮」其實質是一體的，在不同層次上用了不同名稱，於形而上曰道與德，於形而下則需分別曰之為仁、義、禮。正因為「德、仁、義、禮」皆為道所化育，才有所謂「道也者，不可須臾離也，可離非道也」的名言。

天地山河，日月星晨，乃至一切的飛潛動植，胎卵濕化，皆為無極之大道化育而生，成就萬有，《清靜經上》上曰：「降本流末，而生萬物。」

溯本求源的目的，在於盡萬物之性，通達事理的目的；在於盡人之性，能盡人性，無極大道也就不遠了。

德的概念又是什麼呢？我們借佛家的說法，看惠能六祖於《壇經》中是如何為我等解說「功德」二字的，我們可於其中瞭解什麼才是「功」，什麼是「德」。《壇經・第三品・決疑》

一日，韋刺史為師設大會齋。齋訖，刺史請師升座，同官僚士庶，肅容再拜，問曰：「弟子聞和尚說法，實不可思議。今有少疑，願大慈悲，特為解說。」師曰：「有疑即問，吾當為說。」韋公曰：「和尚所說，可不是達摩大師宗旨乎？」師曰：「是。」公曰：「弟子聞達摩初化梁武帝，帝問云：「朕一生造寺、度僧、佈施、設齋，有何功德？」達摩言：「實無功德。」弟子未達此理，願和尚為說。」師曰：「實無功德。勿疑先聖之言。武帝心邪，不知正法，造寺度僧，佈施設齋，名為求福，不可將福便為功德。功德在法身中，不在修福。」師又曰：「見性是功，平等是德。念念無滯，常見本性，真實妙用，名為功德。內心謙下是功，外行於禮是德。自性建立萬法是功，心體離念是德。不離自性是功，應用無染是德。若覓功德法身，但依此作，是真功德。若修功德之人，心即不輕，常行普敬。心常輕人，吾我不斷，即自無功。自性虛妄不實，即自無德，為吾我自大，常輕一切故。善知識，念念無間是功，心行平直是德。自修性是功，自修身是德。善知識，功德須自性內見，不是佈施供養之所求也。是以福德與功德別，武帝不識真理，非我祖師有過。」

在前文已經討論過仁義的概念最是接近於形而上的層次，仁是指導思想、義是禮之質，它們都需要通過禮來實現。禮所實踐和維護的就是仁義，禮所蘊涵和追求的就是要導民向善，以達到「治世」目的。但廣義的禮還不僅僅只是以上所討論的內容。禮不僅僅重合於現代意義上的

道德的概念（前文我們說禮就是現代語之道德也），禮還是社會倫理、公義的原則化、制度化、規範化的集合。從「分爭辯訟，非禮不決」這句話可見，禮還起到了解決社會爭端，起到了法律的作用。

關於禮所包括的範圍，再看一則故事，幫助我們理解其寬泛的內容。

西元前547年，昭公到晉國去，從郊外慰勞一直到贈送財禮，自始至終從沒有失禮。由此晉侯對魯昭公不懂禮之說感到困惑，叔齊解釋說：是儀也，不可謂禮。禮，所以守其國，行其政令，無失其民者也。今政令在家，不能取也；有子家羈，弗能用也；奸大國之盟，陵虐小國；利人之難，不知其私。公室四分，民食於他。思莫在公，不圖其終。為國君，難將及身，不恤其所。禮之本末將於此乎在，而屑屑焉習儀以亟。言善於禮，不亦遠乎？（《昭公五年》）

其實關於仁義禮的關係荀子還有非常明確的解說，曰：「仁、愛也，故親；義、理也，故行；禮、節也，故成。仁有裡，義有門；仁，非其裡而處之，非仁也；義，非其門而由之，非義也。**推恩而不理，不成仁；遂理而不敢，不成義；審節而不和，不成禮；和而不發，不成樂。**故曰：仁義禮樂，其致一也。**君子處仁以義，然後仁也；行義以禮，然後義也；制禮反本成末，然後禮也。**三者皆通，然後道也。」（《荀子‧大略》）

我們還要特別注意荀子的這二句話，它說明不是所有的政策、制度都屬於禮的。

1.「制禮反本成末，然後禮也」

意思是：制定禮時必須反回到禮之本上，而禮之本是誠。也就是說制禮必須出於真心誠意，而且還要設計合理能夠具體落實（成末），這樣的才能算作是禮，否則為非禮。

2.「審節而不和，不成禮」

這是對所定制度是否符合禮的審核條件。如果制定出來的「禮」，

在實際運用中不能達到「和」的效果，這個也是非禮的。

（五）禮──亂之源也是治之始

老子曰：「夫禮者，忠信之薄，而亂之首。」今日社會「禮」為何物都不知了，可見禮樂崩壞到了何種程度！也因此有必要搞清楚老子為何說禮為亂之源。

對於禮，老子曰：「故失道而後德，失德面後仁，失仁而後義，失義而後禮。夫禮者，忠信之薄，而亂之首。」近現代的人以此為據，認定禮為亂之源了，不批爛禮教誓不甘休了。

老子當年曰「禮為亂之始」未必不對。當年老子所處的時代是：「失道→失德→失仁→失義→失禮」處於文化本散的過程之中，孔子的評價是「禮崩樂壞」（道德標準崩壞），時隔2500多年，時過境遷，現在崩得禮是什麼都不知道了，只怕已經是崩壞過頭了。於今日應該要把老子當年的這句話反過來讀了，要由禮而義、由義而仁、由仁而德、德而達道了，把禮當作治之始才對頭了。

這從我們今天社會上提倡的一些活動就看得出此說不無依據。

活動一：百城萬店無假貨；

活動二：食品安全、藥品安全；

活動三：「誠信公約簽名」公益活動；

為什麼要開展這樣的活動？因為商人們的行為脫離了誠信（誠為禮之本），其行為循利而不循義，已是違禮了。開展這些活動是希望商家回歸誠信，不生產假貨、不賣假貨，引導企業與商家對自己的應行、應止的回歸。並由此帶動全國各行業和各地方掀起信用建設的熱潮。這其實就是把禮當作治之始了，希望能使商家的行為合於「禮」能體現出社會的公義來。

（六）孝悌社會道德之基石

《論語‧學而》中，有子曰：「其為人也孝弟，而好犯上者鮮矣；不好犯上而好作亂者，未之有也。君子務本，本立而道生；孝弟也者，其為仁之本與？」

大意為：

有子說：「做人，孝順父母，尊敬兄長，而好冒犯長輩和上級，是少之又少；不好冒犯長輩和上級，而好造反作亂的人，從來還沒有過。君子要致力於修身這個根本，根本確立了，其道自生。所謂孝悌，正是為仁之根本。」

一個人做到孝順父母尊敬兄長，有了真性情就不會犯上作亂，不好犯上而好作亂的，這是不可能的。因為這種有真性情的人內心已經有了原則、有了行為分寸和限度，也就是建立起了正確的道德觀念。

中國人對親情的認識，講血濃於水。儒家就是從自然的親情入手講人性、講仁，建立起了倫理觀念。人的親情源自人的內心，人保持住這個親情仁愛之心，並將孝悌推而廣之到全社會，使全體民眾都有了安身立命的根基。當一個人能以長者為長、尊者為尊，說明其心和順，自然不會「作亂」，犯上作亂的人少了。社會治理的主要工作在家庭的層面上就打好了基礎，完成了一大半，何愁社會不和諧？

「作亂」不能僅從字面來理解成犯上，還要從人內心的憤憤不平來理解。儒家思想強調心性平和，心性平和來之於修身養性，其起點就在於孝悌之心，使這個孝悌之行不斷擴大，「老吾老及人之老，幼吾幼及人之幼」推己及人。人皆有孝親之心，這是人之為人的根本，也是人們安身立命的所在，只有在這個根本上，我們才有談論仁的必要。沒有了孝親之心，中國人就沒有了安身立命之地，只剩下了軀殼，成為了機器就任人擺佈了。

因此，歷史上的統治者，要想控制人，最惡毒的辦法就是使家庭內部發生分裂，父母子女反目為仇，並美其名曰：大義滅親，實則動搖了

社會道德的根基，遺患之久遠，難以估量。

孔夫子聖明，教訓曰：父子可互隱。孔子的目的很明確就是對社會道德根基家庭的維護。

葉公語孔子曰：「吾黨有直躬者，其父攘羊，而子證之。」孔子曰：「吾黨之直者異於是：父為子隱，子為父隱。直在其中矣。」（《論語‧子路》）

大意為：

葉公說我們那裡有一個人是非分明，很夠直的標準，他的父親攘了別人的羊，他去告發了。孔子回答說：我們那裡人所講的「直」與你說的「直」不同，（因為父親不願兒子坐牢，兒子也不願意見父親丟臉）所以父親為兒子隱瞞，兒子為父親隱瞞，直的真意就在其中。

葉公說的直與孔子所說的直，有本質區別。區別在於葉公說的「直」只有外在的形式，孔子所說的「直」才包含了「直」的根本意。

子游問孝。子曰：「今之孝者，是謂能養。至於犬馬，皆能有養。不敬，何以別乎！」（《論語‧為政》）孝不只是形式，「不敬何以為孝」這句論孝道的話擺在了《論語‧為政》篇中，實則就是教導從政者，從政與孝悌是一樣的，也存在有形式與內容，從政的真學問是要執有孝敬的真誠與態度。

孝與不孝，最關鍵還是看心誠與否。在《大戴禮記‧曾子事父母》中記載有曾子論述「為孝」的心得。

曾子曰：「由己，為無咎，則寧；由己為賢人，則亂。」

意思為：曾子說「勸諫父母的目的是為了讓父母不出現過錯，就寧（寧níng 古同「甯」，平安）；勸諫父母聽從自己的意見是為了顯示自己的水準勝過別人，那就是亂了。」

曾子這段話裡道出了儒家的最深學問——用心。同是勸諫父母，用心的不同則是完全不同的二個結果。

六、 法律與道德的關係

「孫中山先生曾經說過，以前在南洋做生意的華人，從來不簽合約，帶過口信貨就發過來了，或者款就寄過去了，非常有信用。如果一個人要求簽合約，這個人就會被生意圈內的人看作異類，因為他的這一做法就是在質疑其他人的道德，是對其他人道德人品的不尊重，最後會從生意圈子中淘汰出去。這說的是一百多年前的事，那時中國的傳統文化和傳統道德還存在。而現在不一樣了」（摘自南懷瑾的《論語別裁》）。

當今社會，中國人的道德不僅僅是全面下降，中國人的道德觀念全被掏空了，道德一詞還有，但沒有了內容。現在是有了法律也不遵守，關鍵是作為法律基礎的道德在人們心中已根本不知道是什麼東西了。搞清法律與道德的關係，才能明白為政的目的。

為搞清法律與道德的關係，我們要分別研究法律和道德在各自起什麼樣的作用。誰先誰後、誰大誰小、誰主誰從，才能真正明白儒家治世思想的方法和用心。

（一）法律與道德的關係

關於法律與道德誰先產生誰後產生、誰大誰小、誰主誰從的關係，我們通過以下虛構的故事，幫助理解法律與道德的關係。

「一天，警察巡邏，經過街口，聽到不遠的小店內一女子在大叫：『搶錢了！』警察立即進去，在收銀櫃前抓住了一男子，並從男子手上繳獲一個女式錢包。突如其來的變化，男女二人都愣住了。女子連忙說是誤會。事情蹊蹺，警察就向收銀員和周圍顧客進行瞭解，確認男女二

人是一同來購物的朋友，女子要出購物款，男子不讓，並拿住女子的錢包不還，女子急了才叫的，沒想到警察就在邊上，才造成的誤會。事情清楚了，警察對二人提出了警告：『在公共場合不要大呼小叫，以免影響社會秩序。今天發生的事情影響不大，不予追究了。』」

看完故事我們需要思考以下的一些問題。

第一、首先要明確執法的目的。警察執法的目的是維持社會秩序。問題是什麼才是社會秩序？可以肯定，假設每個人都能按道德規範行事了，社會是非常有秩序的。警察只對違反法律的行為才給予干預，對造成犯罪的給予打擊。故事中男女二人都沒有違反法律，所以警察沒有進一步的干預。

第二、還可以知道法律是必須常備的，但不一定要用。而道德規範以及行為標準、倫理綱常才是人們時時都在用的。並且，如果每個人都是按道德規範、行為標準來行事，是不會觸及法律的，社會是安定的。由此可見，道德的標準要比法律的要求高。法律只對破壞與危害道德的行為給予懲戒，保護社會人員在道德範圍內活動。

第三、法律與道德的關係實際是從屬關係。法律只是為有效地防止道德遭受破壞而人為確定的一道防線，可以認為法律是社會道德的防火牆。犯法者實質是對道德底線的突破，其行為危害了社會的公共安全。警察維護社會秩序的同時，就是在維護社會的道德。警察維護社會道德與維護社會的公共秩序是一回事。社會秩序與社會道德其實是一體的兩面。

因此我們可以明確以下幾個問題：

1.法律是為了保護社會秩序、道德規範不受破壞，而人為確定的社會道德的最低底線，觸及或突破這個底線則是犯罪行為，行為人將受到法律的制裁。社會人員在正常的道德範圍內活動，法律是備而不用的。

2.法律是為維護道德和社會秩序服務的。法律是依據社會的道德與

原則，而人為制定出來的。法律只是維護道德與社會秩序的必備工具。道德與法律的關係是主與從的關係。然而，法律一旦形成，就又具有了強制性而應得到尊重。

3.從以上的分析我們可以明確法律的目的在於維護社會道德與社會秩序，社會道德是制定法律的依據，所以社會道德先而法律後；社會道德的範圍大而法律的範圍相對小；社會道德是主而法律居於從屬地位。所以儒家「德主刑輔」的治世思想，擺正了道德與法律的關係與位置。

（二）孔子的「德主刑輔」思想

有了上述道德與法律關係的釐清，才方便我們認識孔子的「德主刑輔」思想。孔子德治的方略包括思想的誘導和法律強制推動兩個方面，因此德治並不排除法律，只是將法律手段放在了輔助的次要地位。

孔子的「德主刑輔」思想集中體現在「道之以政，齊之以刑，民免而無恥。道之以德，齊之以禮，有恥且格」這句名言之中，孔子認為以政令來教導，以刑罰來管束，百姓會求免於刑罰而服從，但不知羞恥，因為行為標準在心外法律上；如果用「道之以德，齊之以禮」以德來教化，以禮制來約束，百姓才能認識到社會的公義而知道羞恥，才能走上正善之途。因為人們按禮而行（義以為質），則人的行為標準在人的內心。

這是不是說「道之以政，齊之以刑」，百姓的內心就不知道自己的行為是錯的呢？當然知道，只是知道了但沒有羞恥感，他們考慮的是你的刑罰能不能處罰到他，能處罰到他，他就不能再幹了，處罰不到他，他會幹得更歡，說不定心中還能泛起一絲成就感！

我把道聽來的故事途說於下：

聽從日本留學回來的人說，「早些時候，日本公園的門口只在入口處安排了人把守，出口處就沒有人值守了，中國的留學生就從出口進公園（逃票），在入口處值守的日本人呆呆地看著旁邊的出口在進人，卻

理解不過來，『那裡明明是出口，怎麼可以進入呢？』以後改了，出口也安排人來值守了。」

這個道聽來的故事真實性如何我沒有考證，我只想要問：從出口處進去的中國留學生，知不知道自己的行為是錯誤的？現在有人來把守了他們還從出口處進公園嗎？

民免而無恥的例子我是想了又想，不得已把道聽來的都拿來說了，在寫書的過程中又有新貨到了！

三鹿公司的做事方法非常簡單實用，添加三聚氰胺增加N元素，目標直指檢驗關，能過蛋白質指標的檢驗關就OK！當事人知道有罪嗎？他們又不是弱智豈有不知的道理，但是，他們把目標鎖定在了「能過關」上了，一門心思都撲在了「實用」技術上，竟然忘了「無恥」二字就是為他們準備的。

這讓人想起警世之言「無知者無畏，無恥者無敵。」

三鹿做事方法是用智了，但用智於民並非好事，今日伎倆小試獲小利益，明日用大計謀又獲大利，將「三十六計」用於商場終非正途，第一計「瞞天過海」也只用得一時用不了一世。

古人云：「不謀萬世者，不足謀一時。」為商者與為人都是一個道理，人要想遠點好不好？

《孟子・公孫丑上》曰：「是非之心，智之端也。」意為：智慧的開始，首先是要分清是非，連是非都沒分清楚，何談智慧？

《賈子道術》云：「深知禍福謂之知，反知為愚。」

《中庸》中，子曰：「人皆曰『予知』，驅而納諸罟擭陷阱之中，而莫之知辟也。」三鹿正是：自「納諸罟擭陷阱之中」而不知，何智之有？

孟子曰：「人之所以異於禽獸者幾希。」（《孟子・離婁下》）

老子曰：「合抱之木，生於毫末，九層之台，起於累土，千里之行，始於足下。」老子言下之意還是說為人處事的起點、出發點問題。而決定起點、出發點的卻還是人的「用心」，不用心於誠，象三鹿公司

只用心於實用主義上，衍生下去，再加十八層地獄都不夠用了。

老子曰：「虛其心，實其腹，弱其志，強其骨；常使民無知、無欲，使夫知者不敢為也。為無為，則無不治。」

老子所說這段話的道理與「機不可設，設則不中」是相通的；「使夫知者不敢為也」，也與「仲尼為魯司寇，沈猶氏不敢朝飲其羊」的所述是一致的，都是「使夫知者」不敢耍花槍也。現代人比「朝飲其羊」者更上十層樓都不止步，於百尺竿頭竟耍出了三聚氰胺！真是無敵了！

《中庸》曰：「君子中庸，小人反中庸。君子之中庸也，君子而時中。小人之反中庸也，小人而無忌憚也。」三鹿的做事方法不正是無所畏懼、無所忌憚了嗎？這是不是和「大無畏的精神」也相通的呢？真說不好。

《尉繚子‧武議》曰：「誅暴亂，禁不義。」

「暴」是非常時期，「誅暴」只是手段不是目的，「禁不義」才是「誅暴」的目的，不搞清這類最基本的思想原則，本末則會倒置。

和平時期講法制，法制也只是手段，執法的目的是什麼？

是「懲惡？」

是「懲惡安良？」

是「懲惡，禁不義？」

還是「懲惡，興義？」

在《大戴禮記‧禮察篇》中，亦曰：「凡人之知，能見已然，不能見將然。禮者，禁於將然之前；而法者，禁於已然之後。是故法之所用易見；而禮之所為生難知也。……然如曰禮云禮云，貴絕惡於未萌、而起信於微眇，使民日從善遠罪而不自知也。孔子曰：『聽訟，吾猶人也，必也使無訟乎。』此之謂也。」

現在的狀況不是法律要如何完善、如何健全的問題，而是人們在明知而故犯，人們對法律的態度是躲避、而不是遵守。

躲避只是對處罰的躲避，只要一有機會，能保證不受處罰就幹他一票，只在考慮如何能避免法律制裁，所以才學法的，目的是看法律的漏

洞在哪裡，如何才能在法律的縫隙中撈出別人家的錢財來！

「良醫者，常治無病之病，故無病」，只有那些能預防或減少疾病發生的醫生，才能稱得上是良醫。孔子之學正是治社會之未病也。

孔子看到了「道之以政，齊之以刑」的弊端是「民免而無恥」。所以給出「道之以德，齊之以禮」這個治世良方，宣導德治。引導人們在道德的範圍內運作與生活。我們不能不佩服孔子對「事之本末，物之終始」的準確把握！

子曰：「德之不修，學之不講，聞義不能徙，不善不能改，是吾憂也。」（《論語‧述而》）

「道之以政，齊之以刑」與「道之以德，齊之以禮」的根本區別，是標準來自於內心或是來自於心外。看似差別不大，卻成為人是自己的主人還是知識的工具。人不能建立中心思想，則終將似無根之浮萍，必然隨波逐流，隨社會風氣而流轉。

研究法律與社會道德的關係，又有幾個避不掉的問題，即德治、人治、法治和法制的概念問題。

（三）德治與人治

1.德治

德治是中國社會用道德控制和評價社會執政者行為的基本思想傾向。德治的目標是對社會道德的維護與回歸，其本質是勸善。

德治是以「德禮為政教之本，刑罰為政教之用。」

這句話大意為：

社會治理與教化的根本目的是維護社會道德觀念和以禮為代表的各種規章制度，刑罰只是為政教這一根本目的服務的工具。

以體用關係表述則更為清楚，曰：道德觀念與各種規章制度為政教之體，刑罰則為維護政教之用。

　　德治的方略包括思想誘導和法律強制推動的兩個方面。

　　（1）德治思想誘導的主要方式和作用：通過道德教化、榜樣示範、制定鄉規民約和宗族家規、輿論褒貶等，為社會不同身份地位的、上至君主下至民眾提供了「應行」的方向與榜樣示範。

　　（2）德治對法律作用的要求：由於德治是對道德社會的維護與回歸，這相當於德治的「應行」為法律的作用設立了目標，所以，德治不僅僅要求社會要有法律和法律制度，而且要求法律和法律制度必須引導民眾向「應行」的方向靠近，起到「導民向善」的作用與機制。與社會道德標準不一致和不協調的法律與法律制度都將及時得到調整，這也即所謂良法的產生。

2.人治

　　人治是後人對中國儒家主張依靠道德高尚的賢哲通過率先垂範、道德感化與法律手段相配合來治理國家的定義。

　　人治的條件：中國儒家思想認為社會和國家的統治說到底最終是要通過人來推行的，而其目標就是要使德仁廣被，因此必須是賢哲之人方可居高位，孟子曰：「惟仁者宜在高位。不仁而在高位，是播其惡於眾也。」（《孟子‧離婁上》）

　　儒家要求君主以身作則，施德行仁，尚賢使能推行禮治。為什麼儒家會有這個要求？對比董仲舒關於義的所述「義之法在正我，不在正人」、「我不自正，雖能正人，弗予為義」就能知道，儒家要求君主的率先垂範，以身作則，就是自正的行為，是對義的回歸。自正而後正人，這是中國人心靈深處的共識，是中國人對義的理解。其實這是法律能不能服眾的關鍵所在。

　　儒家要求君主以身作則，施德行仁，尚賢使能推行禮治，然而對居高位者的責任追究卻是按義不按刑的。也就是所謂的「刑不上大夫」。

　　在《孟子‧離婁上》中，孟子曰：「上無道揆（kuí 葵）也，下無法守也，朝不信道，工不信度，君子犯義，小人犯刑，國之所存者幸也。」

大意為：

孟子說：「居上位的大夫不以道義為度，居下位的官員不以法度自守，朝庭不信道義了，官員不信法度了，居上位的大夫違背道義，居下位的官員違背法律，國家還能不亡的是徼幸而已。」

可見「刑不上大夫」不是對大夫不用刑法，而是用比刑法更高一個層次的公義來衡量大夫們的行為。

人治的宣導者並不否定法律和社會規則的重要作用。相反的，中國人治的代表人物孔子非常推崇「禮治」，認為「安上治民莫善於禮」、「禮樂不興則刑罰不中」，這實際上就是強調遵循規則、制度和法律的重要性。

從以上的分析，可見德治與人治其實是一回事，德治是從治理的目標效果為分析著眼點，得出了德治的定義；人治是以治理主體的行為為分析著眼點，而得出了人治的定義。

但是，人們往往給德治以褒義給人治以貶義。這就又牽扯出是非來了，同樣都是儒家治世的方略，為什麼會有一個褒義、一個貶義的兩個名稱？人治這個貶義的名稱是用來幹麻的？

（四）法制與法治的區別和聯繫

法制與法治這兩個詞，乍一看起來似乎大同小異。事實上，二者又有了重大的區別。

1.法制

法制的概念應該包含有二層含意。

其一，法制作為法律制度的簡稱。

法制是指一個國家的法及其法律制度，屬於制度的範疇。法制著重講的是法的一系列規則、原則及與此相關的制度，是一種人為制定而實際存在的東西。

　　法制可以在所有的國家中產生和發展。實際上，在任何國家都存在不同發展水準的法律制度。法制不僅包括法律制度，而且包括法律實施和法律監督等一系列活動和過程，即包括了立法、執法、守法、司法和法律監督等內容。

　　其二，法制亦代表法律制度發展水準的一個階段，亦稱為依法治國階段。

　　在此階段，法律已成為了國家行政管理之外的另一種手段，法制階段的基本要求是對各項工作制度化、法律化。法律的制度建設所追求的是：有法可依、有法必依、執法必嚴、違法必究。

　　一個國家處在法制階段時，由於存在著公民的法律知識未普及和公民的法律意識不健全，特別是在法律制度上還存在監督體制的待完善，因此在法制階段時期，法制水平主要就體現在如何完善立法及其司法體制，排除行政干擾而實現法律的公正。

2.法治

　　法治是法律統治的簡稱，是一種治國的原則和方法，若以法制水準來衡量，法治亦可稱為以法治國的階段。

　　法治是對法制這種實際存在制度的完善和改造，是指一個國家從依法治理上升到了以法治理的水準與狀態。

　　法治階段的最主要標誌是法律處於了至上的地位。當一個國家的任何機關、團體和個人，包括國家最高領導人在內，都嚴格遵守法律和依法辦事了。法律處於各種社會調整措施的最上端，除具有了強制性、權威性外，還具有了至上性的特點。

　　法治作為以法辦事的社會狀態，至少應包括這樣一些內容：一是這個國家要具備完善而良好的法；二是這種法已得到普遍而自覺的遵守；三是已建立健全了立法、司法和法律監督體系，而且這種權力體系是以權力的互相制約、監督為前提條件的。法治就是在立法及其司法體制健全的情況下，完全地服從於和體現了社會的整體利益與群體意志的一種社會狀態。通俗的講是基本實現了法律公正與社會公正的統一。

法制與法治二者的聯繫在於：法制是法治的基礎階段，要實行法治，必須具有完備的法制，即法律的公正；法治是法制的歸宿，法制的發展前途最終是實現法治，即實現法律公正與社會公正的統一。

法治與法制的共同點是：都只為民眾提供了行為底線的法律準則，為民眾提供的是「應止」的部分。

法治與法制的社會為民眾提供的標準中是不包含「應行」標準的。社會制度為民眾提供的標準尚不完全，卻想要達到社會的完全治理是無稽之談。

可能有人會問法治社會沒有為民眾提供「應行」的標準，那西方民主國家又為什麼哪麼有秩序呢？其實西方的「應行」部分在於宗教信仰中。

（五）所謂善法、惡法產生的原因

在明確了法制與法治的基本含意之後，就會看出善法惡法二者產生的原因。

1.所謂的惡法

因為法制階段追求的是法律制度的建設與完備，立法和執法過程中最大成度，只能達到法律的正義，即：「有法可依，有法必依，執法必嚴，違法必究」。尚不能達到法律正義與社會正義的統一，因為於法律正義的案件未必能滿足社會正義的要求，而出現法律正義與社會正義的相互矛盾甚至是相背離，即出現所謂的惡法。

2.法的正義與否

在相當程度上取決於立法者的價值取向和思想水準。不能體現社會道德、甚至違反道德的不義之法也是可以稱之為法制的。

法制追求的僅僅是法律的正義。而法治追求的是法律的正義與社會正義的統一。

所謂的善法。即在立法和執法過程中除實現法律正義，同時與社會正義還能作到協調一致，這時的法律則為善法或良法。

通過前文對德治、人治、法制、法治的分析，我們可以注意到法治追求的是法律的正義與道德正義的統一，而德治卻是在實踐著這個統一。

德治是以社會公德為至上的，在德治社會中仁義禮是這樣的一種的關係（法包含在了禮之中），荀子曰：「仁義禮樂，其致一也。**君子處仁以義，然後仁也；行義以禮，然後義也；制禮反本成末，然後禮也。**」（《荀子・大略》）

從德治中我們可以看到，仁義禮本是一體的（法律包含在禮之中），法律及各種制度政策的產生直接服務於德治的目標──維護社會道德觀念與──勸善。

道德與法律的關係問題，在德治社會中以仁孝治世，社會的正義體現在倫理正義上，倫理正義為主，法律正義和行政正義都是為倫理正義服務的，而處於從屬地位。所以可以理解在各種「正義」中也存在有等級，它們的關係如下：

倫理正義＞法律正義＋行政正義。

而什麼是「倫理正義」呢？我們引用《禮運》中的說法：

「何謂人義？父慈、子孝、兄良、弟弟、夫義、婦聽、長惠、幼順、君仁、臣忠，十者謂之人義。講信修睦，謂之人利；爭奪相殺，謂之人患。」（《禮運》）

可以理解為「倫理正義」就是每個人都要遵循的，所以 「人之義」與「倫理正義」是相一致的。也因此才能理解為什麼孔子認為「父子可以互隱。」

七、　修身與誠意

關於修身的標準。在《論語‧雍也》中，子曰：「中庸之為德也，其至矣乎！民鮮久矣。」孔子的意思為：「中庸作為人的行為準則，是至高無上的德行！很久沒人能做到了。」

中庸是儒家的重要思想，既是方法論又是世界觀，而且是最高的心性和行為的追求。

《中庸》首以三言發之曰：「天命之謂性；率性之謂道；修道之謂教」。

第一句話曰：

「天命之謂性。」說的是見道，言何謂道體，自然之為道體；

第二句話曰：

「率性之謂道。」說的是修道，言何謂修道，修道的方法與前提；

第三句話曰：

「修道之謂教。」說的是行道，言行道、修道的具體內容：對人是教化民眾、是弘毅；對己是「法地，法天，法道，法自然。」

《中庸》曰：

「道也者，不可須臾離也，可離非道也。是故君子戒慎乎其所不睹，恐懼乎其所不聞。」

這句話什麼意思？明白得不好再加以解釋。只有用現在的習慣把它說成：

「我們一須臾的時間也未離開過道！可離開的就不會是道了！」

也就是說我們本身從沒離開過道！我們與道未曾須臾相離，我們還用修什麼道？我們不都成「得」道高人了嗎？只能說是於「道」中，得未得「道」就不懂了。正如佛教的說法「一切眾生，皆有佛性」，只是何以我們未能成佛呢？這是同一個道理。

在這裡我們還要正確理解這個「修」字的兩層意思。

第一：這個「修」不是為了「修」得，而是為了「修」去掉，要去掉的就是對道的「蒙蔽」。為什麼人在「道」中會被「蒙蔽」？

老子在《道德經》中也說：「為學日益，為道日損。」

什麼是「為學日益」呢？為學是以學習知識為目的，那麼知識將越積累越多，知識的豐富是日益。

什麼是「為道日損」呢？是指以客觀事物的本質為目的，研究的是客觀規律，那麼規律將越來越少減之又減、損之又損、簡而再簡、約而再約，道才從規律中顯露出來了。是一個華去而樸存的過程，簡言之是歸納的過程，還是個去「蒙蔽」的過程。此為中國上古文化的重要特點。

又如《周易‧繫辭》曰：「是故，易有太極，是生兩儀，兩儀生四象，四象生八卦。」這個過程是無極大道衍生萬物的過程，相反的則是為「道」日損的方向。

第二：「修」是為誰修。如果是為了修給人家看的，是上級領導要我修的，所以我也參加修一修，不然會考不及格，這樣修出來的就是「人模狗樣」、「道貌岸然」。

如果是為了自己修去對道的「蒙蔽」，那後邊的兩句就好理解了，「君子戒慎乎其所不睹，恐懼乎其所不聞。」越是「人模狗樣」、「道貌岸然」那種人容易放鬆的地方和時候，君子更是「戒慎乎，恐懼乎」，惟恐前功盡棄、德業退轉，因為他已立於修身之本上了。一個人果真是如此用心，心就用對了，因為他用心已非「干祿」了，他已用心於誠也。

《大學》中對「誠」是這樣解釋的：「所謂誠其意者，毋自欺也。如惡惡臭，如好好色。此之謂自謙。故君子必慎其獨也。」

在《論語‧先進》中，子曰：「先進於禮樂，野人也；後進於禮樂，君子也。如用之，則吾從先進。」這段話與「知之者不如好之者，好之者不如樂之者」在深層次的寓意是一致的，都是說為學的根本在於

出發點，若是為自身的修養，是為自己學，是「好之」或是「樂之」的境界，比學了為「干祿」的境界自然不同，分別也就在於誠與不誠而已。

荀子曰：「古之學者為己，今之學者為人。」古人求學問、修道為自己，為自己的興趣而學，「今之學者為人」，現在做學習都是為了給別人看，給領導、給老闆看的，是為「干祿」而學的。

真要理解中庸，就要知道儒家用心和出發點，孔子有句話將儒家的用心和出發點解釋得最清楚，子曰：「射有似乎君子，失諸正鵠，反求諸其身。」孔子說「射箭的道理和君子做人的道理是一樣的，箭沒有射中靶心，就應該返回來檢查自己。」孔子學說的要求都是從自身這邊開始的。

在這裡我們可以通過《季剳掛劍》的故事，加深對「所謂誠其意者，毋自欺也」的理解。

原文：

延陵季子將西聘晉，帶寶劍以過徐君，徐君觀劍，不言而色欲之。延陵季子為有上國之使，未獻也，然其心許之矣，使於晉，顧反，則徐君死於楚，於是脫劍致之嗣君。從者止之曰：「此吳國之寶，非所以贈也。」延陵季子曰：「吾非贈之也，先日吾來，徐君觀吾劍，不言而其色欲之，吾為上國之使，未獻也。雖然，吾心許之矣。今死而不進，是欺心也。愛劍偽心，廉者不為也。」遂脫劍致之嗣君。嗣君曰：「先君無命，孤不敢受劍。」於是季子以劍帶徐君墓即去。徐人嘉而歌之曰：「延陵季子兮不忘故，脫千金之劍兮帶丘墓。」

譯文：

延陵季子要到西邊去訪問晉國，佩帶寶劍拜訪了徐國國君。徐國國君觀賞季子的寶劍，嘴上沒有說什麼，但臉色透露出對寶劍的喜愛。延陵季子因為還有出使他國的任務，就沒有把寶劍獻給徐國國君，但是他心裡已經決定在回來路過時再送給徐君。季子出使在晉國，總想念著回

來。可是徐君卻已經死在楚國。

於是，季子解下寶劍送給繼位的徐國國君。隨從人員阻止他說：「這是吳國的寶物，不是用來作贈禮的。」延陵季子說：「我不是贈給他的。前些日子我經過這裡，徐國國君觀賞我的寶劍，嘴上沒有說什麼，但是他的表情透露出對這把寶劍的喜愛；我因為有出使上國的任務，就沒有獻給他。雖是這樣，在我心裡已經答應要給他了。如今他死了，就不再把寶劍進獻給他，這是欺騙我自己的良心。因為愛惜寶劍就使自己的虛偽，廉潔的人是不這樣的。」於是解下寶劍送給了繼位的徐國國君。繼位的徐國國君說：「先君沒有留下遺命，我不敢接受寶劍。」於是，季子把寶劍掛在了徐國國君墳墓邊的樹上就走了。徐國人讚美延陵季子，歌頌他說：「延陵季子兮不忘故，脫千金之劍兮帶丘墓。」

八、 君子與小人的差別所在

在《論語》中論述君子行為的有上百處，而這上百處歸納起來，都是講不同情況應如何行事，對人才合於「仁」，對己才合於「義」。「仁」是儒家思想倫理道德於形而下的最高境界，前面已討論過，「仁」處在儒家思想幾個層次道、德、仁、禮樂的中間層次，對於「形而上」來說它是「用」；對於「形而下」來說它是「本」，且是人人可行和應行的，所以「仁」才成為貫穿儒家學說的核心思想。

　　《論語》中是如何規範君子言行的，我們將《論語》中有關君子的部分論述匯集於下，以便討論。

（一）關於君子的論述

　　—子曰：「人不知而不慍，不亦君子乎！」（《論語・學而》）

　　孔子說，別人不知道我，不理解我，我也不怨恨，不就是君子的風範嗎！

　　—有子曰：「君子務本，本立而道生。」（《論語・學而》）

　　有子說，君子應專心致力於人的根本大事（修身），只要根本建立了，道也就能自然顯現了。

解讀：

　　在《大學》中，曰：「物有本末，事有終始。」可見在每一事中都是有本有末的。在「君子務本，本立而道生」這句話中是單講「君子務本」的事，君子所務之本是什麼？沒有說。但結合《大學》的「自天子以至於庶人，壹是皆以修身為本」這句話來分析，可知「君子務本，本立而道生」所說之本就是「修身」。

─子曰：「君子不重，則不威；學則不固。」（《論語・學而》）

孔子說，君子如果不自重，是沒有威嚴的；不自重，即使是學習（也是得過且過）學問也不會做得好。

解讀：

這段話裡最要理解的是這個「重」字。我們常用的有莊重、自重、敬重等等，由於對重字的理解不到位，使我們沒有做到，也很難做到普敬一切人。

其實我們在敬重別人時，敬的是別人重的卻是自己。關於這個問題我們深入一點的分析重字的含意就能理解。

什麼是重？重是與輕浮、輕薄相對的。比如從極端的情形來考慮，我們要和一個輕浮、淺薄的人長期相處，則會有兩種結果。一種是我們不敬重他，與他一般的見識，爭爭吵吵，相互攻擊，最終我們也同化成為了輕薄之人；另一種情況，我們敬重他，與其求同存異的友好相處，輕薄之人未必因我們的敬重而莊重，他依然故我，但我們的行為，卻使我們保持了莊重。所以，所謂的敬重，敬的是對方重的卻是自己，這一點一定要清楚，明白了這一點我們敬人就不那麼難了。

─子曰：「君子食無求飽，居無求安；敏於事而慎於言，就有道而正焉，可謂好學也已。」（《論語・學而》）

孔子說，君子對於吃飯的要求無非是吃飽，對於住所的要求無非是安全、安頓；然而處理事情則反應迅速而敏捷，對於言語卻很謹慎，並且能不斷地向有道德的賢者學習以端正自己，有這樣做人做事的態度就可以說是好學了。

解讀：

這一章，重點提到有修養的君子對生活、工作的不同態度。孔子認為，一個有道德的人，不應當過多地講究自己的飲食與居所，對吃無非是求飽，對住房無非是求安穩；他在工作方面應當表現為勤勞敏捷、謹慎小心，而且能經常檢討自己，向有道德的人學習，以匡正自己的言

行。孔子認為君子應該克制追求物質享受的欲望，把注意力放在塑造自己道德品質方面。

對於這一章，有很多的書籍都是按字面來翻譯，將「君子食無求飽，居無求安」譯作：君子吃飯從不求飽，居住亦不求安。理由是：君子所思皆為大事，對吃住不上心。一下把謙謙君子抬得老高。

如何正確理解這句話，就要結合孔子的其它言論。

比如在《論語‧述而》中，子曰：「富而可求也，雖執鞭之士，吾亦為之。如不可求，從吾所好。」

對這句話的理解重點在「可求」和「不可求」上。孔子說富若「可求」，雖然是替人拿馬鞭，跟在別人後頭跑的雜役，他也願意幹，可見他對富的渴望，並不是連吃飯都不想吃飽的。但若「不可求」！則我還是從我所好，走我自己的路。

問題什麼是孔子的「可求」？什麼是「不可求」？

我們又要用孔子的另一句話來解析這個問題。

在《論語‧里仁》中，子曰：「君子之於天下也，無適也，無莫也，義之於比。」可見「可求」與「不可求」都是以義為標準來判定的。替人拿馬鞭，跟在別人後頭跑的雜役只是地位低一點並不違義，因此孔子認為是「可求」的。「不可求」是違反道義的，則孔子選擇的是「從吾所好」，幹自己想幹和應幹的事了。由此可見，君子並非連飯也不想吃飽，居住也不求安穩。

——子貢說，《詩》云：「如切如磋，如琢如磨。」（《論語‧學而》）

子貢說，《詩經》上說，君子的自我修養就像加工骨器、玉器，切了還要磋，琢了還要磨。

——子曰：「君子不器。」（《論語‧為政》）

直譯為：

孔子說：君子不能只像器物。

意譯為：

孔子說；君子不能只像器具那樣僅僅作為於形而下，應該有所為於形而上。（《易》曰：形而上者謂之道，形而下者謂之器）。

─子曰：「君子矜而不爭，群而不黨。」（《論語‧衛靈公》）

孔子說，君子莊重自恃卻不爭，合群卻不拉幫結派。

─子曰：「君子不以言舉人，不以人廢言。」（《論語‧衛靈公》）

孔子說，君子不憑一個人說的話就舉薦他，也不因為一個人不好就不採納他的意見。

─子曰：「君子貞而不諒。」（《論語‧衛靈公》）

孔子說，君子端方正直，而不因循眾信。

解讀：

貞：傳曰：「正也。」

諒：眾信曰諒，我們還可以從「眾惡之，必察焉；眾好之，必察焉」讀出「貞而不諒」的含意。

─子曰：「君子義以為質，禮以行之，孫以出之，信以成之。君子哉！」（《論語‧衛靈公》）

孔子說，君子（行事）以義作為衡量標準，用禮加以推行，用謙遜的言語來表述，憑誠信而成功，這就是君子了。

解讀：

我們現在時常將本與質連用，本質成為了一個詞語，但讀論語時我們必須區別出它們的不同字意。

本，本是物資其而得以生的曰本；質，是成色，乃物生之所成。

瞭解本與質是兩個不同的概念，就可知道「君子義以為質」這句話是在說，君子的所有行為「禮」都是為了表達「義」這個質的，「禮」只是表達「義」的載體，我們行為的對錯，其結果都體現在對「義」的表達上，還要用謙遜的語言和誠信的態度來完成。

另外，在《論語‧里仁》中孔子又換了一個說法，但內容是一致的。子曰：「君子之於天下也，無適也，無莫也，義之與比。」孔子說，君子對於天下一切事情，無可無不可，唯一行事的標準就是用義來衡量。

—子曰：「君子欲訥於言，而敏於行。」（《論語‧里仁》）

孔子說，君子言語謹慎而顯口才遲鈍，但行動卻很敏捷。

相似的還有：子曰：「古者言之不出，恥躬之不逮也」（《里仁》）；又「敏於事而慎於言」（《學而》）；再有「剛、毅、木、訥，近仁」等。

—子曰：「質勝文則野，文勝質則史，文質彬彬，然後君子。」（《論語‧雍也》）

解讀：

① 質：質樸。

② 文：文飾。

③ 史：虛浮不實。

④ 彬彬：指文與質的配合很恰當。

清劉寶楠《論語正義》曰：「禮，有質有文。質者，本也。禮無本不立，無文不行，能立能行，斯謂之中。」

劉寶楠的解釋很有啟發，「禮，有質有文」將禮所包含質（義）的成分和文（禮的形式、儀式）兩個層次分得很清楚。結合「君子義以為質，禮以行之」一句來理解，我們將「質」用「義」代替，「文」用「禮儀」替換，則對上面句子就會有更清楚的理解，讀為：「義勝禮儀則野，禮儀勝義則史。」

「義勝禮儀則野」是說一個人行為所表達的太直接，顯得太剛直，沒有經過必要的禮儀修飾，顯得太老土了。

「禮儀勝義則史」是說一個人所作所為雖然已經很繁瑣，但還是沒能表達出行為的內涵，顯得虛浮不實；或者理解為：實質內容只一點

點，卻搞了很大的排場，形式與內容不相符。

所以要「文質彬彬，然後（才能成為）君子。」

在《禮記・表記》中也可見到佐證，子曰：「虞夏之質，殷周之文，至矣。虞夏之文，不勝其質；殷周之質，不勝其文；文質得中，豈易言哉？」其中講要做到文與質適中不是一件容易事。

─子曰：「君子之德風，小人之德草，草上之風，必偃。」（《論語・顏淵》）

孔子說：「在君位者的品德好比風，在下位者的品德好比草，風吹到草上，草就必定順著風向撲倒了。」

解讀：

在《論語・顏淵》中記載季康子向孔子問了三次關於為政的問題。

1.魯國的政權自從操縱在季康子手裡後，季氏就不斷地聚斂百姓之財，以致國內政事混亂。季康子就第一次來問政於孔子，孔子對曰：「政者，正也，子帥以正，孰敢不正？」孔子回答的意思是：「為政就是要端正、擺正，您本人帶頭走正路，那麼還有誰敢不走正道呢？」

2.過了一段時間，季康子治下偷盜之事太多了，防不勝防，抓不勝抓，季康子煩透了。他沒了辦法，就第二次去問政於孔子，孔子對曰：「苟子之不欲，雖賞之不竊。」

孔子說的大意為：

「假如你自己不貪財，即使獎勵偷竊，也沒有人偷盜。」孔子明說了都是因你季康子太貪，是上行下效造成的。

3.季氏雖然好問也想著讓社會安定，但是心太貪，自己正不起來，聽到了卻做不到，國家越來越亂。沒辦法了，第三次來問政，對孔子說：「如殺無道，以就有道，何如？」孔子一聽就知道問題大了，季康子也太不上路了。第一次教他自正正人；第二次說得更明白，教他自正不要再貪了，給民眾做示範；第三次他的心思竟用到殺人上了，這樣上行下效，魯國如何得了。所以第三次孔子說得特別多也特別細，孔子對

曰：「子為政，焉用殺？子欲善，而民善矣！君子之德風；小人之德草；草上之風必偃。」

孔子對季氏說的意思是：你治理政事，哪裡用得著殺戮的手段呢？您只要行善，老百姓也會跟著向善的。在上位者的品德因為得勢，好比風，在下位者的品德因為失勢，好比草「草上之風必偃」。

在《大學》中，曾子對夫子的這段話又作了詳細說明，同時引出了一個值得深思的社會現象。曾子說：「堯舜帥天下以仁，而民從之。桀紂帥天下以暴，而民從之。其所令反其所好，而民不從。是故君子，有諸己，而後求諸人。無諸己，而後非諸人。所藏乎身不恕而能喻諸人者，未之有也。」這幾句話的意思是說：在堯、舜仁德的引導下，百姓會變得很仁慈。而在桀、紂暴政的引導下，百姓就會變得很殘暴，並且為政者「其所令反其所好」民眾是不服從的，百姓的特點在於上行下效。由此可知，季氏雖然反覆教導百姓向善，可惜違反了他自己的所好，自己帶頭竊國盜民，上行下效，百姓就會跟著去偷盜，才使得魯國盜賊成風。證明了「無諸己，而後非諸人。所藏乎身不恕而能喻諸人者，未之有也」的道理，也說明了「治國在修身」和「自天子以至於庶人，壹是皆以修身為本」之道理。

——子欲居九夷。或曰：「陋，如之何？」子曰：「君子居之，何陋之有！」（《論語·子罕》）

孔子想要到九夷地方去居住。有人說：「那裡非常落後閉塞，不開化，怎麼行啊？」孔子說：「有君子去住，怎麼會有落後不開化呢？」

——子曰：「直哉史魚！邦有道，如矢；邦無道，如矢。君子哉蘧伯玉！邦有道，則仕；邦無道，則可卷而懷之。」（《論語·衛靈公》）

譯文：

孔子說：「好一個剛直的史魚！國家政治清明時他像箭一樣直，國家政治黑暗時他還是像箭一樣直。好一個君子蘧伯玉！國家政治清明時他可以出來做官，國家政治黑暗時，他把自己的主張像書一樣卷而藏之。」

解讀：

史魚和蘧伯玉都是衛國的大夫。史魚以耿直敢言、公正無私著稱。據《韓詩外傳》卷七記載，史魚曾多次向衛靈公推薦賢良的蘧伯玉，並多次建議衛靈公罷免奸臣彌子瑕，但沒有被衛靈公採納。史魚臨死時叫兒子不要在正堂為自己辦喪事，（史魚知其死後衛靈公必來吊喪，而喪事竟不在正堂）以此來勸諫衛靈公重用蘧伯玉，罷免彌子瑕。所以，史魚又有「生以身諫，死以屍諫」之稱，是剛直不阿的典型人物。

蘧伯玉也以正直著稱，但他的性格與做法都與史魚不一樣。以《韓詩外傳》的說法，他是「直己而不直人」，內直而外寬，嚴以律己，寬以待人。所以，政治清明就做官，政治黑暗就賦閑，能屈能伸，通權達變。

在孔子看來，兩人都是賢臣，但蘧伯玉更合於《孝經》所說：「夫孝，始於事親，中於事君，終於立身」的孝道。

從中還可看出孔子的一個觀點：「終於立身」是首要，「邦有道，則仕；邦無道，則可卷而懷之」的種種選擇都是不可與「終於立身」的人生原則相衝突的。所以有「君子哉蘧伯玉！」之言，而對史魚的評價只是「直哉」。

深入思考，由「卷而懷之」中可見，孔子對隱士是持不得已的贊成態度的。在《論語·子罕》記載：「子欲居九夷，或曰：『陋，如之何？』子曰：『君子居之，何陋之有？』」雖然孔子欲居「九夷」可以理解為他欲另闢新天地，但雖然於「九夷」之地是顯，而於此地（如魯國）則還是隱，我依此認為孔子為了堅持「終於立身」還是含有不同程度的（不得已的）隱士思想。

再從孔子周遊列國的情況看，孔子雖然經過種種的努力，想通過君權之「德風」實現他的理想，但每每不如心願，孔子的選擇其實也是「卷而懷之」的，從不與「終於立身」的原則相衝突，因此能保其品德高尚而光耀千秋。孔子的「終於立身」便是自重的最高原則。這也是與法家人物的最大區別。法家只識利，已不能識義（法家比墨家都不

如），法家若與儒家比，則是有了天地之別。

　　—曾子曰：「君子思不出其位。」（《論語·憲問》）

　　曾子說，君子考慮事情不超過自己的職權（身份）範圍。

　　—子欲居九夷。或曰：「陋，如之何？」子曰：「君子居之，何陋之有！」（《論語·子罕》）

　　孔子想要到九夷地方去居住。有人說：「那裡非常落後閉塞，不開化，怎麼行啊？」孔子說：「有君子去住，怎麼會有落後不開化呢？」

　　—子曰：「先行，其言而後從之。」（《論語·為政》）

　　孔子對子貢說，把自己要說的話先去做了，做完了再說，這樣才是君子的品行。

　　—子曰：「君子病無能焉，不病人之不己知也。」（《論語·衛靈公》）

　　孔子說，君子只擔心自己能力不夠，不擔心別人不瞭解自己。

　　—子曰：「君子恥其言而過其行。」（《論語·憲問》）

　　孔子說，君子恥於說得到做不到。

　　—子曰：「君子疾沒世而名不稱焉。」（《論語·衛靈公》）

　　孔子說，君子憂慮身死而名實不符。

　　—子曰：「不患人之不己知，患其不能也。」（《論語·憲問》）

　　孔子說，不憂慮別人不瞭解自己，卻憂慮自己的能力不濟。

　　—子曰：「不患莫己知，求為可知也。」（《論語·里仁》）

　　孔子說，不擔心沒有人知道自己，只擔心別人是因什麼而知道自己的。

　　—子曰：「不患人之不己知，患不知人也。」（《論語·學而》）

　　孔子說，不憂慮別人不瞭解自己，只擔心自己不瞭解別人。

　　以上八句話意思相近，卻被孔子的門人反覆記述，大概也是孔子反反覆覆教導過他們，可見這些話的意義重大，然而綜上八句所說，只一句話「君子求諸己」。

　　我們這裡重點解讀「不患人之不己知，患不知人也」這一句，從中

能獲得很大的啟發。

「患不知人也」直譯過來是「只擔心自己不瞭解別人」，為什麼是擔心自己不瞭解別人呢？我們從小受到的教育是學好本領練好內功，金子總是會發光的等勵志的說教，這明顯是一種非常被動地等待別人對自己的發現，即使我們真的是金子，金子三萬年不見天日有何奇怪。但孔子不這麼看，孔子交待我們要去主動的瞭解別人，當我們瞭解了別人的同時，別人當然也就瞭解了我們自己。所以子曰：「患不知人也」，不過孔子在別的地方另有交待「求為可知也」，孔子擔心是因為什麼事而被別人瞭解的，所以他要求弟子們要在修身學本領的基礎上，在瞭解別人的同時推介自己。孔子的態度是非常積極主動的，與我們小時所受的教育完全不同。

（二）關於君子與小人的論述

《論語·衛靈公》中，子路曰：「君子亦有窮乎？」子曰：「君子固窮，小人窮斯濫矣。」

大意為：

子路問，君子也會有窮困的時候嗎？孔子說，君子當然也會有窮困的時候，不同的是君子窮困時依然能堅持住自己的原則；小人一遇窮就無所不為了。

解讀：

《論語·衛靈公》中記載「衛靈公問陳於孔子。孔子對曰：『俎豆之事，則嘗聞之矣；軍旅之事，未之學也』。明日遂行。在陳絕糧，從者病，莫能興。」故有了子路與孔子的上述對話。

孔子周遊列國為的是推行和恢復仁政，衛靈公卻向孔子問軍旅列陣之法。孔子回答說：「祭祀禮儀方面的事情，我還聽說過；用兵打仗的事，從來沒有學過。」第二天，孔子便離開了衛國，沒有作好長途旅行

的準備，結果半路上在陳國斷了糧食，隨從的人都餓病了。子路大概有天佑好人的思想模式，覺得行君子之道者怎麼會落到如此窮途末路呢。所以，子路很不高興地來見孔子，問道：「君子亦有窮乎？」孔子回答：「君子固窮，小人窮斯濫矣。」把君子與小人遇到窮困境況後的不同表現說得清楚透徹。

君子與小人都有哪些差別，《論語》都給了哪些論述，現摘譯部分於下：

—子曰：「歲寒，然後知松柏而後凋。」（《論語・子罕》）

孔子說，大寒之年，才知道松柏的樹葉是最後凋落的。

解讀：

這句話表面說的是自然現象，其更深的含意是：在大寒之歲這個特定環境下，才表現出了松柏與其它樹木的不同。「歲寒標定了特殊的時空環境，每個人面臨了逆境、挫折時才能反映出其本質，有的人悲觀、失望，有的人樂觀、向上；有的人靠投機取巧，有的人靠腳踏實地；有的人為了達到目的不擇手段，有的人堅守著自己為人做事的根本原則。在最困難時候，人的種種表現才能反映出個人的根本品質。這裡，孔子用松柏比喻君子的品質。

—子曰：「君子求諸己，小人求諸人。」（《論語・衛靈公》）

孔子說，君子求之於自己，小人寄希望於別人。

—子路曰：「君子尚勇乎？」子曰：「君子義以為上。君子有勇而無義為亂，小人有勇而無義為盜。」（《論語・陽貨》）

子路問，君子崇尚勇敢嗎？孔子說，君子以義作為最高的行為標準。君子有勇無義就會亂，小人有勇無義就會成強盜。

解讀：

此處的君子單指「在上位者」與之相對的小人說的則是一般民眾。子路問：「君子尚勇乎」。孔子認為不能專講尚勇，所以答到「君子義以為上。」後兩句「君子有勇而無義為亂，小人有勇而無義為盜」是解

釋為何要以義為上。如果在上位的君子只有勇而無義，便會亂。一般民眾，如果有勇無義，他們雖然無力造成禍亂，但卻會淪為盜賊。

　　─子曰：「君子易事而難說也。說之不以其道，不說也；及其使人也，器之。小人難事而易說也。說之雖不以道，說之；及其使人也，求備焉。」（《論語‧子路》）

　　孔子說，在君子手下做事很容易，但要討他的喜歡卻很難。不用正當的方式去討他喜歡，他不會高興的。等到他要使用人的時候，他卻會量才使用手下的人。在小人手下做事很難，然而討他的喜歡卻很容易。即使用不正當的方式去討他的歡喜，他也是很高興的；等到他要使用人的時候，卻會百般挑剔，求全責備。

　　─子曰：「君子泰而不驕，小人驕而不泰。」（《論語‧子路》）

　　孔子說，君子氣定神閒不驕傲自滿，小人自以為是，不能安定平和。

解讀：

　　泰，安定平和之意。君子的安定平和來自於心有所得，但莊重自恃、氣定神閒，這樣的表現是泰。小人「驕」是自以為是，心中可能也有所得，但自高自大，瞧不起別人，實則是涵養淺薄的表現。

（三）君子與小人的分水嶺─用心

　　孔子在《論語》中除了有大量句子專門講君子應如何規範言行，還反覆將君子和小人作對比，造成這種區別的根本原因，當然是源於修身這個根本問題，但君子和小人的區別表現在什麼地方呢？孔子在《論語》中有三句話說到了這個問題，深入研究會發現君子和小人的區別在於為人處事時的用心上，或者說是處事的出發點上。

　　─子曰：「君子和而不同；小人同而不和。」（《論語‧子路》）

　　孔子說：「君子講求和諧但不苟同；小人只求相同一致，卻不能和諧」。

——子曰：「君子周而不比，小人比而不周」。（《論語・為政》）

孔子說，「君子與人非常周全但是不比；小人是互相攀比而缺周全」。

——子曰：「君子喻於義，小人喻於利」。（《論語・里仁》）

孔子說，「君子行為於義，小人只曉得利。」

孔子這三句話的內容在下一章再做討論，這一段探討更重要的問題何謂用心？

什麼是「用心」？

「用心」也可以說是處理事務時的出發點，我們通過下面所舉例子來瞭解何謂「用心」。

（1）哀矜而勿喜

在《論語・子張》中，記載有：孟氏使陽膚為士師，問於曾子。曾子曰：「上失其道，民散久矣。如得其情，則哀矜而勿喜。」

大意為：

孟氏任命陽膚做典獄官，陽膚向曾子請教。曾子告誡他說，如今居於上位的當政者偏離正道很久了，至使民心早已散亂，不知義矣。你如果破獲了案情，不該沾沾自喜，而應想到是世道不好而導致他們落到了這步田地，應當憐憫他們不可自鳴得意認為「今天又立功」了。

這裡反映出曾子對執法者所應持的態度。老百姓為什麼會犯罪？是誰的責任？這是居上位的當政者的不正造成，包括你陽膚上任後也有責任了。

所以，曾子告誡陽膚在任上應「用心」於仁慈，從憐憫罪犯的角度出發，從自己也有責任的角度出發來辦案。「用心」在同情上與「用心」於立功上，區別巨大。

（2）楚人遺弓

據《呂氏春秋・孟春紀・貴公》載：荊人有遺弓者（即楚共王），而不肯索，曰：「荊人遺之，荊人得之，又何索焉？！」孔子聞之曰：

「去其『荊』而可矣。」老聃聞之曰：「去其『人』而可矣。」故老聃至公矣。

大意為：

楚共王丟失了弓，並不去尋找，人家問他為什麼不去尋找，他說：荊楚的人丟了東西，又被荊楚的人拾到，這沒有損失啊！何必去找呢。孔子聽說了這件事情後說，「不如把荊字去掉，『人遺之，人得之』。老子聽了這件事和孔子的評價之後，說：「不如把人字也去掉，『遺之，得之』。所以說，老子才是最心無所掛的人。

楚共王、孔子、老子從不同的著眼點、不同的「用心」說出了各自的觀點。以現代人看法，有楚王的胸懷已屬不易，但其出發點只是楚國人的範圍和角度；孔子的觀點大一些，不僅僅是限於楚國的範圍了，而是從普天下的人的角度了：「人遺之，人得之」；老子的觀點又不同，「遺之，得之」是從自然界的角度為出發點了。這則故事說明對於同一件事情，不同的「用心」有不同的結果。真可謂一字一境界！

（3）聽訟，吾猶人也；必也，使無訟乎！

「聽訟，吾猶人也；必也，使無訟乎！」孔子所說的前一部分：「聽訟，吾猶人也」，是說他聽案子和別的法官沒有區別。而後一部分的區別就大了，其出發點是「必也，使無訟乎！」孔子只憑後面的這一句話就奠定了他世界大法官的地位。

因為其他法官只是一個專業的、職業的法官，專業的、職業的法官就像我們醫院的醫生一樣，醫生給人看病是為了錢。法官是給社會「治病」，但其境界也只到「治病」領薪水而已。

而孔子這位給社會看病的法官「醫生」，其目的是要讓社會不再有病，自己作為「醫生」最後是準備失業的，境界差別可見矣！

而孔子的無訟思想的境界不僅是為了治療社會之已病，更重要的是使社會以後不再病，治社會之未病。這裡所體現的還是「用心」的不同。

（4）但願天下人不病；何妨櫃內藥生塵

山東棗陽藥王廟的對聯是：「但願天下人不病；何妨櫃內藥生塵」其用心是何等的境界！隨著時代變遷，現在有的企業居然明目張膽的宣揚「以利益最大化」為目標了，為實現這個目標，所以有假冒偽劣產品、有三鹿現象。為什麼！這對他們企業來說就是在追求利益的最大化！

我一位朋友對現在有的醫院的評價是：「但願天下人皆病；還愁櫃內藥生塵。」良心已經是大大地壞了。這裡所表現的還是「用心」的不同。

東漢王符著《潛夫論‧德化》中，曰：「是故上聖不務治民事，而務治民心。」

孔子將治世的重點放在調治民心上，目的是讓社會不「病」，儒家治世的思想與中醫的養生理論是同源的、相通的。中醫是通過調理使人體內部達到陰陽平衡，扶正，而讓人恢復健康；儒家治世是通過培養民眾的孝悌之心，擴展為仁、義、禮、智、信使民眾依禮（義以為質）而行，實際是引導民眾對義的回歸，對正的回歸。

（四）孔子對修身的要求

對君子的含意和要求在《論語》各篇中基本都有敘述，我們把它們歸集如下以便討論。

—子曰：「君子有九思：視思明、聽思聰、色思溫、貌思恭、言思忠、事思敬、疑思問、忿思難、見得思義。」（《論語‧季氏》）

譯文：

孔子說：「作為一個君子其修養要求，要能時刻注意到自己行為的九個方面：

1. 看到一個現象時，要想一下，是否已經看到了事物的真正本質；

2. 聽到什麼的時候，要考慮一下，偏聽了沒有，輕信了沒有；

3. 說話時，要想到自己的臉色是否溫和；

4. 處事時，要考慮自己的態度是否恭敬；

5. 說話時，還要注意自己所說是否誠實；

6. 做事時，要想到自己所做是否勤勉、不懈；

7. 有問題或疑問時，是否想到要找人問，以求得到正解；

8. 忿恨要發脾氣時，要想一下所會帶來的後果；

9. 有利益時，要想一下是否符合道義。」

─子曰：「由也，女聞六言六蔽矣乎？」對曰：「未也。」「居，吾語女。好仁不好學，其蔽也愚；好知不好學，其蔽也蕩；好信不好學，其蔽也賊；好直不好學，其蔽也絞；好勇不好學，其蔽也亂；好剛不好學，其蔽也狂。」（《論語‧陽貨》）

大意為：

孔子說：「仲由，你聽說過六種品德和六種弊病了嗎？」子路回答說：「沒有。」孔子說：「坐下，我告訴你。好仁德而不好學習，它的弊病是受人愚弄；好要小聰明而不好學習，它的弊病是行為放縱；好信而不好學習，它的弊病是會把事情辦壞；好直率卻不好學習，它的弊病是說話尖刻；好勇敢卻不好學習，它的弊病是易違社會綱常；好剛強卻不好學習，它的弊病是狂妄自大。」

解讀：

孔子這裡說的「仁、知、信、直、勇、剛」六種品質，對於現代人都屬於人的美德。但孔子思想深刻，能從中發現和區別如果不好學，不能把握六種品質的尺度，或者做得太過了，還會衍生出相應的六種弊病。

首先，中國文化的最高境界是中庸，講求做人做事要達到「無過無不及」，中庸也就是對做事分寸與尺度的最高要求（講通俗點中庸就是把所有的事情都擺在恰當的位置，而仁的作用則是端正人的思想。）在

這裡孔子則強調要用好學來掌握做人做事的分寸尺度，尺度掌握不好，你自己認為做得很好的事情，但與實際要求卻相差很遠。如子路邀請挖溝的人到五父路上來吃件事情，子路當時就自認為很對很得體，其實闖了大禍都不自知，就是最好的例子。

第二，中國文化都講究事物的正反兩個方面，只強調一個方面就要落於片面。如在《道德經》中就可以看到相通的說法，老子曰：「大道廢，有仁義；智慧出，有大偽；六親不和，有孝子；國家混亂，有忠臣。」老子是從更高的層次來看待「仁義、智慧、孝悌、忠臣」等問題的，他能看出「仁義、智慧、孝悌、忠臣」的提倡與興起的內在原因，還能看到因此會引出的新問題。比如人們都很想增長智慧，但在老子看來卻是：「智慧出，有大偽」，「民之難治，以其智多。故以智治國，國之賊；不以智治國，國之福。」

我們從三鹿事件的的確確看到「智慧出，有大偽」。那治理企業的根本出路應如何呢？還是端正！端正需要智慧嗎？不僅要，而且是要超級大智慧，這個超級大智慧就是誠！

第三，孔子向來因材施教，「六言六蔽」這些話是孔子對子路說的，所以應理解為是針對子路的毛病而言。從《論語》的記述看，子路大概太直了且學習得又不夠。夫子見時機成熟了，故有此提醒。在《論語・季氏》中，孔子就有對語言時機的把握的記述，子曰：「侍於君子有三愆：言未及之而言，謂之躁；言及之而不言，謂之隱；未見顏色而言，謂之瞽。」

從這一段中，我們可看到僅有好的意願，而沒有分寸尺度的把握，絕對不能滿足夫子的要求。而對分寸與尺度的把握則需「學而時習之」，夫子的要求是：「依於仁，游於藝」，這個「藝」既有技藝演練的含意也包含了藝術的修養，否則將「侍於君子有三愆」。

由於每個人的品性都不相同，夫子因材施教的方法則是針對其學生的不同秉性，對已有的品質加以調整使之適度，達到「無過無不及」趨於中庸與純樸，不足的（品質）方面則給予提醒，鼓勵學生加以修學。

（五）孔子四項重要的行為原則

孔子在論語中根據弟子的不同秉性講述了各種各樣的要求，但孔子自己有什麼樣的行為原則嗎？當我們仔細深入地研究孔子思想時，會發現他提出了四個重要的原則。這四個原則之所以重要，因為它是其它眾多原則的更高層次的原則。

1.義之與比

子曰：「君子之於天下也，無適也，無莫也，義之與比。」（《論語‧里仁》）

孔子說：君子對於天下的一切事物，無可無不可，唯一行事的標準就是與義相比較。

這是人們事前對行為可與不可的判斷。

2.義以為質

在《論語‧衛靈公》中，子曰：「君子義以為質，禮以行之，孫以出之，信以成之。君子哉！」

孔子所說的意思為：君子以義作為行為的質，用禮加以施行，用謙遜的語言來表達，用誠信的態度來踐行，這才是君子。

這是行為過程中的原則，做事情必須要體現出義，否則所有的行為都會成為繁文縟禮。

3.義然後取

在《論語‧憲問》中有如下記述，子問公叔文子於公明賈曰：「信乎？夫子不言、不笑、不取乎？」公明賈對曰：「以告者過也。夫子時然後言，人不厭其言；樂然後笑，人不厭其笑；義然後取，人不厭其取。」子曰：「其然？豈其然乎？」

譯文：

孔子向公明賈詢問公叔文子：「他不說、不笑、不取，是真的嗎？」公明賈答：告訴你這話的人說得太過分了。（公叔文子）他該說

時才說，人不厭其說；快樂時才笑，人不厭其笑；義然後才取，人不厭其取。」孔子說：「是這樣嗎？難道真是這樣嗎？」

　　這裡是說人們在事前和事後的態度。事前，人應按義而行，該做什麼就去做什麼，只問耕耘不問收穫，有所收穫就取之則「人不厭其取」。

4.終於立身

　　在《孝經》中，孔子對曾參說：「夫孝，德之本也，教之所由生也。復坐，吾語汝。身體髮膚，受之父母，不敢毀傷，孝之始也。立身行道，揚名於後世，以顯父母，孝之終也。夫孝，始於事親，中於事君，終於立身。《大雅》云：『無念爾祖，聿修厥德。』」

　　「終於立身」，這是孔子講的人生最終原則。我們一生的修身與行道，都只為了能在最終自立其身，這也才是人生的根本追求。而孔子所說的終於立身，指的是最終要立身行道，而不是當多大的官發多大的財。

九、　對傳統文化部分名言、概念的解讀

（一）慎終追遠

在《論語・學而》中，曾子曰：「慎終追遠，民德歸厚矣。」

對曾子這句名言的流行解釋為：「謹慎地對待父母的去世，追念久遠的祖先，自然會使老百姓日趨忠厚老實了」。在下認為這樣的解釋應該只是「慎終追遠，民德歸厚矣」意思的一半，只有「承」而沒有了「傳」的含意。

從查找到的解釋裡可確定「慎」是謹慎、慎重的意思。但終字的意思就不僅僅是死亡了。

有關字意如下：

慎

慎，謹也。——《說文》

慎，誠也。——《爾雅》

慎，德之守也。——《國語・周語》

終

① 永久，終久。

② 窮盡，終止。

③ 完畢，完盡。

④ 結局。

⑤ 衰竭。

⑥ 人死亡。

⑦ 畢竟，終究。

⑧ 末了；結束，跟「始」相對：終點，有始有終。

⑨ 從頭到尾：終生、終年、終日。

⑩ 指人死：臨終。

因此我理解「慎終追遠，民德歸厚矣。」的譯文應為：「要慎重對待事情的最終（歷史）結果，就要從事物開始之時謹慎思慮。如果大家都這樣做了，就可以使道德風俗歸於淳樸。」

解讀：

我們從「慎終如始，則無敗事。夫唯道，善始且善成。」（《老子》第六十四章）的意思來看，這裡的「慎終」是指事情將要完結，但還要非常謹慎有如事情開始時一樣，這樣才不會失敗。並且「夫唯道」就是要能「善始且善成」，不僅能開個好頭，還要能做好結尾工作。這裡的「慎終」就不是指人的死亡，而是指事情的終了。

再看《中庸》裡的記載曰：「夫孝者，善繼人之志，善述人之事者也。」其中所言的「善繼」說的是「承」的內容，「善述」則說的是如何地「傳」下去，一個人只有把「承」與「傳」兩件事都做好了才是《中庸》中所說的「夫孝者」。

所以，曾子說「慎終追遠」是指：若想能「慎事所終」，則要從事情久遠的一開始時就要謹慎從事，這其中就有了對行為歷史負責任的含意。這點非常重要，有了歷史責任感這才有了「傳」的內容。

因此，我理解曾子的意思是，做事一定要重視最終的結果，從事情的一開始就要慎重地考慮了後果才去做，這樣才可以引導老百姓的道德風俗歸於淳樸。

曾子是在告誡我們要把自己的行為放在歷史的背景下去考慮，也就是要「用歷史的眼光看現在」，我認為只有包含了「承與傳」的內容才會是「慎終追遠」的全意。

正如《易》中所曰：「君子慎始，差若毫釐，繆以千里。」

在《大戴禮記·保傅》中，也記載有，「易曰：『正其本，萬物理；失之毫釐，差之千里。』故君子慎始也。」看到現在的「果」要想

到是以前的「因」所造成的，還要想到我們現在的所作所為就是「因」，它又會結出怎樣的「果」來？當人人都有了對自己行為負責任的意識，民眾的道德才能歸向於淳樸。

如果只是「謹慎地對待父母的去世，追念久遠的祖先，最多是完成了「承」的工作，而缺少了「傳」的內容。

我們舉文化變遷的例子來看看「慎終追遠」的全意，以下故事選自干寶的《搜神記》。

原文：

「漢董永，千乘人。少偏孤，與父居。肆力田畝，鹿車載自隨。父亡，無以葬，乃自賣為奴，以供喪事。主人知其賢，與錢一萬，遣之。永行三年喪畢，欲還主人，供其奴職。道逢一婦人曰：『願為子妻。』遂與之俱。主人謂永曰：『以錢與君矣。』永曰：『蒙君之惠，父喪收藏。永雖小人，必欲服勤致力，以報厚德。』主曰：『婦人何能？』永曰：『能織。』主曰：『必爾者，但令君婦為我織縑百匹。』於是永妻為主人家織，十日而畢。女出門，謂永曰：『我，天之織女也。緣君至孝，天帝令我助君償債耳。』語畢，凌空而去，不知所在。」

今人將其改之為《天仙配》，將孝的感天動地，一變成為天女思凡，私自下界，受天神的追殺與迫害。今天，問一百位我這個年齡的人，未必有十個知道董永的故事出自二十四孝，但沒幾個人不知道《天仙配》的，這是發生在我們身上的文化變遷的例子，N年後又會變化成什麼樣？

君不見，有個國家級的出版社出了竟然只有12篇的《論語》！嗚呼！又再一百年，還有人懂我們自己的文化嗎？若想為中華民族的文化能留存下去，我們今天的所作所為就要考慮對以後的影響，不僅要為子孫後代留下環境資源的原生態，也要為子孫後代留下民族文化的原生態。

「民風是否淳厚」才是社會是否進步、精神是否文明的指標。

（二）直與仁和父子互隱

直的真實內涵是什麼呢？我們看看《論語》中關於直的內容。

子曰：「孰謂微生高直？或乞醯焉，乞諸其鄰而與之。」（《論語·公冶長》）

意為：

有人向微生高乞醯，微生高自己沒有了，而轉向鄰居乞了醯給他。孔子憑這點認為：「孰謂微生高直。」

在《論語》分別於《學而》、《陽貨》、《公冶長》中有三次記述「巧言令色，鮮矣仁。」子曰：「巧言、令色、足恭，左丘明恥之，丘亦恥之；匿怨而友其人，左丘明恥之，丘亦恥之。」

孔子為什麼說「巧言令色」者難以有「仁」呢？

因為「巧言令色」者，他知善就誇大其行，以獲獎；知惡就言小其行，以免罰。在什麼人面前說什麼話，話怎麼說完全看需要來，就是不說真話。是知而不行，逆知而行，完全違背了「誠者，天之道也。誠之者，人之道也」的原則，又何來仁呢？

孔子認為不循「直」道，何以談仁？何以談德？子曰：「剛、毅、木、訥，近仁。」他認為：剛、毅者敢講真話，是直的表現；木、訥者不講假話，是不違直。孔子當然不是認為直就等於仁，但肯定有仁者必先有直，直等於說是仁的必要條件。「巧言令色」者，違背了直道所以鮮仁。

葉公語孔子曰：「吾黨有直躬者，其父攘羊，而子證之。」孔子曰：「吾黨之直者異於是：父為子隱，子為父隱。—直在其中矣。」（《論語·子路》）

大意為：

葉公告訴孔子說：「我的家鄉有個很正直的人，他的父親攘了人家的羊，他告發了父親。」孔子說：「我家鄉正直的人和你講的正直不一樣：父親為兒子隱瞞，兒子為父親隱瞞。真正的直就在這其中了。」

　　葉公說的直與孔子所說的直，有本質的區別。葉公說的「直」只有外在的形式，孔子所說的「直」才包含了「直」的根本意。

　　這個根本意是什麼？我們要通過對孔子的另一段話的分析才能了解。

　　子曰：「我未見好仁者惡不仁者。好仁者，無以尚之；惡不仁者，其為仁矣，不使不仁者加乎其身。有能一日用其力於仁矣乎，我未見力不足者。蓋有之矣，我未之見也。」（《論語‧里仁》）

譯文：

　　孔子說：「我沒有見過好仁者同時又是個厭惡不仁的人。因為，喜好仁的人，不會標榜自己好仁；而厭惡不仁的人，其方法是儘量使不仁的事物遠離他們，以顯示自己惡不仁。有能用一天之力為仁的嗎？我還沒有見過力量不夠的，或許有，但我沒見過。」

解讀：

　　「好仁者」與「惡不仁者」完全是兩類不同性質的人。好仁的人是有仁愛思想的人，他們喜好並且知道如何去做正確事的人，不會在乎別人說什麼，也不會去標榜自己和崇尚什麼，這就是「無以尚之」。而厭惡不仁的人把「擺脫不仁的事」當作仁，害怕沾上不好的事情，害怕別人說他不仁，因此他為仁的方法是為了給別人看的，標榜自己有多麼好；再者，惡不仁者是對不仁之事的推脫，他們是偽君子！厭惡不仁的人與好仁的人對仁的理解不同，是兩類完全不同的人。所以孔子說他沒有見過「好仁者惡不仁者」。

　　「攘羊」者的兒子就是「惡不仁者」，只怕沾上了攘羊的不仁，他要趕快與攘羊的父親劃清界線，他並不知道如何去做正確的事。「父為子隱，子為父隱」者也知道什麼是對什麼是錯，但他們更擔心親人要做牢吃官司，所以他們選擇了父子互隱，這才是真情的流露，這才是誠實的表現。所以孔子說「直在其中矣」。

　　儒家的治世並不是為了抓出多少個罪犯，立多少次的功，而是為導

民向善，用中醫的術語叫扶正。如果，為一隻羊而破壞了一家的親情還得到政府的獎勵，世人皆效仿之，法律的導向就徹底偏離了維護倫理正義的根本方向。

在各種各樣的直中，有：正直、剛直、耿直、率直、平直等，平直是各種「直」的情形中帶情緒色彩最少的。平直是用平心靜氣和無爭的態度行的直道，最接近「喜、怒、哀、樂之未發，謂之中，發而皆中節，謂之和」的要求。

古時德字作「直心」，曰：「直心是道場」。誠是直的內涵，直是誠的一種表現形式。儒者的親親相隱是真誠的流露，是合於倫理正義的。

（三）民可使由之，不可使知之

「民可使由之，不可使知之」這句話之難點在於對「由」和「知」的理解。「由」和「知」在這裡都是動詞，指「使民」的兩種方法。

我們參考孔子前後時期對這個問題的思想觀點。

《易傳》曰：「百姓日用而不知。」這句話是說：「老百姓天天都在用卻不知是為什麼。」

《孟子》曰：「行之而不著焉，習矣而不察焉，終身由之而不知其道者，眾也。」

大意是說：

「做了而不明白，習以為常了而不覺察，一輩子這麼做，卻不知道所以然的人太多了。」

社會畢竟是要民眾去做，而不是要民眾都去研究為什麼的。人們在「由」的過程中，從「由」而不知，可以自然而慢慢深入，有悟性的人終自可知；如果是從「不由」而使民知之，知終不真，且會相率為欺偽。

　　要搞清聖人之原意，還應該看《論語・泰伯》這一章的前後原文：曾子曰：「士，不可以不弘毅，任重而道遠。仁以為己任，不亦重乎，死而後已，不亦遠乎。」子曰：「興於詩，立於禮，成於樂。」子曰：「民可使由之，不可使知之。」

　　這三章在《論語・泰伯》中是連在一起的。

　　我們將「興於詩，立於禮，成於樂」拿來對比自己和身邊的人就會更容易明白了。如今的人要是能寫幾首詩，就算是自成一家了；會唱二首歌就算是音樂家了（曲子還是別人寫的）；禮是什麼根本就還沒有「批透」，就更別說「立於禮」了。可見，要百姓都能「興於詩，立於禮，成於樂」的難度。

　　將上下文聯繫起來才能明白真正的意思。曾子說「士，不可以不弘毅……」。孔子說（這要靠）：「興於詩，立於禮，成於樂」的教化，接著孔子又再交待說：「民可使由之，不可使知之。」

　　參考《易傳》：「通其變，使民不倦。神而化之，使民宜之。」以及《孟子》的「行之而不著焉，習矣而不察焉，終身由之而不知其道者，眾也」的敘述，可知「弘毅」之事就是「神而化之」的，就應該是「百姓日用而不知」的，這是本來的事，欲讓民眾悉數皆知之，還要看民眾的資質是否都能達到。所以孔子對於管理民眾應採取什麼樣的方法，作了交待說：導民之法在由之，不在於知之。但必須明確，孔子的話沒有半點愚民的思想。

　　那什麼才算是愚民政策呢？只有為一時之需，而採用實用主義，故意將對的說成錯的，錯的又說成對的，把民眾思想搞亂，掩蓋了中正仁義的人之道，為成其私利，不惜使仁義充塞的，才是真正的愚民政策。

（四）關於「知和而和」

　　在《論語・學而》中有一句話非常重要，我們必須認真深入研究。

有子曰：「禮之用，和為貴。先王之道，斯為美。小大由之，有所不行。知和而和，不以禮節之，亦不可行也。」

大意為：

有子說：「禮雖是從區別來入手，但禮的應用卻達到了和諧的目的。先賢聖王治國之道那才是美啊！不論大事小事都是這樣做的。但也有些事是不去做的，比如說為和而和不按禮的要求去做是不可取的。」

解讀：

和既是宇宙萬物起源、構成和發展的規律，也是儒家文化對事物的獨特理解與追求。和的概念，用現代的語言表述則為「多樣性的統一」。

《禮記・中庸》寫道：「喜怒哀樂之未發謂之中，發而皆中節謂之和。」楊遇夫在《論語疏證》中曰：「事之中節者皆謂之和，不獨喜怒哀樂之發一事也。和今言適合，言恰當，言恰到好處。」

有子所說的「禮之用，和為貴」的和，是禮的施行過程中自然形成與達到的一種融和的狀態與現象。

「知和而和」中的第一個「和」，是名詞，是對「禮之用，和為貴」的認識，認識到「和」是目標了；第二個「和」是為了和而去和，是動詞，是行為。

有子認為，禮的推行與應用以能達到融合、和諧是最為可貴。但是，必須有條件講過程，如果一味地講「和」，把「和」當成了一個必定目標，變成了「為和而和」，不再經禮的調節與約束，省略了事物多樣性的融合過程，也是不可取的。再或者說：不按應有的秩序辦事而達到的「和」是虛假的。

「知和而和」講的就是不以禮的要求與節制為過程的「和」，變成以形式主義與實用主義為主要內容的「為和而和」。

我們將「知和而和」翻譯成小學生造句的格式才能更好地理解有子的意思。「知和而和」的句型翻譯過來，則是：「知道要……所以要

……」、「為了……而……」。

我們用這個句型看看都能造出什麼樣的句子來。

舉例如三鹿公司，則有以下句子：

知道要蛋白質指標，所以要蛋白質指標；

為了蛋白質指標而蛋白質指標；

為了氮元素而氮元素；

那你再多設一千道檢驗關，這一千道檢驗關也是為了騙人的。

有子的這句「知和而和」揭示出來的正是「形式主義與實用主義」這兩種現象的危害。我們因此才能再進一步地認識到「和諧」必須是經過禮的「應行、應止」的不斷調節下，事物自然融合所呈現出的狀態，如果用「拔苗助長」的方式強行地、躍進式地改變事物的原有規律是不可取的。所以有子說：「不以禮節之，亦不可行也。」

有子的這句話與曾子講的「慎終追遠」，剛好是人們對事情的兩種不同的用心方向。「慎終追遠」所講是對事情一開始的慎重，對事情後果的責任，是用歷史的眼光看待眼前的事物。這也與佛家的「菩薩畏因，凡夫畏果」的思想相一致。「知和而和」是為了目的而目的，是對某種固定目標的一味追求，為達這個目標可以不計一切後果，例如三鹿公司就是這樣幹的。所以有子交待「不以禮節之，亦不可行也。」

理解了有子的這句話，關於宋代的趙普能以「半部論語治天下」的故事就好理解了。

（五）孔孟原儒的君臣、父子觀

在中國文化中「君臣、父子」觀是備受爭議的焦點。近現代把「君要臣死，臣不得不死。父要子亡，子不得不亡，」也作為批孔孟思想的「鐵證」，因此釐清孔子時代關於「君臣、父子」的觀念，將中國原儒與後來的御用之儒的觀念區分開來很有必要。

在「君臣、父子、夫婦、兄弟、朋友」的關係中，我們對「君臣」

的概念理解得正確嗎？真正含意是什麼？「君臣」的概念至少有以下三層的意思：

1.君指君王，臣指大臣

2.君臣指上下級的關係

君指上級，臣指下級。因為「五倫」的概念是將社會上所有人的關係都包含在內的，如果沒有上下級的概念，在單位裡你與上級領導的關係就超出了「五倫」的範疇。

在《荀子·法行第三十》中記載了孔子的一段話，足以證明君臣包含有上下級的關係。孔子曰：「君子有三恕：**有君不能事，有臣而求其使，非恕也**；有親不能報，有子而求其孝，非恕也；有兄不能敬，有弟而求其聽令，非恕也。士明於此三恕，則可以端身矣！」這其中的「有君」和「有臣」就是指自己的上級和下級。

3.君臣指主次的關係

在中藥的藥方裡，醫家給的藥方中就含主次的關係，為主的藥曰：君；為輔的藥曰：臣。

至於現代的部分人硬要把「君要臣死，臣不得不死。父要子亡，子不得不亡，」說成是孔學教義，當作討伐孔孟儒學的把柄，這些人要麼是沒文化，要麼是不要臉，居心叵測。任你查遍原儒的經典著作，並沒有「君要臣死，臣不得不死。父要子亡，子不得不亡，」的出處。卻有如下記述：

子曰：「直哉史魚！邦有道，如矢；邦無道，如矢。君子哉蘧伯玉！邦有道，則仕；邦無道，則可卷而懷之。」（《論語·衛靈公》）

子曰；「邦有道，貧且賤焉，恥也，邦無道，富且貴焉，恥也。」（《論語·泰伯》）

子曰：「君子之於天下也，無適也，無莫也，義之與比。」（《論語·里仁》）

子曰：「邦有道，穀。邦無道，穀，恥也。」（《論語·憲問》）

孟子曰：「君之視臣如手足，則臣視君如腹心；君之視臣如犬馬，則臣視君如國人；君之視臣如土芥，則臣視君如寇仇。」（《孟子·離婁下》）

以上所列這才是原儒對君臣關係的態度。

如果把唐宋以後之「小人儒」解釋的「君要臣死，臣不得不死。父要子亡，子不得不亡」，統統認為是孔孟的原意是沒有道理的。

在《孔子家語·六本》篇裡還可看到孔子對於父子關係處理分寸的記載：

原文：

曾子芸瓜而誤斬其根，曾晳怒，援大杖擊之，曾子僕地；有頃蘇，蹶然而起，進曰：「曩者參得罪於大人，大人用力教參，得無疾乎！」退屏鼓琴而歌，欲令曾晳聽其歌聲，令知其平也。孔子聞之，告門人曰：「參來勿內也！」曾子自以無罪，使人謝孔子，孔子曰：「汝聞瞽瞍有子名曰舜，舜之事父也，索而使之，未嘗不在側，求而殺之，未嘗可得；小棰則待，大棰則走，以逃暴怒也。今子委身以待暴怒，立體而不去，殺身以陷父，不義不孝，孰是大乎？汝非天子之民邪？殺天子之民罪奚如？」

大意為：

曾子在瓜地裡耘土，可能是在複習夫子上課時的所傳，一不小心把瓜的根給鋤斷了，可巧被老爹望個正著，曾晳勃然大怒操起大棒往頭上就是一下，曾子是應聲倒在了地上，過了好一會，大概是吸足了地氣，才慢慢地甦醒過來。曾子雖像初生的小牛晃晃悠悠地爬起身來，但馬上就打足十二分精神像沒事一樣去見父親，並說：「從前我犯了錯，您都是很有力的懲罰教訓我，可是這次的力道大不如從前，您身體沒什麼不妥吧。」然後又回到屏風之後，彈琴唱歌，讓父親知道他不僅身體沒有受傷，而且心中平靜沒有絲毫怨氣。

孔子於第一時間就聽說了這事，交待門人，「曾參來了，不許他

進來。」曾參來上課了，門人沒讓進，只好站在門外反省，曾子經「三省」後也沒覺得自己有錯，這才有勇氣請其他的同學去向老師謝罪。其他同學也不理解啊，曾參在整個事件中表現得很不錯啊，現在被罰站反省老師是什麼意思啊？同學們也是滿肚子的疑問。

孔子的教育方法是「不憤不啟，不悱不發」，現在見大家都有了想法，孔子這才把他們召集起來一起。孔子語氣非常嚴厲地對曾參說：「你沒聽說舜的父親是個既瞎又愚的人嗎？舜侍奉他父親時：父親如果是要找他來做事情，舜時時刻刻都是在他的身邊的。但如果是要謀害他時，卻總也找不到（舜的母親和弟弟曾幾次要害他）。孔子諄諄教導曾子說：「如果你爹只是用小棍（棰：短木棍）子打你，你就要站著不許跑等著挨打，幫他老人家消消氣；如果你爹是用大棍子往頭上敲過來時就要趕緊跑啊，避開你爹的暴怒，不要讓自己受到傷害。現在你傻不拉嘰地站在那裡等著你父親暴打，沒有半點閃避的意思，萬一被失手打死了，就是你陷父親於不義了，懂嗎？害父親吃官司進監獄，這是最大的不孝了。你難道不是國家的公民，你父親殺害了國家公民應該是什麼罪你不清楚嗎？」

以曾子之材，得聽教於孔門，有此錯尚不自知，可見處義之不易！

通過這個故事我們可以看到孔子的指導原則是很明確的「小杖受，大杖走。」父親大人生氣了若用小棍子打兩下消消氣，則受之；若父親大人隨手拿了大棒子，那就要「走」，閃得越快越遠越好，不再是讓不讓消氣的問題了，現在是防止父親大人犯過失罪了。

至於父子關係，子曰：「事父母幾諫，見志不從，又敬不違，勞而不怨。」（《論語・里仁》）

在《論語・里仁》中，子曰：「君子之於天下也，無適也，無莫也，義之與比。」孔子只這一句話，就把人們該幹什麼怎麼幹全說透徹了。

對於君臣關係的處理原則，在《荀子・子道篇》第二十九中記載有孔子關於君臣關係的對話，明確地反對愚孝愚忠，現摘錄於下，供窺探

夫子的忠孝思想。

原文（部分）：

魯哀公問於孔子曰：「子從父命，孝乎？臣從君命，貞乎？」三問，孔子不對。孔子趨出以語子貢曰：「鄉者，君問丘也，曰：『子從父命，孝乎？臣從君命，貞乎？』三問而丘不對，賜以為何如？」子貢曰：「子從父命，孝矣。臣從君命，貞矣，夫子有奚對焉？」孔子曰：「小人哉！賜不識也！昔萬乘之國，有爭臣四人，則封疆不削；千乘之國，有爭臣三人，則社稷不危；百乘之家，有爭臣二人，則宗廟不毀。父有爭子，不行無禮；士有爭友，不為不義。故子從父，奚子孝？臣從君，奚臣貞？審其所以從之之謂孝、之謂貞也……。」

譯文：

魯哀公問孔子：「子女順從父親的話，就算是孝了吧？臣服從國君之命令，就算是忠了，對嗎？」魯哀公問了三遍，孔子都沒有回答他。孔子邁著碎步退了出去，對子貢說：「剛才，國君問我說：『子女順從父親的話，就算是孝順了吧？臣子服從國君的命令，就算是忠了，對嗎？』子貢說：「兒子聽從父親的話，這就是孝順。臣子服從國君的命令，這就是忠貞了。若是先生回答，又會如何回答呢？」孔子說：「你這是小人的見識了！端木賜，你還沒有弄明白道理啊。過去，萬乘之大國有四個敢於直言勸諫的臣子，就能使得國家疆土不至於減少；千乘的中等國家有三個敢於直言勸諫的臣子，社稷就不會有危險；百乘之國有兩個敢於直言勸諫的臣子，國君就可保社稷、宗廟。父親有敢於直言勸諫的子女，就不會去做違背禮義的事；士有敢於直言勸諫的朋友，就不會做出不合道義的事。所以，子女服從父母的命令，哪裡是什麼孝順？臣子順從國君的命令，哪裡又是什麼忠貞？弄清楚究竟什麼該服從、什麼不該服從，然後再決定是否服從，這才能叫做孝順，這才能叫做忠貞。不是說不管是非對錯都要服從的啊。」

孔子對端木賜的教訓，簡而言之就是「義之與比」。

現在再看「君要臣死，臣不得不死。父要子亡，子不得不亡。」這會是孔子學說裡的原意嗎？！

（六）解讀：「君子周而不比，小人比而不周」、「君子喻於義，小人喻於利」

《論語》中記載：「君子周而不比，小人比而不周」、「君子喻於義，小人喻於利」。

為什麼會有以上的這種差別？簡單說是人的內心有無建立起以仁為中心的思想，表現在行為上則是處事時用心的不同，或叫做處理事務時出發點的不同。用心的不同乃是君子與小人的分水嶺。

一個人的中心思想是要靠不斷的修身才能建立起來和持續下去的。

一個人有無中心思想就看處理事物的標準源於內心還是來之於外部。怎樣才是建立了人的內心標準呢：子曰：「君子義以為質，禮以行之。」君子有了中心思想「行乎所當行，止乎所當止」都是自己心中可知的；沒有中心思想的人，其所行、所止就要靠外部提供參照了。

「君子周而不比」就是說君子與人的交往都是「義以為質，禮以行之」的，是按社會上人人都認可的公義而行的，是該幹嘛便嘛，所以不會逾禮，方方面面卻都非常周全，其中根本沒有相互比較的成分。

出現「君子喻於義，小人喻於利」的根本原因，君子知道義是人們行為的最高標準，君子知道要按義而行（中國人的人人平等是相對於義而言的）。而小人以外在的東西作標準、作參照，並且主要以利來衡量，所以必然要比較「你得多了，我得的不夠你多，可你做的還不夠我多」都是在不停的比，其行事時不知道要按義，不按該與不該，而按利的多少，小人只能認識到金錢的重要，認識不到還有更重要的義，小人所喻的範圍只能達到利的範圍。

君子行事因為按「義以為質」，所以能做到：「不義而富且貴，

於我如浮云」、「可處有，可處無」、「衣敝縕袍，與衣狐貉者立，而不恥者」。正因為君子建立起了自己的內心標準──義，所以能夠「泰而不驕」、「病無能焉，不病人之不己知也」、「君子居之，何陋之有？」、「內省不疚，夫何憂何懼」，君子與小人的種種差別都源於行事時這點用心的不同，而君子小人立分。

孔子說：「仁遠乎哉？我欲仁，斯仁至矣。」孔子這句話的意思是告訴人們仁與不仁只在人的一念之間。

（七）解讀：「君子和而不同，小人同而不和。」

子曰：「君子和而不同，小人同而不和。」（《論語‧子路》）

大意為：

孔子說：君子能與眾人相和諧，然而觀點並不一定相同。小人則是要觀點都相同，然而眾小人卻不是和諧。

西周末年至春秋時期，有所謂「和同」之辨。「同」是一相同事物的疊加。「和」是眾多不同事物之間的有機融合。《國語‧鄭語》記載史伯對「和」與「同」的解釋：「和」就是「以他平他」，即讓相互有差異、矛盾或者對立的事物相融合，達到一種動態的平衡──和諧。相互差異、矛盾、對立的事物在相融合的過程中，由於融合的程度的不同，對外會表現出不同階段的各種現象，這些現象其實就是新事物產生與發展的過程。「和」用現代語表述，則是君子能做到「多樣性的統一」。

細心的人會看出，「和」於事物來說是「多樣性的統一」；而對於人來說，其「和」則是觀點與意見多樣性的統一，做到了這樣，人們才能相處和諧。和諧的根本是人們內心的和諧。

「同」則是「以同裨同」，即排斥差異、矛盾、對立的事物，只求相同事物的絕對同一，即把相同的事物疊加起來，但不論如何疊加還是同一事物，不可能產生出新事物。

按照「和」的社會行為準則辦事，就會不斷有新事物產生，事物就會興旺發達。相反，按照「同」去辦事，「若以水濟水，誰能食之。」史伯舉例說「先王聘後於異姓」說的也就是防止「同則不繼」子嗣不繁。

君子為什麼能處事以「和」，而小人不能呢？

這就是因為處事的出發點不同，君子處事是「義以為質」的，義才是行為的最高標準，因此該幹什麼幹什麼，君子的行為與社會的公義即道德觀念是相一致的，自然得到不同群體和個人的認可，君子因此而能與眾人相和，但意見並不一定相同。

反之「小人喻於利」，小人的為人處事只按利行事，誰能給他帶來好處他就舉誰的手，至於是否符合社會公義，小人根本沒有這個意識，根本沒往這個方面去想。因此昨天舉你的手，是昨天和你有共同利益。今天舉他的手，是因為今天能帶來利益的不是你了。「小人同而不和」是說「小人」之同是同於利，是利益驅使促成的「同」，他們相和嗎？他們並不相和。

「小人」的這種行為就是典型的「實用主義」。前文曾評論人人若按「實用主義」行事，在十八層地獄上再加十八層都會不夠用。

現在更有流行語曰：「只有永遠的利益，沒有永遠的朋友」了。這可是條咒語啊！

（八）義是綱，利是目

現代人對儒家的義利觀有很多的解說，有的學者認為墨家重義重利、法家是重利輕義、儒家是重義輕利，其中對儒家的評價不夠準確。其實儒家是以中庸之道為世界觀和方法論的，在義利觀的問題上，儒家依然能占墨法兩家之善。我們從義利觀的研究上順便來看中庸之道的運用。

儒家的義利觀是怎樣的，釐清這個問題很有必要。在《論語》中孔

子對「義利」有眾多論述，現記述部分於下：

　　─「子罕言利。」（《論語‧子罕》）

　　─「君子喻於義，小人喻於利。」（《論語‧里仁》）

　　─「君子謀道不謀食。」（《論語‧衛靈公》）

　　─「無欲速，無見小利。欲速則不達，見小利則大事不成。」

（《論語‧子路》）

　　有的人因為此認為孔子重「義」輕「利」。那我們再看以下記述，則孔子好像又不是只重「義」輕「利」的了。

　　在《論語‧述而》中，子曰：「富而可求也，雖執鞭之士，吾亦為之。」孔子意思是：富如果可以合乎於義而求到，雖然是給人執鞭做僕役這類下等差事，我也願意去做。可見孔子對富裕生活的嚮往和重視，連放下身份這種事他都可以去做了。

　　在《論語‧子路》還記載有，「子適衛，冉有僕。子曰，『庶矣哉』！冉有曰：『既庶矣，又何加焉？』曰：『富之。』曰：『既富矣，又何加焉？』曰：『教之』。」

大意為：

　　冉有為孔子駕車到衛國去。孔子說：「人口真多呀！」冉有說：「人口已經很多了，下一步該做什麼呢？」孔子說：「使他們富起來。」冉有說：「富了以後又還要做什麼呢？」孔子說：「教化。」

　　孔子把富民看成治國從政的首要環節，所以在《論語‧雍也》中，子貢曰：「如有博施於民而能濟眾，何如？可謂仁乎？」孔子知道其中之高與難，曰：「何事於仁！必也聖乎！堯舜其猶病諸！」意思是：能「博施」還能達到「濟眾」就不只是仁了！那已入聖了，堯舜尚未能夠做到完美！

　　可見孔子對能給人民能帶來福祉者的評價有多高。

　　其實，我們對孔子的認識，真正是應了一句話「不知言，無以知人也。」我們把有關的話放在一起來看看孔子的真實意思：

──子曰：「不義而富且貴，於我如浮云。」（《論語‧述而》）

──「義然後取，人不厭其取」。（《論語‧憲問》）

──子曰：「君子義以為質，禮以行之，孫以出之，信以成之。君子哉！」（《論語‧衛靈公》）

──子曰：「君子之於天下也，無適也，無莫也，義之與比。」（《論語‧里仁》）

──子曰；「邦有道，貧且賤焉，恥也，邦無道，富且貴焉，恥也。」（《論語‧泰伯》）。此言是在說「恥與不恥」只看是否合於「義」，是否「義然後取」。

中國文化中的標準來之於天經地義，將「義」置於所有人的一切行為之上。孔子思想中始終將「義」作為行動指南、行為的標準。用現代的話來說，一個人做事合於「義」了，就可以判斷事情是作對了，其中有沒有「利」是不用管的，有利就取之則是「義然後取，人不厭其取」，無利則算了，只當把昨天就該做的義工今天才完成，這才是「君子喻於義」。

所以，對於孔子而言「義與利」本來就不是同一個層次的概念，義是綱，其它的包括利都是目，義是唯一標準。義與利不僅僅是孰輕孰重的關係，而是綱與目的關係，義與利的綱目關係使它們即是一體的又是分主次的。這是正確理解孔子義利觀的關鍵點。

孔子的中庸思想使其義利觀能包含墨法兩家義利觀的合理部分，而去除所有不合理部分。

荀子對義與利有過這樣的闡述。他說：「正利而為，謂之事，正義而為，謂之行。」（《荀子‧正名》）

解讀：

荀子這裡說的「事」即：事業、事功等以獲利為目的行為；所謂「行」即德行，是以義為目的的。正利、正義之「正」解釋為「正鵠」之正，乃「目標」之意。所以整句話的意思是：以利為目的而為之的叫

事業（如農工商等）；以義為目的的謂德行。

　　而對於小人，孔子知道他們都是「不可言上」者的集合，理解不了也做不到君子的境界，是「不知天命而不畏也，狎大人，侮聖人之言」的料。所以，孔子評價曰：「小人喻於利。」

　　現在出了反面教材了，以三鹿公司為代表的22個品牌的奶粉，實際上就是純粹追逐利潤的結果，中國現在的很多公司明目張膽的宣揚「追逐利潤最大化」是企業的目標，有此言者，預後不良。

　　─子曰：「富與貴，是人之所欲也；不以其道得之，不處也。貧與賤，是人之惡也；不以其道得之，不去也。君子去仁，惡乎成名。君子無終食之間違仁，造次必於是，顛沛必於是。」（《論語‧里仁》）

大意為：

　　孔子說，富裕和尊貴，這是人人都希望得到的，但如果不是合於義的方式得來的，君子是不接受的；貧窮低賤，這是人人都厭惡和想要遠離的處境，但如果不是合於義的方式而達到的，君子也是不接受的。君子離開了仁道，是厭惡會造成惡名。所以，君子不會在哪怕是只一頓飯的時間裡違背仁，倉促時是如此，顛沛流離時也必是如此。

（九）無為而治

　　在《論語‧衛靈公》中，子曰：「無為而治者，其舜也與？夫何為哉？恭己正南面而已矣。」

　　流行的譯文為：

　　孔子說：「能夠無所作為而治理天下的人，大概只有舜吧？他做了些什麼呢？只是莊嚴端正地坐在向南的王位上罷了。」

　　對這個翻譯我百思不得其解。如果能是這樣，還不如把皇帝老兒都請下來，把三皇五帝的畫像貼上去讓他們端莊地南面而坐，天下豈不大治了。

如何理解這句話自然要查找《道德經》了。老子在《道德經》37章中，曰：「道常無為而無不為。」

書本上關於這句話的解釋是：「老子的道是非人格化的，它創造萬物，而不主宰萬物，順萬物自然繁衍、發展、淘汰和新生，所以『無為』實際上是不妄為、不強為。」

只是這樣的解釋也未能盡性。只好回到中國文化的本源：「人法地，地法天，天法道，道法自然」中去找尋啟示。

不一日，我想到了地球的自轉與公轉上來。地球自轉一圈，使我們有了夜晚與白晝，人們因此日出而作，日落而息。

地球圍繞太陽公轉一周，使地球上分出了春夏秋冬四季，萬物得以春生、夏長、秋收、冬藏。地球的自轉和公轉為了誰嗎？不為了誰，但卻無所不為！

我突然明白：「道常無為而無不為」，應讀作「道常，無為（wèi）而無不為（wèi）。」意為：道恒常不變，其運轉不因為什麼，是沒有任何目的性的，所以老子說「天地不仁。」

所以，孔子說的：「無為（wèi）而治者，其舜也與？夫何為（wèi）哉？恭己正南面而已矣。」孔子是說，舜以孝悌為仁之本，確立了中正仁義的人之道，建立了中華民族仁孝的文化道統，找到擺正民眾思想的方法之後，就以道化民了，人們自然看到的只是他「恭己正南面而已矣」了。

我們對自己的文化到底有多少誤讀呢？天知道！我只求能釐清概念，不曲解聖意，不誤來者。

（十）富與貴

另外我們還需搞清楚富與貴的概念，中國傳統思想是不以財富多少論人地位的，而是以德論人。

　　在中國和包括歐洲在內的許多前資本主義文明當中，貴賤的劃分只與各自所處的社會等級有關，而與財產的多少無關，而且往往是財產隨地位而來，而不是地位隨財產而來。現在的歐洲有的人並非很有錢，然而他是貴族，貴族是指地位與人品的尊貴。在中國，貧無立錐之地亦可為君子，而富可敵國卻未必不是小人。那種以財產來劃分人的社會地位是否尊貴的觀念，是資本時代的價值觀，而且局限在經濟價值觀的範圍內，是近現代才有的現象。

　　在漢文字的原意上，富貴二字有重大分別：富只是一個形容詞，形容財產、財物多，曰富；貴是一種價值觀。「富與貴」各代表著一種完全不同的概念，現在好了。原本不同的兩個概念，現在合二為一，只剩下了富的價值觀，一些理論家還美其名曰：經濟時代。

　　現代語將「富與貴」乾脆合為「富貴」一個詞來使用，也挺省事的，直接就隱掉了一種價值觀。但是其中的含意則損失了何止一半。我們很有必要認真搞清「富與貴」兩字的原意：

富：基本字義

　　—財產、財物多：富有。富足。富饒。富庶。富裕。富強。富豪。財富。

　　—充裕，充足：富餘。富態。富麗堂皇

詳細字義

　　—富，備也。一曰厚也。——《說文》

　　—富家大吉。——《易·家人》。疏：「祿位昌盛也。」

　　—二曰富。——《書·洪範》。疏「家豐財貨也。」

　　—富也者，福也。——《禮記·郊特牲》

　　—以富得民。——《周禮·太宰》。注：「謂藏中財物。」

　　—富歲子弟多賴。——《孟子》。注：「豐年也。」

　　—富貴——富裕而又有顯貴的地位

貴：

　　—本義：物價高，與「賤」相對

—貴：物不賤也。——《說文》

—去讒遠色，賤貨而貴德。——《禮‧中庸》

—貴，尊也。貴賤以物喻。猶尊卑以器喻。——《廣雅》社會地位高。

—貴門（權貴人家）；

—貴階（唐代品秩之制有九品，五品以上稱貴階）；

—貴遊（沒有官職的王公貴族）；

—貴躬（指王公貴人）

富與貴在概念上就有重大的分別。其實，孔子「終於立身」的行為原則就是對貴這個概念的注釋。

（十一）均是什麼意思

子曰：「有國有家者，不患寡而患不均，不患貧而患不安。蓋均無貧，和無寡，安無傾。」（《論語‧季氏》）

大意：

孔子說：我聽說，無論是有國的諸侯或者有家（封地）的大夫，不用擔心財富少，只需擔心分配不公正；不必擔心民眾少，只需擔心不安定。若是財富能分配公正合理，便沒有人會嫌少，人們心裡認同，知道公正合理分配來的只會是這麼多和平相處，便不會覺得民眾少；安定，社稷就不會有危險。

（均：作賞罰公正解，不是數學「平均」的意思！若作數學「平均」的意思解釋，則違背禮「別」之精神。）

有史為證，《史記‧鄭世家》中記載，鄭靈公由於存心戲謔子公（公子宋）不與賞賜，而惹來殺身之禍。後人雖言是子公染指，而真正的起因還是鄭靈公的「不均」（不公）。

原文：

二十二年，鄭繆公卒，子夷立，是為靈公。

靈公元年春，楚獻黿於靈公。子家、子公將朝靈公，子公之食指動，謂子家曰：「佗日指動，必食異物。」及入，見靈公進黿羹，子公笑曰：「果然！」靈公問其笑故，具告靈公。靈公召之，獨弗予羹。子公怒，染其指，嘗之而出。公怒，欲殺子公。子公與子家謀先。夏，弒靈公。鄭人欲立靈公弟去疾，去疾讓曰：「必以賢，則去疾不肖；必以順，則公子堅長。」堅者，靈公庶弟，去疾之兄也。於是乃立子堅，是為襄公。

大意：

靈公元年春天，鄭國大夫公子宋與子家一同去見鄭靈公。將進宮門時公子宋抬起一手笑眯眯地對子家說：「你看！」子家莫名其妙地看著公子宋的手，只見他的食指一動一動的，不禁搖了搖頭，也伸出自己的右手，動了動食指說：「這誰不會！」公子宋哈哈大笑，說：「你以為是我讓食指抖動的嗎？這是它自己在動。不信你再仔細看看！」子家認真地看了看，再動了動自己的食指。果然，公子宋的食指的抖動與自己食指抖動的狀態不一樣。公子宋得意地晃著腦袋說：「看樣子，今天有好吃的在等我們哪！以往每當我這食指動起來以後，總能嘗到新奇的美味！」

子家將信將疑。兩人進宮，發現廚子正在把一隻已經煮熟了的黿切成塊。這隻黿特別大，是一個楚國人進獻給鄭靈公的。鄭靈公見這隻黿很大，可以分給好多人吃，決定把它分賜給大夫們嘗嘗，子家忍不住朝公子宋翹了翹大拇指。公子宋笑著晃起了腦袋。鄭靈公見這兩人如此這般，不禁問：「你們在笑什麼？」子家就把剛才宮門外的情況講了一遍，鄭靈公聽了，含含糊糊地說了句：「喔，真有這麼靈驗？」便不再說什麼。

大夫們到齊後，用鼎煮熟的大黿由廚子裝進盆子，先給鄭靈公，然後給各位大夫。鄭靈公先嘗了一口，稱讚道：「味道不錯！」示意大家可以開始一起吃了。大家便津津有味地吃了起來。但是，公子宋卻呆呆

地坐著。原來，他面前的桌案上什麼也沒有。顯然，這是鄭靈公故意安排的。公子宋窘迫不堪，臉上紅一陣，白一陣。他看著鄭靈公，鄭靈公正吃得很香，一邊和大夫們說笑，似乎根本沒有注意到他。他又看看子家，見子家也吃得起勁，一邊還朝他扮鬼臉。

公子宋是數一數二的大臣，大權在握，這使他很難堪，覺得很沒面子，一氣之下也不管鄭靈公同不同意，忽地站起來，走到大鼎面前，伸出指頭往裡蘸了一下，嘗了嘗味道，然後，大搖大擺地走了出去。這就是後世所稱的「染指」之由來。這還沒完，鄭靈公見公子宋如此無禮，而要殺他。公子宋一怒之下，於靈公元年夏天竟先下手，把鄭靈公給殺了，造成鄭國內亂。

可見，公子宋的忤逆造反真正的起因還是鄭靈公的「不均」（不公正）引起的，這也說明君臣關係確實在於「君使臣以禮，臣事君以忠」。孔子所言「和無寡，安無傾」之言極是。

中國文化是法天道的，天之道是如何的呢？

老子《道德經》第七十七章：「天之道，損有餘而補不足」。天道的特點是「高者抑之，下者舉之，有餘者損之，不足者補之」。天道就是減少有餘而補充不足，這才是均之本意。

在《春秋繁露‧度制》中，董仲舒對孔子的「不患寡而患不均」之言也做了詳盡的解釋，從中也看不出有數學「平均」的意思，能看到的都是講國家所定的制度（禮）都是對欲望的限制、對義的回歸。原文如下：

《春秋繁露‧卷八度制‧第二十七》

「孔子曰：『不患貧而患不均。』故有所積重，則有所空虛矣。大富則驕，大貧則憂，憂則為盜，驕則為暴，此眾人之情也。聖者則於眾人之情，見亂之所從生，故其制人道而差上下也，**使富者足以示貴而不至於驕，貧者足以養生而不至於憂，以此為度而調均之**，是以財不匱而上下相安，故易治也。今世棄其度制，而各從其欲，欲無所窮，而俗得自恣，其勢無極，**大人病不足於上，而小民羸瘠於下，則富者愈貪利而**

不肯為義，貧者日犯禁而不可得止，是世之所以難治也。」

孔子曰：「君子不盡利以遺民。」詩云：「彼其遺秉，此有不斂穧，伊寡婦之利。」**故君子仕則不稼，田則不漁**，食時不力珍，大夫不坐羊，士不坐犬。詩曰：「采葑采菲，無以下體，德音莫違，及爾同死。」以此防民，民猶忘義而爭利，以亡其身。**天不重與，有角不得有上齒，故已有大者，不得有小者，天數也。夫已有大者，又兼小者，天不能足之，況人乎！故明聖者象天所為為制度，使諸有大奉祿，亦皆不得兼小利、與民爭利業，乃天理也。**

凡百亂之源，皆出嫌疑纖微，以漸浸稍長，至於大。聖人章其疑者，別其微者，絕其纖者，不得嫌，以蚤防之。聖人之道，眾堤防之類也，謂之度制，謂之禮節，故貴賤有等，衣服有制，朝廷有位，鄉黨有序，則民有所讓而不敢爭，所以一之也。書曰：「罍服有庸，誰敢弗讓，敢不敬應？」此之謂也。

凡衣裳之生也，為蓋形暖身也，然而染五采、飾文章者，非以為益冗膚血氣之情也，將以貴貴尊賢，而明別上下之倫，使教前行，使化易成，為治為之也。**若去其度制，使人人從其欲，快其意，以逐無窮，是大亂人倫而靡斯財用也，失文采所遂生之意矣。上下之倫不別，其勢不能相治，故苦亂也；**嗜欲之物無限，其勢不能相足，故苦貧也。今欲以亂為治，以貧為富，非反之制度不可。古者天子衣文，諸侯不以燕，大夫衣緣，士不以燕，庶人衣縵，此其大略也。

（十二）為政與為國的不同

在《論語‧里仁》中，子曰：「能以禮讓為國乎？何有。不能以禮讓為國，如禮何？」關於論語這一章的解釋多有爭議，本章的關鍵有三點。現簡述我的讀書體會如下。

1.為政與為國

第一，在《論語》中必須注意到有「為政」與「為國」的用字區別。

在《論語・為政》中，子曰：「為政以德，譬如北辰，居其所而眾星拱之。」這一章裡，孔子講的是執政的理念在於德政，而不是刑法等其它的思路。

在《論語・顏淵》中，季康子問政於孔子時，孔子對曰：「政者，正也，子帥以正，孰敢不正？」 這一章裡，孔子講的是執政的具體做法，在於擺正和扶正。擺正是將未正的事物以正代替之，正之後則由之；當事物擺正後，經過久而久之的發展，可能又會出現偏差，這時的為政者就又要扶正它。這和中醫的扶正袪病的理論是完全一致的。（關於什麼是「正」詳見第十、中國文化中最重要的一個字──正）。

而孔子在《論語・里仁》用的卻是「為國」，「為國」與「為政」相同嗎？肯定不同。「為政以德」與「政者，正也」是講的內政。而「為國」相應的就應該是外交了。

第二，「為政」者與「為國」者的主體不同，「為政」者可以是賢能之人，當其獲得了委任，就可參政議政了。在《論語・為政》中就有記載，「或謂孔子曰：『子奚不為政？』」可見孔子就是具有從政資格的人了，只是沒有得到委任。而「為國」者則應該是國君或得到特別授權的外交官。

2.禮與讓

第三，我們還要將「禮、讓」區分開來，不能將「禮、讓」混為一談。為此，我們要再明確「禮」的根本作用在於立義、止爭。前文我們瞭解禮是社會的道德與秩序，是必須遵守的，而「讓」只是一項美德，並不是一定要求人人都要做到的，不能做到「讓」也無妨，能做到則會更和諧。對於國家的內部管理，有了禮就非常充分了，如果還能「讓」就會非常之完美，所以才提倡禮讓。

但國家之間的交往講究的是如何保有主權，講的是先禮後兵，還能

用讓嗎？清朝末期的割讓就沒完沒了，國家之間利害攸關都是步步緊逼的，你越讓人家就越認為你軟弱無能好欺負。所以，孔子說：「能以禮讓為國乎？何有。不能以禮讓為國，如禮何？」

大意為：

「能用禮讓來治理邦交嗎？有嗎？既然不能用禮讓來治理邦交那就用禮來治理吧！」

我理解孔子強調國家在邦交上，只適合用禮，不可用讓！

十、　中國文化中最重要的一個字——正

現代語的政治一詞在中國古文中只用一個「政」字來表達。在《論語》中，孔子曰：「政者，正也。子帥以正，孰敢不正？」儒家思想認為人自正然後才可正人，人們因此把儒家的「為政」理解為了人治了（關於什麼是人治，詳見第六章）。但現代人僅僅將「政者，正也」的解釋僅僅局限在榜樣的作用範圍內，遺漏就又太大了。

孔子這句話的關鍵是將「政」定義為了「正」的概念，何者為正？這個必須搞清楚，這是中國儒家文化的標準所在，何以能正，則是儒家治世的方法。

中國文化在今天可以說是處於概念已亂、是非不明。什麼是「正」？可以說是中國文化中最要搞清楚的一個字。

只有深入解讀「正」的概念，才能理解「為政，正也」說的是何事何物，人們才能更清晰地看到儒家「為政」的目的、目標，進而對理解孔子論述的其它概念都會有很大幫助。否則一談「政」字，腦子裡的印象就只有「政治鬥爭」。

近現代的主流文化將儒家的「為政」思想定義為「人治」，是相對於法家的「法治」而言的。選擇這樣解釋的原因可能有很多，但目的可以肯定的說就是要掩蓋儒家真實的思想內容，使儒家學說表面上看起來是落後的、反動的，以便能徹底的批判之。

（一）怎樣才算是正

我們都知道中國的文化分為「形上、形下」兩個部分，對人們行為的最高要求則是老子所說的：「人法地，地法天，天法道，道法自

然」。老子所說的「法」是效法，因此我們可以理解形而下的人要效法形而上的天與道，就是要人們在形而下的行為中實現與形而上的銜接，接得好接得正，則最終可達到「天人合一」的境界。

1.人之道

周濂溪在《太極圖說》中，把形而下與形而上是如何對應的說得非常明白，曰：「惟人也，得其秀而最靈。形既生矣，神發知矣，五性感動，而善惡分。萬事出矣，聖人定之以中正仁義，而主靜，立人極焉。故聖人與天地合其德，日月合其明，四時合其序，鬼神合其吉凶。君子修之吉，小人悖之凶。故曰，立天之道，曰陰與陽；立地之道，曰柔與剛；立人之道，曰仁與義。」

周濂溪認為聖人根據對「太極」理論的認識，而制定出以「中正仁義」作為人的最高標準，並名之為「人之道」，又名「人極」。

天道、地道與人道合稱三道，人道是效法天道和地道的。再說明白些，人是如何法天法地的？就是以「中正仁義」的行為與形而上進行對接的，人做到了「中正仁義」則是與形而上銜接上了，銜接好了和銜接正了。

周濂溪的《太極圖說》中還有一層意思，只有聖人才做到了「與天地合其德，日月合其明，四時合其序，鬼神合其吉凶」。或者說因為能「與天地合其德，……」而成其為聖人的，並定立了人之道「中正仁義」以義為人的行為。

至此，我們明確在形而下與形而上的銜接的過程中，在道→德→仁→禮諸環節中，我們可以把義理解為公理公義，是與天地之德俱來的，是天經地義的：（何謂天經地義：天法自然，自然而然為天之經；人法天地以自正為義。）

2.仁的作用

義既然是與天地之德俱來的，聖人為什麼還要設立「仁」的概念才能「正人之心，義人之行」呢？

　　仁的思想是人的自然情素的一種，但被中國的聖人挑選出來樹立培養和加以推廣，以彰顯天地之德和與之俱來的義，以正人之心，以義人之行，仁的概念是人為設立的。

　　我們簡單討論就能明白這個問題。

　　比如一個人不信因果律，又不信有上帝，那將缺失了宗教信仰，如果又不以孝道承擔起家庭與家族的榮耀，又將失去對族人的責任感。若持這樣的人生態度，那他的這一生大可火一把就去死了，他還有什麼對錯？有什麼是非與正義？持此大無畏的精神，他還有什麼不敢做的嗎？

　　聖人設立「仁」的概念以正人心，正是為了樹立和解決人生觀的問題，使中國人心有所安，解決了中國人的安身立命的問題（後來傳入的佛教，是提供了另外一種安身立命的教育。）

3.仁義思想的產生與形成

　　在《禮記‧禮運》中對什麼是義有這樣的描述：「何謂人義，父慈、子孝、兄良、弟弟、夫義、婦聽、長惠、幼順、君仁、臣忠、十者謂之人義。」

　　在孝道中我們能夠培養出關心父母、長輩和兄弟，這種對他人關愛的思想就仁愛思想的產生與形成，董仲舒曰：「仁之法，在愛人，不在愛我。」

　　我們看上述的十義，其中所說的都是如何正確處理自己身邊的人際關係，調整自己的行為，進而擴展到親人以外更廣闊的範圍裡。

　　董仲舒曰：「義之法，在正我，不在正人。」

　　可見，仁義思想都是隨著人的孝道而逐漸認識和培養形成的。中國的聖人之所以為聖人，就是發現了仁義思想並將它們固定為中國人的人之道！

　　中國古人從小學習孝道而產生和培養出仁的思想，就是在學習推己及人的思維方式，學會隨順父母兄長慈愛弟妹而在以後的生活中和參與社會活動中體現出來的就是義。

4.中國文化中的道統

孝，產生仁的概念用以端正人的思想。

孝，又能校正我們行為，使我們的行為得當而合於義，這從人的十義的內容可以看出，它們全都出自於孝道。

仁孝始終是相互依存，所以準確地說孔子在《孝經》裡說的：「夫孝，德之本也，教之所由生也」就是說所有的教化都是從孝中衍生出來的，中國文化以仁孝就完完全全可以治理天下了。

再說明白些，「仁義」是中國人文中最根本的東西，是人與禽獸相區別的根本特徵，是人之所以是人的基本條件。沒有仁與義則人獸未分，也就根本不會有人的稱謂，所以仁與義是中國人文之基礎和開始！

孔子在《論語》中將「政者」定義為「正也」，就是要君王士大夫以仁自正，以義自己的行為，而後引導民眾行於仁與義之坦途上並保持之，這就是為政的根本內容。

為政的過程與目的只是使仁義在社會的各個階層中流傳廣佈，使人的行為與天地之德得以漸進。而一切的一切卻僅僅在於奉行孝道，是非常之簡單易行的。

我們從分析中可以得到這樣的認識，聖人所確立的仁的思想，從概念的產生到仁的思想實踐和一代代的薪火相傳，都是要依靠孝道來完成的，所以，可以肯定仁孝就是中國文化中道統！

5.「天人合一」合於德

我們再看「天人合一」是合於什麼呢？或曰，人與天地之合是如何相合呢？是合之於德。是聖人將「仁」定之為正的，使人能以「中正仁義」的思想指導自己的行為，以上合於天地之德。

（二）中正仁義經禮而起規範作用

「中正仁義經禮而起規範作用」這一段，其實還是對上一個問題

「怎樣才算是正」的補充。

《周易》云：「有天地然後有萬物，有萬物然後有男女，有男女然後有夫婦，有婦夫然後有父子，有父子然後有君臣，有君臣然後有上下，有上下然後禮儀有所錯。」

《周易》又云：「夫婦之道，不可不久也；夫婦之道，不可不正也。」

對《周易》的上述內容可歸結為：「天地——萬物——男女——夫婦——父子——君臣（上下）——禮儀」，在這一自然邏輯鏈中，男女之道恰恰處在自然界與人類社會的交匯點上！它上接天地萬物的自然界，下接禮義倫常的人類社會，從自然屬性方面考察，男女夫婦是一種自然關係；從社會屬性方面考察，它又是倫理綱常的發端，是人類繁衍過程中不可改變的；夫婦之道既是自然的產物，又是人類延續和道德進步的基礎。所以對夫婦之道的要求：不僅要長久，而且還要正。

在自然邏輯鏈中有「天地—萬物—男女—夫婦—父子—君臣（上下）—禮儀」等，而形而下的人類社會的管理體制則為三綱：君臣（上下）、父子和夫婦。所以，齊景公問政於孔子時，孔子對曰：「君君、臣臣、父父、子。」**大意為：**能使君為君、臣為臣、父為父、子為子，各人按自己的身份遵循社會的禮制，各居其位、各行其職、各負其責，這就是為政的內容了。這與「政者，正也」和「為政以德」都是相一致的，只是「君君、臣臣、父父、子子」相對來說更為簡捷，是要求社會的所有成員都要按各自的「應行、應止」來行事。

在前面我們對仁義禮的概念進行過釐清，對道、德、仁義、禮之間的關係，用了「體用」的關係作過解釋。

「道、德、仁義、禮」其實質是一體的，只是在不同層次上用了不同名稱。正因為「德、仁義、禮」皆為道所化育，才有所謂「道也者，不可須臾離也，可離非道也」的名言。

聖人所定的「人之道」正是因為「道、德、仁義、禮」其實是一體的關係，所以可以通過禮而落實仁義，規範社會的各個層面，使人類社

會的發展處在「中正仁義」的坦途上，這就是德，這就是我們行為在與形而上的對接。

德治與禮治在本質上是一致的，區別只在在於德治在理念上要高於禮治的層次。

（三）禮如何能讓人從善遠惡，近正遠邪

1.使民不起爭心

聖人所定人之道「中正仁義」的境界絕非能一蹴而就，也非等閒之輩可以達到的。那先賢聖王在推行禮制時要達到的是一個什麼樣的目的呢？或者說推行禮制最起碼要有一個什麼樣的起步呢？用「從善遠惡，近正遠邪」來形容應該比較恰當。相近的敘述在許多典籍中都可找到。

如：荀子在《大略》中曰：「禮之生，為賢人以下至庶民也，非為成聖也。然而亦所以成聖也，不學不成。」

在《大戴禮記・禮察篇》中曰：「……然如曰禮云禮云，貴絕惡於未萌、而起信於微眇，使民日從善遠罪而不自知也。」

儒家的理論中是以什麼機制使民眾實現近正遠邪的呢。對這個問題的深入研究才能看到儒家治世的高超智慧。然而在不同層次的問題上，儒家的治世思想卻始終都是指向人最根本的問題——人心。

儒家的理論中對民心是如何治理的呢？

《潛夫論・德化篇》如是說：「人君之治，莫大於道，莫盛於德，莫美於教，莫神於化。道者所以持之也，德者所以苞之也，教者所以知之也，化者所以致之也。民有性，有情，有化，有俗。情性者，心也，本也。化俗者，行也，末也。末生於本，行起於心。是以上君撫世，先其本而後其末，順其心而理其行。心情苟正，則奸匿無所生，邪意無所載矣。」

可見儒家治世是從人的根本心性上做文章的，是調治人的心性而達

到理順人的行為。正因為儒家認識到了「心情苟正，則奸匿無所生，邪意無所載矣」，所以「上聖不務治民事而務治民心。」

2.周公立制王子無爭心

我們還可通過周公定立的「嫡長子繼承制」的這個例子來理解先賢聖人在防止宮廷內亂上的良苦用心。

在周公制定的《周禮》中，將王位、諸侯的繼承權的秩序作了明確的制度規定，也就是「立嫡以長不以賢，立子以貴不以長」的制度。

所謂嫡、庶的概念：王后（正妻）為嫡，正妻所生的兒子謂嫡生、嫡子、嫡親，即正宗之意。庶，旁支也，妃嬪與妾所生的兒子謂庶子、庶出。嫡為大宗，庶為小宗。

「立嫡以長不以賢」的意思是：王位的繼承人首選王後生的嫡親兒子，在國君的眾位嫡親兒子中間，以年長者為繼承人，而不論其賢能，叫做「立嫡以長不以賢」。

「立子以貴不以長」的意思是：在王后沒有兒子時。王位的繼承人都在妃嬪所生的庶親兒子中產生，但不一定是同一個母親所生，這時就用「立子以貴不以長」這一條來確定繼承人，在這些人中間仍然立妃嬪中地位最為尊貴者的長子為繼承人，而不論其在庶親兒子中的排行、年齡與賢能。

周公制定的這個「嫡長子繼承制」有什麼作用呢？「嫡長子繼承制」體現的是唯一性，可以肯定的說對有效的避免宮廷內亂，維護了王權的威嚴和社會的穩定是大好事。社會政局的安定任何時候對普通百姓來說從來都是件好事。

但是，近現代很有一些人詬病周公制定的「嫡長子繼承制」，認為這個制度與儒家的「任能選賢」思想相衝突了，不僅埋沒了許多更賢良的王子，並舉例商紂王就是依據此類規定當上國君的等等。

讓詬病者更可樂的是：「嫡長子繼承制」與「任能選賢」思想形成了一對矛盾，現在他們最想看的是「以子之矛，陷子之盾」會是什麼樣的結果。

引起詬病與爭議的原因大概有以下兩個。

首先，詬病周公制定的「嫡長子繼承制」者是處於馬後炮的位置，歷史書籍中早已將各王子的事蹟記載得清清楚楚，誰優誰劣已是一目了然。若把詬病者拎到事前去看看則未必知小魚要如何烹製。

其次，是對問題看法的角度、立場不同。主張繼承制也按「任能選賢」者的立場和角度是站在了「賢良王子」們的立場上了，認為周公定的制度沒有體現「以人為本」，使許多的棟樑之材沒有發揮出更大的作用。那麼周公所定制度的立場與角度是什麼呢？可以說周公是從國家社稷的角度在考慮「繼承制」的定立，他考慮的是天下局勢要如何才能穩定以避免社會動盪，考慮的是「周朝的天下」。

至於誰才是「賢良王子」則必是各執一詞，黨爭立起。由此可見詬病與爭議是因為對事情的思考的角度和著眼點的不同而引起的。

儒家思想包括「任能選賢」都是從周公那裡繼承下來的，但在「繼承制」的設立上，周公為什麼會撇開「任能選賢」的思想而按「嫡長子」這個出身和次序來確定呢？

這是因為王位的繼承非同小可，必須體現出唯一性，而其根本要害就是要避免眾王子起爭心。起爭心才是亂之源，用制度避免起爭心才是周公的良苦用心。

那些詬病「嫡長子繼承制」以攻擊儒家思想者，總以為這下真是「以子之矛，陷子之盾」抓住了儒家學說的把柄了。諸不知這裡才充分的體現出儒家思想的靈活性。用孔子的話來總結，還是「君子之於天下也，無適也，無莫也，義之與比。」一切都是與義相比較，合於義的為之，不合於義的去之。

3.歷史的印證

在西周時期，周公制定的「嫡長子繼承制」和其它的各項禮制都得到遵循，社會上得到了穩定和發展人民安居樂業。按孔子的評價是「天下有道，則禮樂征伐自天子出」的時期。

　　但到了東周時期「王道既微，諸侯力政」進入了禮崩樂壞的時期。諸侯國很多的繼承權不再是按禮的秩序更替，而是按實力。因此諸侯國的兒孫公子們為了繼承權的爭奪和爭霸，連年爭戰民不聊生。僅在春秋的242年之中，就有「弒君三十六，亡國五十二，諸侯奔走不得保其社稷者不可勝數」。

　　孟子曰：「春秋無義戰」。

　　周公將商代就有的這種由嫡長子繼承的方法，在《周禮》中以制度的形式固定下來，其目的在於避免社會的動亂。董仲舒在《春秋繁露》中曰：「聖人之道，眾堤防之類也，謂之度制，謂之禮節，故貴賤有等，衣服有制，朝廷有位，鄉黨有序，則民有所讓而不敢爭。」充分說明了聖人制定的各種「度制、禮節」是在發揮「眾堤防之類也」的防護作用，所防的是起爭心。

　　爭奪之心才是亂之根源。周公制定的「嫡長子繼承制」其作用就在於使宮廷內部不起爭心。

　　在老子的《道德經》中也能看出對亂源的相同認識，但是他的要求又有所提高，他認為「欲」又是爭之源，所以提出應從「不欲」入手防治亂。曰：「不上賢，使民不爭；不貴難得之貨，使民不為盜；不見可欲，使民不亂。」其中的「不上賢」、「不貴難得之貨」、「不見可欲」都是為使民不欲、不惦記，從而達到防亂的目的。

　　「不惦記」這就是德治的治世理念，從根本上就不讓你起念頭。

　　而禮治是有念頭，但思想上用仁，行為上按義，而內心上用誠。這是德治與禮治的區別所在。

　　周公制禮並非是要人們去走形式，而是通過禮去體現其中的義。

　　在《論語・八佾》中，孔子說：「人而不仁，如禮何？人而不仁，如樂何？」道出了實行禮制首先是內心要有仁的思想，才會在禮樂中體現出社會的公義來，缺少了仁的思想、義的內涵，禮樂制度是起不了任何作用。

在《禮記・禮運》中也有記述：「治國不以禮，猶無耜而耕也；為禮不本於義，猶耕而弗種也。」

意為：

治理國家不以禮制，就好似用沒有犁嘴的犁在耕地；為禮而不本於義，就好似耕地而不下種子一樣。

《禮記・禮運》中的這段記述深刻而形象的解釋了禮與義的關係與作用。

當人們的內心能夠合於仁，行為上的禮才能合於義，達到使人從善遠惡，近正遠邪的目的。

從道→德→仁義→禮諸環節中，仁義的概念是最接近形而上層次的，仁是思想、義是禮之質，仁與義都需要通過禮來表達和體現，所以人們按禮而行可以將仁義再現出來。

《禮記・仲尼》曰：「禮之所興，眾之所治也，禮之所廢，眾之所亂也。」

荀子說：「禮者治辨之極也，強國之本也，威行之道也，功名之總也，王公由之所以得天下也，不由所以隕社稷也。」

通過前面的討論，我們對儒家文化中的「正」的含意有了明確的認識。但要說什麼是絕對的正，那就只有是中庸之道了。《中庸》曰：「故君子尊德性而道學問，致廣大而盡精微，極高明而道中庸，溫故而知新，敦厚以崇禮。」

「政者，正也」是儒家的治世思想。其中所講的正，要求正到什麼程度呢？沒有說，我個人認為能「使誠其意」便是了。

其實，我們可以這樣粗略的理解，只要讓君王、臣子、百姓知仁知義知「應行，應止」，並且制定的制度和法律是促進臣民向善的，使民眾都處在「應行」的「人之道」的方向上。「政者，正也」如此而已。

十一、　孔子思想的至德要道─孝

孔子學說是怎樣將「仁」為核心的思想用「義」作為標準貫穿在倫理綱常之中的？或者說是怎樣把「仁」與「義」的思想推演發展成倫理綱常的呢？其發端於何？我們看看儒家的《孝經》如何說的。

（一）《孝經》開宗明義章第一

「仲尼居，曾子侍。子曰：『先王有至德要道，以順天下，民用和睦，上下無怨。汝知之乎？」

曾子避席曰：「參不敏，何足以知之？」

子曰：「夫孝，德之本也，教之所由生也。復坐，吾語汝。身體髮膚，受之父母，不敢毀傷，孝之始也。立身行道，揚名於後世，以顯父母，孝之終也。夫孝，始於事親，中於事君，終於立身。《大雅》云：『無念爾祖，聿修厥德。』」

解讀：

古人席地而坐，離席起立，以示敬意。曾子聽到孔子欲傳授先王的「至德要道」馬上嚴肅地站起來，既包含對先王的敬，也有對孔子獨托大任的惶恐。

在《論語》中，有子曰：「孝弟也者，其為仁之本與！」而在《孝經》中，孔子對曾參說的是：「夫孝，德之本也，教之所由生也。」我們從這兩句對「孝」是什麼之本的敘述，可以看到孝既是仁之本也是德之本，可見仁德就是一體的，都是以孝為本，由孝心、孝行生發出來的，只是在不同層次有不同名稱而已，仁是形而下的層面，德是形而上的層面。

　　在這裡孔子說：「夫孝，德之本也，教之所由生也」。其意為：孝是德之根本，一個人的德行都來自於他的孝行，社會的教化也只在於培養人的孝行，孝是道德與個人行為的結合點。再由人的孝行生發和擴展開來而成其名為教化。

　　孔子接下來講「孝之始也」、「孝之終也」，把孝敬父母長輩的最基本的責任和行為路徑都分別講解和交代。

　　孔子說：「身體髮膚，受之父母，不敢毀傷，孝之始也。」孝要求保全身體以至髮膚都不能毀傷，是讓人子懷著感恩之心愛護好父母恩賜給自己的身體，這是父母乃至祖宗的生命的延續，這是孝行起心動念的出發點。

　　敬養父母，首以感恩之心來保全自己的身體為前提，孟子對此有如下論說：「事，孰為大？事親為大。守，孰為大？守身為大。不失其身而能事親者，吾聞之矣；失其身而能事其親者，吾未之聞也。」這裡的意思是毀傷身體，自身殘疾，就不能盡到敬奉父母的責任。為什麼呢？因為自身殘疾會給父母帶來擔心，這就已經沒有盡到孝心了；然而，身體健全，但品行不端，名聲有損，更是沒能盡到孝敬父母的職責。自己的品行不端，名聲有損不僅僅是讓父母擔心，而且還會給父母帶來羞辱。因此，修身自然成為了孝行的必由之路。

　　所以，孔子說：「立身行道，揚名於後世，以顯父母，孝之終也」。

　　在「開宗明義章第一」的最後，孔子對孝進行了總結，曰：「夫孝，始於事親，中於事君，終於立身」。　這裡的意思很明確，孝開始於事俸父母親，「事君」可以是為了謀生，並不是「事親」的必經的階段，我們結合《論語・憲問》中，子曰：「邦有道，穀，邦無道，穀，恥也。」和《論語・衛靈公》「邦有道則仕，邦無道則可卷而懷之。」可以看出孔子這裡所說「中於事君」是欲為國為民出力，是多種「立身」方式的一種選擇，是弘毅的主要途徑，「中於事君」，但不能隨波逐流、不能是愚忠，不能違背了「終於立身」的根本原則和人生目標。

（二）孝行與禮的統一

在《孝經》天子章第二至庶人章第六，在這五章中，孔子根據人的等級差別、社會責任的不同，具體敘述了不同身份地位的人們行「孝」的不同內容，如：

天子之「孝」要求「愛敬盡於其事親，而德教加於百姓，刑於四海。」

大意：

天子的孝是要把親愛恭敬的誠心，用在自己父母的身上，還要把他的身教之德，如風吹草，要很快的惠及到百姓身上。四海之內都要模仿實行，爭相效法。這就是天子的孝道中的所含的兩層內容。

─諸侯之「孝」的根本要求是保爵位，使家族長久的富貴，所以要「在上不驕，高而不危，制節謹度，滿而不溢。」

大意：

諸侯為一國之君地位極高。若能謙恭下士，無驕傲自大，也不會有危殆不安的道理。其次，在地方財政事務上，要有預算的節制，謹慎度用，量入為出，使財政經濟充裕豐足而不浪費。然而，財政只能定位在充足的標準上，若太滿則溢矣，必苦於百姓。所以孔子給的標準是「足」。

─卿大夫作為天子或諸侯的輔佐官員，地位很高，但不負守土之責，他們是政策決策的參謀和政策的執行者，所以他們的「孝」是一切按先王之道而行，「是故非法不言，非道不行。口無擇言，身無擇行，言滿天下無口過，行滿天下無怨惡。」

大意：

卿大夫的講話，不合禮法的話不講。不合道理的事就不做。一言出口，傳滿天下，可是沒有人能挑檢出他的錯誤，那自然無口過。一行做出，普天下，沒有人指責他有不法行為，那自然無怨惡。

　　—士階層的「孝」是忠順事上，保祿位，守祭祀，孝經曰「資於事父以事母而愛同，資於事父以事君而敬同。……故母取其愛，而君取其敬，兼之者父也。故以孝事君，則忠。以敬事長，則順。」

大意：

　　士人之孝，包括有愛與敬兩個方面。士人用愛敬父親的愛心來愛母親。把愛敬父親的敬心，用於敬長官。愛與敬是相通的，不過在母親方面偏重在愛。對於長官方面偏重于敬。能得到愛與敬兩方面的只有父親。士人若能用事親之道，服從長官，盡心竭力把公事辦好，這就是忠。對地位較高年齡較大的長者，以恭敬服從的態度處之，這樣便會和順。此為士人之孝。

　　—庶人之「孝」則是「用天之道，分地之利，謹身節用，以養父母，此庶人之孝也。」

大意：

　　平民之孝道就是要會依四季的氣候、分辨土地的性質，種植不同莊稼，以獲取土地之利。庶人的孝道在利用天時地利開展生產的基礎上，要謹慎的保重自己和愛護自己的名譽。還要節省用度，以孝養父母，這是平民的孝道。

　　《孝經》對不同階層的人給出了與身分相應的孝行標準——禮，通過對孝行的界定，將仁義貫穿在了倫理綱常之中。人們在實施禮的過程中使自己的行為符合仁與義的人之道，先王將孝道通過全社會的各個不同層面擴展到了所有角落。

　　孝的三個重要方面是：愛、敬、順。當一個人有了愛、敬、順作為內心鋪墊，在人生的道路上就不會有太出格的行為。當社會上所有的人都有了愛、敬、順作為內心鋪墊，則能達到「安」的整體社會效果。如果用現代經濟學的眼光來看待孝悌的社會管理模式，孝悌的管理成本是非常非常低的，它在家庭的層面就完成了社會管理的大部分工作。

　　有子曰：「其為人也孝弟，而好犯上者，鮮矣；不好犯上，而好作

亂者，未之有也」。這是倫理綱常對社會治理的特殊貢獻，也是中國文化中最具特色的部分。孔子將其名之為：至德要道。

　　關於禮是如何起到了社會治理作用的，在《大戴禮記・禮察篇》中，有詳細解釋，曰：「禮者，禁於將然之前；而法者，禁於已然之後。是故法之所用易見；而禮之所為生難知也。若夫慶賞以勸善，刑罰以懲惡，**先王執此之正，堅如金石，行此之信，順如四時；處此之功，無私如天地爾，豈顧不用哉？**然如曰禮云禮云，貴絕惡於未萌、而起信於微眇，使民日從善遠罪而不自知也。」

　　《大戴禮記》中，將先王以禮推行**仁義使社會得到治理的順暢，比喻為一年四季的季節更替**，毫無阻礙。孔子的評價是：「先王有至德要道，以順天下，民用和睦，上下無怨。」

　　「仁」是聖人所定，以義人之行為的，然而仁愛又起之於「孝」。要使「始於事親，中於事君，終於立身」的孝行能成就完美的人生，那就還有許多的注意事項，而對這些注意事項的修練過程，實際上正是儒家理想人格君子的修養之路，而全部都是習禮遵禮的過程。

　　因為，禮是以義為質的，而我們從義的來源上就可明白孝與禮在內涵上是完全一致的，在〈禮記。禮運〉曰：「父慈、子孝、兄良、弟悌、夫義、婦聽、長惠、幼順、君仁、臣忠。」為人之十義也。其實我們對禮修習的內容，就是要在行為中體現出上述十義。

（三）聖人以孝治天下

　　在《孝經・三才》章第七中，曾子曰：「甚哉，孝之大也！」子曰：「夫孝，天之經也，地之義也，民之行也。天地之經，而民是則之。則天之明，因地之利，以順天下。是以其教不肅而成，其政不嚴而治。先王見教之可以化民也，是故先之以博愛，而民莫遺其親，陳之於德義，而民興行。先之以敬讓，而民不爭；導之以禮樂，而民和睦；示之以好惡，而民知禁。《詩》云：『赫赫師尹，民具爾瞻。』」

大意：

曾子說：「深奧啊！孝道竟是這樣的廣大！」

孔子說：「你知道孝的本源是怎麼來的嗎？它是取法於天地的。天有三光照射，能運轉四時，以生物覆幬為常，是為天之經。地有五土之性，能長養萬物，以承順利物為宜，是為地之義。人得天之性，則為慈為愛。得地之性，為恭為順。慈愛恭順，與孝道相合，故孝為民之行。

人生天地之間，當效法天經地義以為常道，然其中的道理，知者甚少。惟有聖人知之，聖人效法天之明，教民出作入息，夙興夜寐。利用地之宜，教民耕種五穀，生產孝養。而所有這些，都是順乎天地自然之理，以治理天下的。這樣的教化，順應自然，合乎民心，民眾都樂意接受，所以教化不待警戒已自成，政務不待嚴厲已自治。

先代聖王，見示教可以化民成俗，所以他以身作則，在愛敬自己親人的同時，推而廣之使民眾也效法他，先愛敬自己的親人，所以社會沒有遺棄自己親人的。

聖人又陳述以道德和仁義，以感化民眾，民眾自然涵養德行。

聖人又帶頭以敬讓，民眾以其為表率，效法他的敬讓，而不生爭端。

聖人又推之以禮樂教化，民眾自然就相親相敬，和諧相處。

聖人又再曉之以善惡，民眾自然曉得禁令的嚴重性而不敢違犯法紀了。

最後，孔子引用《詩經·小雅·南山》章的一段話：「赫赫師尹，民具爾瞻。」這是說周朝有一位顯赫的尹氏的太師官，他僅是三公之一，尚且能讓民眾如此景慕和瞻仰，如果貴為國君者，以身作則，那天下的民眾還能不愛戴和尊敬嗎？」

解讀：

開始曾子還以為保全身體，善養父母，就算盡了孝道。自聽了孔子所講的天子、諸侯、卿大夫、士和庶人這五種不同等級人的孝道以後，不由得驚嘆讚美說：「深奧啊！孝道竟是這樣的廣大！」孔子知道曾子

已經領悟他所講的五孝，所以又進一步講解孝的來源，說：「你知道孝的本源是怎麼來的嗎？它是取法於天地的。天有（日、月、星辰）三光照射，故能運轉四時，以生物覆幬為常，是為天之經。地有五土（東南西北中）之性，能長養萬物，以承順利物為宜，是為地之義。人得天之性則為慈為愛。得地之性則為恭為順。慈愛恭順與孝道相合，故為民之行。」

聖人的教化是順人性之自然，非有所勉強。但其中的道理知者甚少。惟聖人能明白。

孩童在父母慈愛的養育下，他對父母的敬愛和恭順之心也與日俱增的，聖人因循人性的自然，因勢利導人的良知、本性，並加以了推動，並非有所勉強。故聖人之教，不待肅戒而自會成功。聖人之政，不持嚴厲而會自治。他所憑藉的就是人所固有的本性。

聖人將孝的重要內容愛、敬與和順推廣為人際之間關係的主要法則，後人將其形成「父子有親，夫婦有別，長幼有序，君臣有義，朋友有信」的社會倫理道德。

倫理是中國人際之間相互關係的準則。倫者人倫，就是人與人之間正常的關係；理者條理，就是事物的法則，引伸為社會道德。倫理合稱，就是人倫道德。倫理作為中國文化的最重要的組成部分，其關鍵內容是愛、敬、順三項內容，而這三項內容又都如上所述是法天則地而來的。

聖人只是將孝悌生發出來的「老吾老及人老，幼吾幼及人幼」以及「已所不欲，勿施於人」、「已欲立而立人，已欲達而達人」的忠恕思想又歸納成為一個仁的思想價值觀以配天地之德。這是聖人發現並確定的「人之道」，然而「人之道」只是「中正仁義」四個字。但這四個字所含內容的博大精深無法用語言來完全表達。

十二、孔子的社會取向之管窺

我們在這裡欲對「夫子的社會取向」進行一番描述。然而，這只是從現有的一部分資料加上個人的理解就冠以了「夫子的」名義。我承認對孔子的瞭解和理解是膚淺的。孔子的得意弟子顏淵尚有喟然之嘆曰：「仰之彌高，鑽之彌堅，瞻之在前，忽焉在後！」

現在已時隔2500多年，只能從一些書上看到孔子的言論記述，畢竟「書不盡言，言不盡意」。以子貢之高才有幸侍奉於夫子之左右，尚有喟然之嘆。所以我們對「夫子的社會取向」的描述，只能也只會是片面的、局部的管窺。

（一）示民以正，導民向善

孔子一生收徒授業周遊列國十四年，都忙點什麼？可以說只為導人以正，使社會人心向善。

正如《荀子‧大略》敘述禮是什麼時所言：「禮之生，為賢人以下至庶民也，非為成聖也，然而亦所以成聖也。不學不成。」

儒家文化是取與倫理綱常相一致的為正道，法之於天，則之於地，不違四時節度，不悖人倫物理，順乎自然者可稱之為正。其特點是維護綱常以利後嗣、安定社會和延續社會。中國之文化承「天之經地之義」，發端於「形而上」與「形而下」的交匯點：男女、夫婦而起人之倫常，由孝生義，以禮行義，循義達仁，集仁為德，此之謂正。「為政」者就是要引導和保持民眾在這個中正仁義的正道之上。

在《禮記》中記有，子曰：「飲食男女，人之大欲存焉」。人一定要吃飯，一定會有男女追求，只是不能亂，要有限度，要有禮制來約束

這才是關鍵點，再說明白一點，社會的根本內容追根問底也就只是「飲食男女」。但要把「飲食男女，人之大欲存焉」這十個字的內容做好了，可就不易了。

從古到今幾千年，全世界各國的各朝各代所忙的不外乎這十個字所說的事，但又忙得如何？那些人都是在幹什麼？無外乎「為政」，但其中的絕大部分人卻不知道「為政」在於「正也」。

但人生就是從「形而下」開始的，就只是這個樣子「飲食男女」。人一生下來就是要吃飯，男女長大了就要承擔起傳宗接代、繁衍後嗣的任務，男當婚女當嫁，除了這此以外，還有哪些是大事嗎？

儒家把「飲食男女」列為了首要，並使其端正，其目的是使「人之大欲存焉」，使人類社會得以延續，儒家把這個當成人類社會的正事和為政的根本目的。

回想上世紀六、七十年代，把男女之間正當追求都變成了神秘的、醜陋的、甚至是邪惡的事，就能體會維持社會的正常秩序、保持社會的正常觀念，不使其扭曲，能「執其兩端，用中於民」著實地難能可貴。只是我們現在還處於論證「執兩用中」正確性的階段。

舉個近點的例子，今天在網上看到一個文章，言男女中學生於公車上激吻，全然不顧身邊的叔叔阿姨們。文章問是社會發展太快了，還是社會道德觀念淪喪了。

從男女學生當事人的角度看他們的行為只是張揚，並沒有犯法，所以不應該受到干涉。

但從叔叔阿姨們的角度來看，他們的行為是傷風敗俗。不同的人有了不同的觀點，問題是出在了哪裡呢？

在下認為問題出在了人本與民本的錯位，以及法律與社會道德的錯位。

1.人本與民本的錯位

第一，強調人本與個性張揚是有尺度、場合、範圍限制的，在適當的範圍內個性張揚些沒有問題。但個性的張揚必須在社會道德的範圍

內。當超出了某個範圍,人本所應有的權益就失效了,我們可以認為是當事人自己消費完了。其實是他的行為超出了他的應在範圍。

第二,社會是以人本為主還是以民本為主導?人本和民本是有層次區分的。

如果張揚的個性沒有損害社會道德體系,無傷大雅,人們可以聽之任之,這還是在人本的層次範圍內。如果行為危害到社會的道德體系,就不是個人的問題了,而是全民的問題了,這時的問題就上升到了全體民眾的層次了,如果還是以人本的觀念、態度和辦法來處理就會出現層次上的錯位,所以這時必須是以民本的觀念、態度和辦法來處理了。認識上的錯位,造成了上述男女學生的行為錯位。

古人云:「恥,乃人禽之別也。」男女中學生於公車上激吻,已墮落至不知廉恥,傷及人性之根本,社會聽之任之不給予引導,後他們時代的人又會演繹出什麼來呢?

2.法律與社會道德的錯位

現在社會上對法律與道德之間的關係,在認識上出現了嚴重錯位,認為法律與道德是兩張皮,這也是中國道德嚴重下滑的原因之一,社會的道德觀念沒有了防火牆、保護網。

社會上有一個普遍現象,認為有些事情雖然齷齪有傷風化不道德,但並沒有犯法,所以應該由「道德法庭」來審判,應該受到社會和輿論的譴責,但法律不應該有所作為。

諸不知,法律的作用就是要保護社會秩序與道德不被破壞的,而人為設置的一道防火牆。現在社會秩序已被侵害,社會道德已受侵蝕,社會價值觀已被誤導,而作為防火牆、保護網的法律卻沒有做出任何的反應,法律的作用何在?究其原因,這是因為法律與社會道德關係錯位造成的。

3.真儒者的風範

在《論語・為政》中記載:或謂孔子曰:「子奚不為政?」子曰:

「書云：『孝乎惟孝，友於兄弟，施於有政。』是亦為政，奚其為為政？」

大意為：

有人問孔子說：「您為什麼不參與政治呢？」孔子說：「《尚書》說：『孝順父母，友愛兄弟，把這種風氣影響為政者的身上去。』這也就是參與政治了呀，你認為如何才算參與政治呢？」

子曰：「德之不修，學之不講，聞義不能徙，不善不能改，是吾憂。」（《論語‧述而》）

《荀子‧儒效》曰「儒者，在本朝則美政，在下位則美俗。」

荀子寫了一篇《儒效》的文章，收錄了其與秦昭王的一段對話，對於儒者的形象和風範有這樣的描寫，摘錄部分如下：

《儒效》（部分一）

秦昭王問孫卿子曰：「儒無益於人之國？」

孫卿子曰：「儒者，法先王、隆禮義、謹乎臣子而致貴其上者也。人主用之，則勢在本朝而宜；不用，則退編百姓而慤（què確）；必為順下矣。雖窮困、凍餒，必不以邪道為貪；無置錐之地，而明於持社稷之大義；嗚呼而莫之能應，然而通乎財萬物、養百姓之經紀。勢在人上，則王公之材也；在人下，則社稷之臣、國君之寶也。雖隱於窮閻漏屋，人莫不貴之，道誠存也。仲尼將為司寇，沈猶氏不敢朝飲其羊，公慎氏出其妻，慎潰氏逾境而徙，魯之粥牛馬者不豫賈，必蚤正以待之也。居於闕黨，闕黨之子弟罔不必分，有親者取多，孝弟以化之也。儒者在本朝則美政，在下位則美俗。儒之為人下如是矣。」

譯文：

秦昭王問荀子說：「儒者對人之國家是沒有什麼益處的，對吧？」

荀子說：「儒者是效法古代的聖明帝王、崇尚禮義、使臣子謹慎守職而極其敬重他們君主的人。君主如果任用他們，那麼他們位在朝廷

則合時宜地處理政事；如果不用他們，那麼他們就退身歸入百姓行列而謹慎老實地做人；無論如何，他們一定做一個順從的臣民。他們即使貧窮困苦、受凍挨餓，也一定不會用不正當的手段去謀取財利；即使沒有立錐之地，也深明維護國家的大義；即使大聲疾呼也沒有人能使他們回應。然而他們精通管理萬物、養育人民的綱要。如果他們的地位在眾人之上，那就是諸侯、王公的幹才；如果在別人之下，那就是國家的能臣、國君的寶貴財富。即使隱居在偏僻的陋巷之中，人們也沒有不尊貴他們的，因為治國之道確實掌握在他們手中。孔子將要擔任魯國司法大臣的時候，沈猶氏不敢再於清晨餵自己的羊喝水了，公慎氏休掉了自己的妻子，慎潰氏越境搬走了，魯國賣牛馬的也不再漫天要價了，這是因為孔子總是預先用正道去對待人們的緣故。孔子住在闕黨的時候，闕黨的子弟將網獲的魚獸進行分配時，有父母親的子弟就多得一些（此處所言才是「均」的真正含意），這是因為孔子用孝順父母尊敬兄長的道理感化了他們。儒者在朝廷上當官，就能使朝政完美；在下面做個老百姓，也能使風俗完美。儒者做臣民時就像這樣的啊。」

《儒效》（部分二）

王曰：「然則其為人上何如？」

孫卿曰：「其為人上也，廣大矣。志意定乎內，禮節修乎朝，法則、度量正乎官，忠、信、愛、利形乎下。行一不義，殺一無罪，而得天下，不為也。此君義信乎人矣，通於四海，則天下應之如讙。是何也？則貴名白而天下治也。故近者歌謳而樂之，遠者竭蹶而趨之。四海之內若一家，通達之屬，莫不從服。夫是之謂人師。《詩》曰：『自西自東，自南自北，無思不服。』此之謂也。夫其為人下也如彼，其為人上也如此，何謂其無益於人之國也？」

昭王曰：「善！」

譯文：

　　秦昭王說：「那麼儒者當了君主又怎麼樣呢？」

　　荀子說：「儒者當了君主，影響就廣大了。他在內心意志堅定；於是在朝廷上，禮節就會整飭；在官府中，法律準則、規章制度就能公正執行；在民間，忠信、誠實、仁愛、利人等美德就會蔚然成風。做一件不義的事，殺一個無罪的人，而能取得天下，他也不幹。這種做君主的道義被人民相信了，傳遍了四面八方，那麼天下的人就會異口同聲地歡呼和回應他。這是為什麼呢？是因為他尊貴的聲名卓著而天下得到了治理的緣故。所以近處的人歌頌他而且熱愛他，遠處的人竭力奔走來投奔他。四海之內就像一個家庭似的，凡是交通能到達的地方，沒有誰不服從。這可以稱作是民眾之師長了。《詩》云：『從西到東，從南到北，沒有哪個不服從。』說的就是這種情況啊。儒者做臣民的時候像上述那樣，他當了君主就像這樣，怎麼能說他們對於人之國沒有什麼益處呢？」

　　秦昭王說：「講得好。」

　　儒者能行「博學之、審問之、慎思之、明辨之、篤行之」不斷修身，「游於藝」拓展自己的能力。「在朝則美政，在下位則美俗。」「美政」則要以身作則「善調一天下」，為社會制訂各種適宜的禮儀規範、政法制度等，使人們行動時不逾義，以穩定社會秩序和富裕百姓生活。「美俗」也要以身作則，示民以正、示民以誠信，引導民風民俗趨向淳樸。

　　在這裡我們可以得到的啟示，「在本朝則美政，在下位則美俗」是儒者之使命，孔子儒家文化的核心思想與內容只是「示民以正，導民向善」。引導民眾實行仁義是「弘毅」是在履「人之道」也。

　　孔子說只要你做到了孝悌，而且把這種孝悌的精神普及灌輸到為政者和與政者的思想中去，即使你沒有當官，也是在為治理國家做貢獻了，這不就是參與了政治嗎？

　　孔子的教育思路是君子自正而導人正，社會上人人正己，就達到了「克己復禮，天下歸仁」的境界。「美俗」正是這樣的教化實踐。

（二）忠恕

中國傳統文化的代表作《論語》中的所有要求，首先都是對自己言、對上者言，要求賢者、居上位者都能成為社會的示範和表率，貫穿其中的是「賢者當居上位」的思想。儒家宣導「己欲立而立人，己欲達而達人」和「己所不欲，勿施於人」的思想，講求的是「忠恕」之道，是以「仁」為目標的修己達人之學。

1.修己

在《論語・為政》中記載。

子曰：「為政以德，譬如北辰，居其所而眾星拱之。」

子曰：「政者，正也，子帥以正，孰敢不正？」

在《論語・子路》中又說：

「其身正，不令而行；其身不正，雖令不從。」

「苟正其身矣，於從政乎何有？不能正其身，如正人何？」

這些都是強調執政者必須從端正自身開始，要踐行「忠恕」和「絜矩」之道的，這反映出的正是中國人按公理、公義行事之思想，中國原儒的思想與文化是將公理、公義置於君權之上的，所以對一國之君的要求同樣也是「不能正其身，如正人何」。

孔子為政的指導思想首先是修身為本，在《論語・憲問》中，子路問什麼是君子？使得孔子答了三個「修己」：「修己以敬」、「修己以安人」、「修己以安百姓」。三個「修己」一個要求比一個高，但都是君子之道，最後一個「修己以安百姓」是「堯舜其猶病諸」的高度。

儒家為政的具體作法和孫子帶兵的方法如出一轍，也是用「凡治眾如治寡，分數是也」的方式。並且是從自己做起，一個人一個人的來做好修身的功夫，每個人又帶好自己的家人，如此，一戶一戶推而廣之，然後達到「治國、平天下」。用比喻來說，整個社會如同一個人的肌體，儒家把治理的著力點用於社會的「原子」（個人身上），繼而到「分子」（家庭的成員和家族成員），把肌體中的所有的分子細胞都調

養健康了，人的整體機能當然不會出現問題。「凡治眾如治寡，分數是也」正是這麼個道理。

然而，孔夫子很清楚，在眾多的「原子」中，居君位和居上位的「原子」所起的作用更大。其中居君位的會起決定性作用。

在《論語·顏淵》中，子曰：「君子之德風；小人之德草；草上之風必偃。」可以看出，孔子也知道君子之德得勢，小人之德失勢，由此，我們才知道孔子周遊列國十四年，正是為了尋找諸侯國國君的支持，爭取能使德據於上位，使德的思想能順「勢」地推行開來，施行仁政。

孔子對勢是有清楚認識的，只是孔子沒有去也不會去降低原則標準而趨炎附勢。在《論語·子罕》中記載「子欲居九夷」，什麼意思呢？孔子為了「不降其志，不辱其身」也有了隱世的想法，只是孔子之隱有別於人，是於此處隱，而必於它處（如九夷）顯。

只可惜時運不濟，正值大道本散之始，對十四年的列國周遊，孔子自嘲為：「惶惶如喪家之犬」。

孔子在六十九歲時返回魯國，將晚年的主要精力，致力於文獻整理和教學育人上。他祖述堯舜，憲章文武、刪詩書、訂禮樂、贊周易、著春秋，把上古文化系統地加以整理、傳承，使文教得以大宣於世，奠定了中華道統的基石，教化之功，橫貫古今。柳詒徵在《中國文化史》中，云「孔子者中國文化之中心；無孔子則無中國文化。自孔子以前數千年之文化賴孔子而傳，自孔子以後數千年之文化賴孔子而開。」

上世紀九十年代興起了一陣素質教育的研究風潮，但研究來研究去都是西方的內容與形式，於中國的素質教育就是研究不出所以然。我們在這裡列出中國傳統文化的必修內容，看看這些說的都是什麼？中國傳統文化的必修內容包含有：

仁、義、禮、孝、弟（悌）、知、信、忠、恕、直、勇、節、溫、良、恭、儉、讓、寬、敏、惠等。

其實中國儒家文化的教育就是也只是素質的教育。

只是，現在經過一百年的批判，把自己的文化拋棄了，撿到了別人的敝履卻當了寶貝！

2.「克己復禮」的深層含意

子曰：「克己復禮為仁。一日克己復禮，天下歸仁焉。」（《論語‧顏淵》）

在儒家看來在「修己以安百姓」中，「修己」是為人之本也是為政之本。「安」是「修己」後的作用，就是使社會穩定。

因為「克己復禮」這句話，曾經是被批判的焦點，所以很有必要深入地討論，以正視聽。子曰：「克己復禮為仁。一日克己復禮，天下歸仁焉。」我們對孔子的這段話可以提出以下幾個問題。

（1）何謂「復禮」

我們前面討論過「義以為質」的涵義，知道「義」是「禮」的質，是「禮」的唯一標準。所以，「復禮」的意思是要求我們的行為要回復到禮之質「義」上，按公義、公理來辦事。

（2）「克己」的對像是誰

「克己」的己字應該是對天下每一個人說的，每一個人都作到「克己」，則「天下歸仁」就順理成章了。另一種理解，「克己」是專指居上位的當政者，依「君子之德風，小人之德草，草上之風，必偃」的思想，當政者「克己」作示範，老百姓跟著也「克己」，當每一個人都作到了「克己」，人們的行為就都回復到公義上了，則當然「天下歸仁」。

（3）「克己」含有「自省、自責、自訟」之意

在《論語‧里仁》中，子曰：「見賢思齊焉，見不賢而內自省也。」關於「自省、自責、自訟」曾子的名言是：「吾日三省吾身，為人謀而不忠乎？與朋友交而不信乎？傳不習乎？」但一般人很少有自責精神，孔子就曾感慨地說：「已矣乎！吾未見能見其過而內自訟者也。」（《論語‧公冶長》）

（4）「克己」的內容「自戒」

關於「克己」的「自戒」內容。在《論語‧季氏》中，孔子曰：「君子有三戒：少之時，血氣未定，戒之在色；及其壯也，血氣方剛，戒之在鬥；及其老也，血氣既衰，戒之在得。」

在《論語‧顏淵》裡，孔子在回答樊遲問「辨惑」時，講的不是分辨是非之道，而是自修自戒。他說：「一朝之忿。忘其身，以及其親，非惑與？」是強調遇事戒衝動。

其實，這二段話孔子都是在說「克己」的內容。

（5）「克己」的關鍵是克什麼

說到底「克己」只是克制念頭。《書》曰：「惟聖罔念作狂，惟狂克念作聖。」聖是通明，狂是昏愚，心思通明為聖，倨慢為狂。而「聖」與「狂」之間的轉換只在「罔念」與「克念」之間。克己復禮只在克制我們的邪念，以立人之正念。

子曰：「仁乎遠哉？我欲仁，斯仁至矣！」

從「仁義」的概念「仁之法在愛人不在愛我，義之法在正我不在正人」和對「克己」含意的討論，孔孟原儒的思想對人的要求都是對自己言，對君主居上位者言的，並且對居上位者有更高的要求，《論語‧子路》中，孔子說：「其身正，不令而行；其身不正，雖令不從。」儒家在君王與臣民之間真實作到「不偏不倚」，我是看不出孔孟之道有維護了誰、袒護了誰的意思。

3. 君子犯義，小人犯刑

在儒家思想中，居上位者的崗位素質標準也要高於其他人，這是中國文化中的公義與公平含意的正解。儒家為什麼強調「賢者當居上位」呢？其實我們如果理解「刑不上大夫」就明白了。

我們來看《孟子‧離婁上》中如何說，摘錄於下：

原文：

「⋯⋯是以惟仁者宜在高位。不仁而在高位，是播其惡於眾也。上

無道揆（kui葵）也，下無法守也，朝不信道，工不信度，君子犯義，小人犯刑，國之所存者幸也。」

譯文：

只有仁人才應該處於高位。不仁的人處在高位，是讓他把邪惡傳播給眾人。在上位的不依照公義原則，在下位的不用法度約束自己，朝廷不信仰道義了，官吏不信仰法度，君子（泛指居高位的大夫）犯義，小人觸犯刑律，國家還能生存的，只是由於僥倖罷了。（注：揆：準則；原則）

解讀：

我們知道「義」是人的內心標準，而「刑」（法律）只是人心外的標準。前文討論過人的內心標準與心外之標準是「君子與小人」之間的分水嶺。

我們明確了「義」與「刑」的這層作用，再看「君子犯義，小人犯刑，國之所存者幸也」所說的是什麼意思？可以這樣理解：「居於高位者的行為違背了義的原則，國家居然還能存在這是僥倖而已。」也就是說衡量「居高位君子」的行為標準應該是「義」，也只能是用「義」，而不能還是用刑法了！

如果還是以法律來衡量居上位者的行為時，他們的人品那就太低檔了已屬人渣，違背「大夫必用有德」這個公理和原則，這才是中國文化概念中的公平與正義！是「義」字的正解，中國古人處事是以「義」為標準的。

《禮記・曲禮上》曰：「禮不下庶人，刑不上大夫。」孔穎達解釋，曰：「刑不上大夫者，制五刑三千之科條，不設大夫犯罪之目也。所以然者，大夫必用有德，若逆設其刑，則是君不知賢也。」孔穎達說的意思是：國家所制定的五刑共三千條刑罰，其中沒有設大夫犯罪之條目是為什麼呢？因為，大夫必須是選用賢德之人（這是公理），如果逆公理而設大夫的刑法，這說明君主對自己所用之人的賢良問題沒了把

握，是君主不識賢愚（非明君也）。

因此，我們從《禮記》中讀到的「禮不下庶人，刑不上大夫」，是不是說大夫不受約束了呢？我們從歷史上看就會明白大夫犯義就要受制裁了，何需等他們犯法。最典型的例子大概是大禹的父親鯀了，他因為治水不利就被舜帝所殺。而大禹因其治水之功，更重要的是他有德行，舜帝禪讓天下於他。

中國文化中認為「君應知賢」、「大夫必用有德」，這才是天經地義的事，所以不可「逆設其刑」。不「逆設其刑」曰：「刑不上大夫」。

曾子在《大學》中曰：「國不以利為利，以義為利也。」

《荀子‧大略》曰：「上重義，則民義克利；上重利，則民利克義」，而「義克利者為治世，利克義者為亂世」。

我們將「君應知賢」、「大夫必用有德」、「刑不上大夫」和曾子、荀子的論述放在一起研究，就可看到中國古時對制度的設置是以「義」為其倫理原則的。

中國的上古文化並不像如今這樣膚淺地講平等的，儒家對居上位者的要求是尊「義」而行，這才是真正意義上的社會公平。居上位者手握大權掌控著國家的資源，如果他們不尊「義」而行，國家就危險了，哪裡要等到他們去犯法！！若要等大夫級的高官犯了貪官罪，再用衡量市井之徒的刑罰加以制裁！那時國家早就完蛋了！！！

從十九世紀末二十世紀初，中國把孔孟之道批得體無完膚，也不知「帶頭大哥」是一那雙眼睛看出孔孟之道在維護統治者。維護統治者與維護社會安定應該是兩個完全不同的概念，混淆概念、偷換概念是現實生活中最普遍的一個現象。

（三）惡至吾止

在《中庸》中記載，子曰：「舜其大知也與！舜好問以好察邇言。隱惡而揚善。執其兩端，用其中於民。其斯以為舜乎！」

大意為：

孔子說：舜可真是具有大智慧的人啊！他喜歡向人問問題，又善於分析別人淺近話語裡的含意。隱藏人家的不善，宣揚人家的善良。他把握住過與不及兩端的意見，掌控住兩端的形勢，他只將不偏、不激、適中的用於老百姓。這就是舜之所以為舜的地方吧！」

孔子讚嘆舜因為做到了「好察邇言」、「隱惡揚善」、「執兩用中」這三件事而成為聖人，可見其中必有大奧妙，我們也看看聖人是如何得以成就的。

其一，「舜好問以好察邇言」直接翻譯為：「舜喜歡提問題，又善於分析別人淺近話語裡的含意」。這句意思很好懂，但深入分析下去，只這一句話就將儒家所宣導的學習方法「博學之，審問之，慎思之，明辨之，篤行之」的前四項概括了進去。所謂「博學之」，如果對身邊人一些淺近的話都沒搞清楚，確實不好說其「博學之」；又如果沒有「慎思之，明辨之」只怕是對這些淺顯的問題也問不出問題來了，又怎能不是「審（慎）之問」？

其二，關於「隱惡揚善」。《大學》中曰：「絜矩之道，所惡於上，毋以使下；所惡於下，毋以事上；所惡於前，毋以先後；所惡於後，毋以從前；所惡於右，毋以交於左；所惡於左，毋以交於右。」這和「隱惡而揚善」是相同的思路，歸結起來實則是一句話「惡至吾止」。要求做到「惡言惡事到吾則止」，也就是說大智者與君子都不會讓惡言惡事流傳於市。若人人做到了「惡至吾止」，世道則是即日澄清。「隱惡而揚善」可算是儒家治世法寶，社會上人人所言皆雅事，潛移默化何愁民風不淳樸？

其三，人要能做到「執其兩端，用其中於民」說明個人的修為已

有很高的成就。這個很高的成就到底是多高呢？孔子對人的修為的要求，即不主張偏勝於文，亦不主張偏勝於質，要「文質彬彬」不偏不倚，無過無不及，而做到這點又談何容易。一個人能「執其兩端，用其中於民」此即為中庸之道也！能以此治世者已達到至誠、至道、至德、至聖、至善、至仁、合外內之道的理想人物。故子曰：「其斯以為舜乎！」

在《中庸》中還記載有，子曰：「天下國家可均也，爵祿可辭也，白刃可蹈也，中庸不可能也。」

大意為：

孔子說：「天下之國土可分而償之，爵位俸祿可以放棄不要，白刃可以踐踏而過，中庸卻不是靠決心和能耐就可做到的」。這裡將「不可能也」譯作「不可憑藉能耐來達到。」

「執其兩端，用其中於民」，舜把握著事物兩邊的極端，把握住事物的最低限度和最高限度，「用中於民」不允許民眾走極端，只要在範圍內，靠哪邊多一點無所謂，行事中正一些的更歡迎，實行的是一種非常寬鬆的管理方法。這裡孔子描述的是舜在處理政務時尊行中庸之道的具體做法，並稱之為「舜其大知也與」。

（四）孔子的社會願景

《論語》中記載了孔子關於仁義禮等眾多概念的講述，但他希望把社會建設成怎麼樣，卻沒有清楚的講述過，孔子的社會願景我們不清楚，他所讚美的先賢聖王所治下的社會我們就更加不知道了。如果能大體瞭解到孔子的社會願景，對我們認識和理解他的思想都會有很大的幫助。

1.解讀「侍坐」

「子路、曾皙、冉有、公西華侍坐」（以下簡稱「侍坐」）是《論

語‧先進》中的一章，在《論語》中「侍坐」章結構完整，形象鮮明，通過對話表現出孔子和學生們的各自不同的意趣、性格和志向，讀後耐人尋味。平淡自然，含意卻深雋，勾勒出一幅先賢論志的圖畫。在《論語》中是難得的長篇大論。夫子的弟子門人能用如此大的篇幅記述此事，可見其內容深刻，不能不加以認真分析體會。

原文：

子路、曾皙、冉有、公西華侍坐。子曰：「以吾一日長乎爾，毋吾以也。居則曰：『不吾知也！』如或知爾，則何以哉？」子路率爾而對曰：「千乘之國，攝乎大國之間，加之以師旅，因之以饑饉，由也為之，比及三年，可使有勇，且知方也。」夫子哂之。「求，爾何如？」對曰：「方六七十，如五六十，求也為之，比及三年，可使足民。如其禮樂，以俟君子。」「赤，爾何如？」對曰：「非曰能之，願學焉。宗廟之事，如會同，端章甫，願為小相焉。」「點，爾何如？」鼓瑟希，鏗爾，舍瑟而作，對曰：「異乎三子者之撰。」子曰：「何傷乎？亦各言其志也。」曰：「莫春者，春服既成，冠者五六人，童子六七人，浴乎沂，風乎舞雩，詠而歸。」夫子喟然嘆曰：「吾與點也！」三子者出，曾皙後。曾皙曰：「夫三子者之言何如？」子曰：「亦各言其志也已矣。」曰：「夫子何哂由也？」曰：「為國以禮。其言不讓，是故哂之。」「唯求則非邦也與？」「安見方六七十如五六十而非邦也者？」「唯赤則非邦也與？」「宗廟會同，非諸侯而何？赤也為之小，孰能為之大？」

譯文：

子路、曾皙、冉有、公西華陪孔子坐。

孔子說：「你們不要因為我年紀比你們大一點就不敢說話。你們平時總在說：『沒有人知道我呀！』如果有人要用你們了，那麼你們打算怎麼辦呢？」子路不假思索地搶著回答說：「一個擁有一千輛兵車的國家，夾在大國之間，常受別國的侵犯，加上內部又有饑荒，如果讓我去

治理，等有三年的功夫，我就可以使人人勇敢善戰，而且還懂得做人的道理。」孔子聽了，微微一笑。

孔子問：「冉求，你怎麼樣？」冉求回答說：「一個縱橫六七十里、或者五六十里的國家，如果讓我去治理，等到三年，就可以使老百姓富足起來。至於禮樂的教化，那就要等君子這樣的人物了。」

孔子問：「公西赤，你怎麼樣？」公西赤回答說：「我不敢說能夠做得多好，只是願意學習。在宗廟祭祀的事務中，或者在諸侯會盟，朝見天子時，我願意穿著禮服，做一個小贊禮之人。」

孔子又問：「曾點，你怎麼樣？」聽到老師點名後，曾皙這時彈瑟的聲音才漸漸稀疏下來，接著手指一攏發出「鏗」的一聲才起身回答說：「我和他們三位的可不大一樣！」孔子鼓勵說：「那有什麼關係呢？不過是各自談談自己的志向罷了。」曾點說：「暮春時節，已經穿上了春天的衣服。我和五六位成年人，六七個青少年，到沂河裡沐浴，然後又在舞雩臺上吹吹風，才一路唱著歌回家去。」孔子喟然嘆曰：「我與曾點的想法是一樣的！」

子路、冉有、公西華三個人都出去了。曾皙留在後面問：「他們三位說的怎麼樣？」孔子說：「也不過是各自談談自己的志向罷了。」曾皙說：「您為什麼笑仲由呢？」孔子說：「治理國家要講究禮，可他說話卻一點也不謙讓，所以我笑他。難道冉求所講的就不是國家大事嗎？哪裡見得縱橫六七十里或五六十里的就不是國家呢？公西赤所講的不是國家大事嗎？宗廟祭祀，諸侯會盟和朝見天子，講的不是諸侯的大事又是什麼呢？如果公西赤只能做個小小的贊禮人，那誰能去做大的贊禮人呢？」

解讀：

當孔子正和其他三位同學高談治國方略的個人志向時，曾皙卻在旁邊悠閒地鼓瑟。孔子在聽了子路他們三人的報告以後，才來問正在鼓瑟的曾皙說，「曾點，也說說你的想法」。曾皙在聽到老師問他時，鼓

瑟之音才漸漸稀疏，接著，彈瑟的手指還在弦上一攏，瑟弦發出鏗的一聲，然後才離開了彈瑟的位置起來回答。可見當時的交談是在非常隨意的環境之中。

曾皙在孔子的鼓勵下說出了自己的期望「到了暮春時節，已經穿上了春天的衣服，我能和五六位成年人，六七個少年孩子，去沂河裡沐浴，然後又在舞雩臺上吹吹風，一路唱著歌走回來。」

曾皙並沒講如何從政，如何治理國家，而是刻畫了一個場面，從富有詩意的情景中表達出了他的理想生活，顯得那樣從容不迫，逍遙自在，甚至有點狂放不羈，但卻引發了孔子的無限感嘆。夫子喟然嘆曰：「吾與點也」，表明了這也是他的嚮往！

孔子認為，前三個人的治國方法，都沒有談到根本上。他之所以只讚賞曾點的主張，就是因為曾點用形象的方法描繪了禮樂之治下的景象，體現了「仁」和「禮」的治國原則的民風景象，這就談到了根本點上。從中可以看出孔子的社會願景非常的平淡、安逸。

2.解讀「顏淵、季路侍」

在《論語・公冶長》中還有一篇孔子與弟子各言其志向的記載，我們拿來與「侍坐」章一起研究，探究夫子的社會構想是怎樣的，這對全面瞭解孔夫子的思想十分重要。

原文：

顏淵、季路侍。子曰：「盍各言爾志？」子路曰：「願車馬、衣輕裘，與朋友共，蔽之而無憾。」顏淵曰：「願無伐善，無施勞。」子路曰：「願聞子之志。」子曰：「老者安之，朋友信之，少者懷之。」

譯文：

顏淵、子路兩人隨侍於孔子身邊。孔子說：「你們何不各自說說自己的志向？」子路說：「我願意拿出自己的車馬、衣服、皮袍，同我的朋友共同使用，用壞了也不抱怨。」顏淵說：「願我能做到不炫耀自己的優點，不顯擺自己的功勞。」子路問孔子說：「願意聽老師您的志

向。」孔子說：「（我的志向是）讓年老者能安心，朋友相互信任，年少者得到關懷愛護。」

孔子的志向是一個能讓老輩人安心，朋友們相互信任，年少的後輩得到關懷的社會。這才是夫子的懷想。

孔子所嚮往的社會有個最大特點，他給出的標準全都是在於滿足人的精神方面。其中有沒有包含物質生活的成分？當然有，沒有物質的成分老輩人能安心嗎？同輩朋友能信任嗎，對年少後輩的關懷如何體現？只是夫子對物質生活的「量」沒有說，但是一定滿足和達到了民眾的願望，這才會有「老者安之，朋友信之，少者懷之。」

儒家思想蘊含了高深的智慧，其中一個很重要方面就是不煽動起民眾的物欲，否則欲壑難填。荀子說這也是聖人制禮的目的之一，禮也有對人們物欲節制的作用。

荀子在《荀子・禮論》中曰：「故制禮義以分之，以義人之欲，給人之求。使欲必不窮於物，物必不屈於欲，兩者相持而長，是禮之所起也。」

大意為：

（先王）於是制定禮義來界定人們索求的度量界限，使人的欲望和索求限於公正的範圍之內，使得欲望不會造成物的枯竭，物的供給也不會過分的順從於人的欲望，欲望和物質兩者相互持平而達到可持續，這是制禮的原因！

3.孔子的社會願景

禮樂制度是從比孔子更早的時期就已經開始崩壞了，到現在崩壞快有三千年了，近100年前還加大了批判力度，禮是何事何物不經一番考究都說不清楚了，更何況施行？現實生活中已是違「禮」之道而行，反「義」之道而做，不再是「使欲必不窮於物」了，而是刺激消費，高漲民眾的物欲，美其名為經濟時代、培育市場，為了把潛在的需求立馬變成現實的消費，不知是誰發明了「次貸」。

　　現在全世界也開始提倡節能、環保了，不正是因為人們的物欲超越了環境與資源的供給量。然而，這只是環保人士所發出的聲音。大多數的經濟人士們對自然界仍然是不依不饒地「開拓進取」。

　　人類社會歸根結底是為了什麼呢？孔子提出的社會願景是：「老者安之，朋友信之，少者懷之。」這個目標是不是太平淡了，太不夠宏偉了？其實人生無非「飲食男女」而已，需要哪麼轟轟烈烈嗎？

　　大家都愛好旅遊，都喜歡去人跡罕至的地方，除了有炫麗的風光外，還有一個重要的原因是那裡的民風淳樸，如果你去的地方雖然風光炫麗，但都是強買強賣、坑蒙拐騙的，大概下次有機會你也未必想去了。

　　但如何才能引導民心向善、向正？這就是「為政」的任務了，而這個任務就在於如何落實「禮以行義，義以生利，利以平民。」沒搞清孔子的社會價值取向和社會願景前，對「里仁為美。擇不處仁，焉得知？」一直不知所云，現在才體會出孔子是說：「居住在風氣淳樸的地方，那才叫美呀！不把住處選擇在民風淳樸的地方，怎麼能說是明智的呢？」這樣才能與《荀子·儒效》中所說的「儒者，在本朝則美政，在下位則美俗」對上號。

　　中國的儒家思想對從政的見解只在於四個字：為政以德。但為政以德又豈是一蹴而就，為政的關鍵是「示民以正」、「導民向善」，使民心向善、向正的方向發展，日積而後月累，終有一日可達「天下歸仁」。因此，社會是否進步除了物質是一個重要的標準。最根本的要看對民心的引導是否向善。

　　在《禮記·禮運》中，有關於大同世界的描述：「大道之行也，天下為公。選賢舉能，講信修睦。故人不獨親其親，不獨子其子，使老有所終，壯有所用，幼有所長，矜鰥寡孤獨廢疾者，皆有所養。男有分，女有歸。貨惡其棄於地也，不必藏於己；力惡其不出於身也，不必為己。是故謀閉而不興，盜竊亂賊而不作，故外戶而不閉，是謂大同。」

大意為：

大道所行之時，天下是為公的。公正賢能的人被選拔出來給大家辦事，社會講求誠信與和睦。所以人們不只以自己的親人為親，不僅只關愛自己的孩子。讓老人得以安享天年，壯年人都能為社會效力，小孩子得到扶養，社會上的矜、鰥、寡、孤、獨、殘疾等特殊人群都能得到政府與社會的照顧和贍養。男的都有職業，女子都有歸宿。人們都憎恨把財貨扔在地上的浪費行為而去收貯它，卻又不是為了自己去私藏；對於勞作，人們都後悔這事為什麼不是由我來做，卻又不是為了自己謀私利。因此奸邪謀略的想法而被禁錮，不能興起，盜竊、造反和害人的事就都不會發生了。所以，人們只是從外面把門合上而不用門閂插門，這就是所說的理想社會——大同世界。

如果要對孔夫子的社會價值取向和社會願景作歸納，我們不難發現他給出的標準都可歸類於精神方面，突出的特點是在「導民向善」，達到「謀閉而不興，盜竊亂賊而不作」的目標。

孔子給現代人的另一個啟示是如何評價社會的發展與進步？結合現代提倡的物質文明和精神文明的建設活動，我們可以得知，對精神文明的實質是否能示民以正「導民向善」。

十三、　孔子的法治思想

孔子 的法制思想是「為政」思想的重要組成部分。如果說，自正而後正人是以榜樣的力量引導民眾向善，法制則是起到扶正的作用。

　　研究和探討法治在儒家「為政」思想中的運用，瞭解「德治」與「法治」的關聯與區別，擺正主次與從屬位置，對整體瞭解中國文化是非常重要。

　　「為政」、「德治」、「法治」等都是比較大和抽象的概念，只有通過對夫子的法治思想、思路的研究，才能真正瞭解儒家運用「法治」，作用於民眾內心，引導和改變人們行為的機制，但歸根結底又都不脫離「義以為質」和「義之與比」等儒家的行為原則。

（一）西漢初的法治變革

　　司馬遷在《史記‧高祖本紀》中記載，劉邦進入咸陽「與父老約法三章耳；殺人者死，傷人及盜抵罪」大得民心。由於堅決執行約法三章，劉邦得到了百姓的信任、擁護和支持，經四年楚漢相爭最後取得天下，建立了西漢王朝（堅決執行約法三章當然只是劉邦取得最後勝利的一個助因）。

　　西漢初年，漢高祖認為臨時頒行的約法三章不足以「禦奸」，命蕭何修訂律法以適應新形勢。蕭何在六章秦法的基礎上，又增加了三章。制定了共有盜律、賊律、囚律、捕律、雜律、具律、戶律、興律、廄律的九章律法，為漢朝《九章律》亦稱《漢律九章》。前六篇與秦律相同，皆源於戰國初期魏國丞相李悝的《法經》。雖然西漢初年漢律已定

為九章，較秦律（六章）更完善，然而，卻沒有誰會認為漢朝是在推行法制的。所以治世的指導思想是「法治」還是「禮治」，其區別不在於法律的多寡和法律是否完備。而是在為政過程中，將法律定位在主還是輔的位置上。

法律的完善與否只是治世工具是否完備。法律所維護的才是治世的目的。法律維護的是道德則是德治則是德主刑輔。

（二）《春秋》為何可為法典

到漢武帝時期，儒家思想重新成為主流文化，董仲舒在司法實踐中曾經用《春秋》和《易》、《詩》、《書》、《禮》、《樂》等六經中之義理作為判案的依據，進行案件審理。史稱「春秋決獄」或「經義決獄」。漢代以董仲舒為代表的儒家學者，總結前秦的經驗，認為秦朝統治以刑罰多、刑罰重，一味強調「刑以殺為威」，治世的指導思想維繫於「償罰」二字。秦朝實行「法制」用的是霸道，雖然能統一中國，逞一時之威，然只有二十年，不是長治久安之策。認識到儒家思想的「禮治德政」才是治世之正道。漢儒通過皇權的力量達到了「罷黜百家，獨尊儒術」

1.「春秋決獄」之來由

董仲舒為代表的儒家學者主張通經致用，強調結合現實闡發經書中的「微言大義」。因此對立法思想作了重大修正。而在司法判案實踐中遇到法律未明確的疑難之處，他則引用《春秋》經義為判案依據，並著「《春秋決獄》二百三十二事」，記述了他自己用《春秋》之經義斷案的案例。按《後漢書・應劭傳》所記載：「故膠（東）[西]相董仲舒老病致仕，朝廷每有政議，數遣廷尉張湯親至陋巷，問其得失，於是作《春秋決獄》二百三十二事，動以經對，言之詳矣。」

2.《春秋》中包含了正與義

　　現代人怎樣才能理解漢朝以儒家經義來判案的史實呢？孔子所著的《春秋》為何可為法典、可決獄斷案呢，這就是因為於「春秋」之中有大義。這牽涉到何以為正的問題。為此我們要瞭解一下《春秋》的作用。

　　《春秋》是孔子晚年修訂的一部編年史。《春秋》之所以能夠斷案是因為其中所講都是社會大義，是中國社會公義公理之所在，用「春秋微言之大義」衡量和判案就是用社會的公義對案件的衡量。我們通過《史記・太史公自序》對《春秋》的評價，可瞭解到《春秋》的作用。摘錄如下：

原文：

　　……上大夫壺遂曰：「昔孔子何為而作春秋哉？」太史公曰：「余聞董生曰：『周道衰廢，孔子為魯司寇，諸侯害之，大夫壅之。孔子知言之不用，道之不行也，是非二百四十二年之中，以為天下儀表，貶天子，退諸侯，討大夫，以達王事而已矣。』子曰：『我欲載之空言，不如見之於行事之深切著明也。』夫春秋，上明三王之道，下辨人事之紀，別嫌疑，明是非，定猶豫，善善惡惡，賢賢賤不肖，存亡國，繼絕世，補敝起廢，王道之大者也。

　　……春秋以道義。撥亂世反之正，莫近於春秋。春秋文成數萬，其指數千。萬物之散聚皆在春秋。春秋之中，弒君三十六，亡國五十二，諸侯奔走不得保其社稷者不可勝數。察其所以，皆失其本已。故易曰『失之毫釐，差以千里』。故曰：『臣弒君，子弒父，非一旦一夕之故也，其漸久矣』。故有國者不可以不知春秋，前有讒而弗見，後有賊而不知。為人臣者不可以不知春秋，守經事而不知其宜，遭變事而不知其權。為人君父而不通於春秋之義者，必蒙首惡之名。為人臣子而不通於春秋之義者，必陷篡弒之誅，死罪之名。其實皆以為善，為之不知其義，被之空言而不敢辭。夫不通禮義之旨，至於君不君，臣不臣，父不

父，子不子。夫君不君則犯，臣不臣則誅，父不父則無道，子不子則不孝。此四行者，天下之大過也。以天下之大過予之，則受而弗敢辭。故春秋者，禮義之大宗也。夫禮禁未然之前，法施已然之後；法之所為用者易見，而禮之所為禁者難知。」

譯文：

……上大夫壺遂問：「從前孔子為什麼要作《春秋》呢？」太史公說：「我聽董生講：『周朝王道衰敗廢弛，孔子擔任魯國司寇，諸侯嫉害他，卿大夫阻撓他。孔子知道自己的意見不被採納，政治主張無法實行，便褒貶評定二百四十二年間的是是非非，作為天下評判是非的標準，貶抑無道的天子，斥責為非的諸侯，聲討亂政的大夫，為使國家政事通達而已』。孔子說：『我與其載述空洞的說教，不如舉出在位者所作所為以見其是非美惡，這樣就更加深切明瞭。』《春秋》這部書，上闡明三王的治道，下辨別人事的綱紀，辨別嫌疑，判明是非，論定猶豫不決之事，褒善怨惡，尊重賢能，賤視不肖，存已滅之國家，使斷絕了的世系繼續下去，補救衰敝之事，振興廢弛之業，這是最大的王道。

「……《春秋》是用來論述道義的。平定亂世，使之複歸正道，沒有什麼著作比《春秋》更切近有效。《春秋》不過數萬字，而其要旨就有數千條。萬物的離散聚合都在《春秋》之中。在《春秋》一書中，記載弒君事件三十六起，被滅亡的國家五十二個，諸侯出奔逃亡不能保其國的數不勝數。考察其變亂敗亡的原因，都是丟掉了作為立國立身的根本大義。所以《易》中講『失之毫釐，差以千里。』所以說『臣弒君，子弒父，並非一朝一夕的緣故，都是有很久遠的原因』。因此，做國君的不可以不知《春秋》，否則就是讒佞之徒站在面前也看不見，奸賊之臣緊跟在後面也不會發覺。做人臣者不可以不知《春秋》，否則就只會株守經文卻不懂得對經義的權變，遇到突發事件則不知如何靈活對待。做君王者若不通曉《春秋》的要義，必定會蒙受首惡之名。做人臣、人子如不通曉《春秋》要義，必定會陷於篡位被誅或蒙死之罪名。其實他們都自認為是好事才去做，做了卻又不懂義之所在，而蒙受史家口誅筆

伐而不敢推卸罪名。如不明了禮義的要旨，就會落到為君者不君，為臣者不臣，為父的不以父道，為人子的不守孝道。凡為君不像君者，必會被臣下侵犯，為臣不臣者就會被誅殺，為父者不以父道者就昏聵無道，子不像子就會忤逆不孝。這四種惡行，是天下最大的罪過。把天下最大的罪過加在他們身上，他們也只得接受而不敢推卸。所以《春秋》這部經典是禮義根本之所在。禮是禁絕壞事於發生之前，法律施行於壞事發生之後；法施行的作用顯而易見，而禮禁絕的作用卻隱而難知。」

可見，《春秋》是孔子以微言大義褒貶的筆法把中國文化中的公正、公義、公理作為天下評判是非的標準，依託魯國史官所編《魯春秋》加以整理修訂，用具體的歷史記載貶抑無道的天子，斥責為非的諸侯，聲討亂政的大夫，《春秋》記載和表述了什麼是中國的公正、公義、公理，而成之為儒家的經典。

3.董仲舒春秋決獄的歷史貢獻

東漢思想家王符在《潛夫論·德化篇》中，曰：「是故上聖，不務治民事，而務治民心。」

儒家思想中「為政」的目的只在於如何「導民向善」，也就是如何引導民眾心存仁義，回歸社會的公正、公理和公義，篤行「人之道」而已。

因此董仲舒在司法判案實踐中遇到法律未明確的疑難之處，他就採用了集天下公理、公義的《春秋》和其它儒家經典作為參照，對比案件中哪些行為是違反仁義的應以制裁，哪些行為雖有傷害，然而並不違背仁義之用心，只是行為失當，處罰相對則輕得多。懲治與維護的對象區分得非常之明確。董仲舒的「春秋決獄」的實踐，就是以社會的公正來校準法律的公正，是社會公正與法律公正相統一的成功實踐。

董仲舒明確「為政」與司法的共同目標都是為了使民心回歸仁義，因此他將法律定位在服務於社會的公正、公理和公義上。他審理的案件都堅持了引導民心向正的大方向。使社會公正與法律公正能很好的保持一致。

　　所以他堅持「必本其事而原其志。志邪者不待成，首惡者罪特重，本直者論其輕。……罪同異論，其本殊也。」他在審理案件的時候，依據客觀犯罪的事實，又考察行為者的動機（這對於認定主犯有重大指導意義），對於首犯從重處罰。只有犯罪行為而沒有犯罪動機的人（過失犯罪）則採取從輕處罰。

　　這種動機論曾被後人評為論心定罪。其實「志善而違於法者免」相當於現在的「沒有犯罪故意」；「志惡而合於法者誅」這好比，現在有的罪犯設計的交通事故、醫療事故，用表面現象掩蓋險惡用心，這些都是「心達而險」者，即使未遂「志邪者不待成」，於《春秋》大義也是必懲的。不知者認為董仲舒的判案為「原心定罪」，過分強調了犯罪者的主觀動機，相對忽視了犯罪的客觀事實。

　　歷史上一些昏官也確實因此憑空猜測臆造出許多的冤假錯案。但董仲舒提出的是一種法理，昏官因為素質問題不能運用，是昏官在任職資格上出了問題，責任不應該由董仲舒來承擔，也不能因此而否定春秋決獄將社會公正直接校準了司法公正的歷史貢獻和價值。

　　批評春秋決獄者已根本不知《潛夫論・德化篇》中所說：「是故上聖，不務治民事，而務治民心」的意思了。儒家的法治思想的關鍵在於使民心回歸仁義，導民向善，如果在法律上不能做到「原其志」，判斷行為者的動機，又如何能「治民心」？

　　董仲舒考察行為者動機的這種判案思想，實際上我們現代人還在延用，可見其先進性。

　　符合春秋大義的就是志善，即使造成了損害，也只是過失罪要從輕處罰；相反，犯罪人主觀動機違反儒家宣導的「忠」、「孝」之精神，即使沒有造成人身危害和財物損失，也違反和動搖了社會道德教化的根本思想，所以也認定為犯罪而予以懲戒。

　　董仲舒採用了春秋大義來斷案，其最大的功績是端正了禮與法的位置。使禮與法的關係在西漢又融合回到了「禮為本，法為用；禮為主，法為從，禮為先，法為隨；寓禮於法，明法彰禮」的正途。

由於義為禮之質（子曰：「君子義以為質，禮以行之」《論語・衛靈公》），所以我們將上述禮與法的表述用「義」替代「禮」字，能更清楚地看到法律的作用在於維護社會公義。如下：「義為本，法為用；義為主，法為從，義為先，法為隨；寓義於法，明法彰義。」

此之謂「德主刑輔」。

中國儒家的法制思想：強調法律與道德教化的同時和相互使用。認為「德禮為政教之本，刑罰為政教之用」，這是對中國古代社會道德教化與法律刑罰之間關係的典型概括。

如東漢廷尉陳寵疏中所云：「禮之所去，刑之所取，失禮則入刑，相為表裡者也。」

但是，刑罰的功能是相對有限的。所謂「法能刑人而不能使人仁，能殺人而不能使人廉」，所以「刑罰為盛世所不能廢」，亦「為盛世所不尚」。

如果結合前文對德治、人治、法治和法制的概念來分析，我們就可知道董仲舒的司法實踐正是謀求法律公正與社會公正的統一。能用春秋來斷案則是最大限度地拉近了法律公正與社會公正的距離。是直接用社會公正來約束和校準法律的公正，這對實現法律的目的（維護社會公正）不僅沒有衝突，而且應該是正途。（參見第六章「法律與道德的關係」）。

從這裡，可以看出儒家的法律觀念非常清晰明確，將法律僅用於服務社會道德的建立與維護，確保的是社會道德基石綱紀倫常之穩固不亂，凡會導人入歧途的才是法律所要防止的、懲治的。我們從中應該能夠體會到儒家的法律定位於維護社會道德體系和「導民向善」的扶正作用。

4.孔子為何誅少正卯

為瞭解儒家思想為何要防範「導人以惡」的發生，我們可以從孔子誅少正卯之事看出端倪。（雖然有學者　證偽「孔子誅少正卯」之事，但並非定論。）孔子誅少正卯之事見於《荀子・宥坐》。

原文：

孔子為魯攝相，朝七日而誅少正卯。門人進問曰：「夫少正卯，魯之聞人也，夫子為政而始誅之，得無失乎？」孔子曰：「居！吾語汝其故。人有惡者五，而盜竊不與焉。一曰心達而險，二曰行僻而堅，三曰言偽而辯，四曰記醜而博，五曰順非而澤。此五者，有一於人，則不得免於君子之誅，而少正卯兼之。故居處足以聚徒成群，言談足以飾邪營眾，強足以反是獨立，此小人之桀雄也，不可不誅也。是以湯誅尹諧，文王誅潘止，周公誅管叔，太公誅華仕，管仲誅付裡乙，子產誅鄧析、史付。此七子者，皆異世同心，不可不誅也。《詩》曰：『憂心悄悄，慍於群小。』小人成群，斯足憂矣。」

譯文：

孔子在魯國任攝相時，上任七天就把少正卯（「少正」是官名）殺了。門生知道後心中疑慮，都來見孔子，說：「少正卯是魯國知名人士，先生才剛當政，為什麼就把他殺了？」孔子說：「都坐下，我把其中緣故說給你們知道。有五種人是大惡之人，而強盜和小偷卻不包括在內。一是心內明白卻用意險惡者；二是行為邪僻而頑固不化者；三是說話虛偽卻有辯才者；四是知識廣博但所記都是醜陋者；五是『從惡如流』而澤者。這五種大惡之事，人有其中一項就難免被君子誅殺，而少正卯五項兼而有之。他居住地會聚徒成群，言說能顛倒是非而惑眾，並且改變民眾的是非觀念，此人是小人中的梟雄，不可不誅。從前商湯誅惡人尹諧，文王誅潘止，周公誅管叔，太公誅華仕，管仲誅付裡乙，子產誅鄧析、史付。這七個人都是能改變人的是非觀念（導民向惡）的，所以不能不殺。《詩》曰：『憂心悄悄，慍於群小。』小人成群，斯足憂矣。」

從文中可見，誅殺上述五種人不是孔子的獨創。孔子所說的六位賢人，在中國歷史上都是治國安邦頂頂有名的人物。這就引出來問題了，賢人都是這麼治國的嗎？其中有什麼是共通的？說白了，共通的只是「導民向善」，「惡莠，恐其亂苗也」則是防止「似是而非」，「禁絕

壞事於未然」這可以理解是儒家社會治理的重要方法。儒家對是非的辨別是以社會公理、公義而論之的，對公義的認識、掌握與運用，是要經過長期孝悌實踐和真誠修身才能具備的。

5.社會的防微杜漸與個人修身的道理是一致的

子思在《中庸》中記載了孔子的一番話，曰：「知所以修身，則知所以治人，知所以治人，則知所以治天下國家矣！」

在個人的修養中最關鍵的是有「慎獨」的功夫，達到了這個境界就能自己做到防微杜漸。這是人生修養上的一個關鍵點，可以這樣理解只要「慎獨」不失守，個人的修養就能永不退轉。同樣社會淳樸風氣的形成也是很不容易的，也要防微杜漸，防止似是而非的觀念，這是社會治理的關鍵點。

在《大戴禮記・禮察篇》中，曰：「禮云禮云，貴絕惡於未萌、而起信於微眇，使民日從善遠罪而不自知也。孔子曰：『聽訟，吾猶人也，必也使無訟乎。』此之謂也。」

但，當今社會還有很喜批「三綱，五常」的人，惟恐社會「綱紀」不亂，批完了會達到什麼境況就不管了，對「三綱，五常」是什麼？幹什麼用的都不知道就去批，純屬「不知而信」。「不知而信」才是真正的迷信。

《春秋》是「微言大義」 寓義深邃。中國書有千千萬，沒有哪一本能令「亂臣賊子懼」，若無「誅心」之功，《春秋》憑什麼能令「亂臣賊子懼」！

（三）孔子的治世思想

中國現在特別需要整體全面的認識自己的文化，整體全面的認識孔子思想，否則就處於人云亦云的境地，別人有意無意地加點什麼減點什麼自己不知道，裁決權豈能不在別人的手裡？

儒家文化思想以德合於天地，在治世思想上也合於陰陽學說，陽主生，陰主刑，因而儒家治世思想也是陰陽結合的，在以德（主陽）教化的同時也非常重視刑法（主陰）的威懾。深入研究儒家的法治思想，我們會發現只有儒家的法治思想才能達到標本兼治的社會效果，才不愧稱之為法治。法家的那套理論充其量也只能稱之為法制。

1.儒家治世的四個次第

首先，我們看《孔子家語·刑政》中的記述。子曰：「聖人治化，必刑政相參焉。太上以德教民，而以禮齊之。其次以政導民，而以刑禁之。化之弗變，導之弗從，傷義以敗俗，於是乎用刑矣。」

大意為：

孔子說：聖人在治世教化時，必然是將導民以正和刑罰同時而相互使用的。先王以德化民，以禮齊民，以正來導民，最後才以刑來禁民中之不義。只有經教化而不變，以正導之而不從者，當他們又做出了傷義敗俗之事，於是乎才用刑罰來禁止之。

從孔子的這段話中我們可以見到聖人治世有四個次第：以德化民、以禮齊民、以政導民、以刑禁之。這四個次第是同時而分別使用的，形成一整套的、全面的治理方略。

而中國歷史上的法家卻只會第四點「以刑禁之」，從這裡也可看出儒法兩家的高下。也可看出諸子都是從上古的文化（儒學為正統）中的某一個方面去闡發，而形成了一家之說而已，諸子已沒能力看到和全面理解中國的文化精髓。其中的法家，認識到了法律的作用，頭腦簡單的認為「一斷於法」就能使社會達到公正和治理。先秦時代諸子百家的文化繁榮只是中國文化本散的結果。

2.「無訟」的境界

孔子對法律的理解，都體現在「聽訟，吾猶人也。必也使無訟乎？」這一句名言之中。這其中包含了孔子深邃的法制思想。但要完整準確地理解孔子的法律思想還需深入考究。

　　曾子在《禮記・大學》中對老師「無訟」的名言有過這樣的注釋，說：「子曰：『聽訟，吾猶人也，必也使無訟乎。』無情者不得盡其辭，大畏民志，此謂知本。」

　　東漢學者鄭玄對曾子的「無情者不得盡其辭，大畏民志」的意思又做了進一步解釋，云：「情猶實也。無實者多虛誕之辭，聖人之聽訟與人同耳。必使民無實者不敢盡其辭，大畏其心志，使誠其意，不敢訟。」

　　鄭玄解釋的「必使民無實者不敢盡其辭，大畏其心志，使誠其意，不敢訟」這段話看似平淡，卻闡述了孔子刑法思想的最終目的是使「民無實者」轉變思想回歸至誠實。然而，達到「誠其意」這個根本目的的手段竟然是「大畏其心志」。

首先是不敢訟

　　孔子聽訟必達到這樣一個目的：無實者不得盡其辭。聽訟者（法官）不是來法庭上聽隱瞞實情者東說西說亂說的，胡說八道者所要付出的代價足以「大畏其心志」。法官明察秋毫的素質修養，使想隱瞞真實情況的人既不能夠、也不敢花言巧語，徹底放棄僥倖的心理，只能說實話。反過來考慮這個問題，如果一個人進了法庭就都得說實話了，又有誰還能存有僥倖心理呢？

　　「使誠其意」才是審案（法律）的最終目的，我們現在說對罪犯的改造，改造什麼？就是要達到「誠其意」的目的。「誠其意」不僅僅是對犯案者，還要達到教化所有民眾的示範作用。民眾皆能「誠其意」，有了自知理虧，而後才有不敢訟和不敢應訟。

　　如果說瞎話者在法庭上不只是有機會，而是大有機會，那就不是不敢訟了，而是很敢訟了。甚至，事還沒開始做就先籌畫好了如何取證打官司了，準備訟了。法庭上讓說瞎話者得逞了，則民眾之心志就都將轉移到自己如何也去瞎扯，而又不能讓對方占上風。也就是學與用、攻與防的問題了，那裡還用得上「遵守」二字。

其次是不必訟

社會回歸正義，人心自有公道，有理者不必訟，在圈子裡把事情擺出來一議論，理虧者自知其恥而自動放棄侵犯與侵權。不必訟不是主張有理者不訟，解決紛爭的方法可以是多種多樣，有理者自己不訟是含有寬、讓的意思。不敢應訟則是對自己理虧的認識。

孔子的社會治理思想包含有教化與治理二個方面的努力。教化是本，治理是末，「聽訟」是治理是末，但它卻給教化以法律的支援，這是法律的根本任務。「聽訟」的目的是促進「導民向善」，具體措施就是「大畏其心志，使誠其意」，曾子曰：「此謂知本」。

東漢王符所撰《潛夫論‧德化篇》曰：「是故上聖，不務治民事，而務治民心。故曰：『聽訟，吾猶人也，必也使無訟乎』，『導之以德，齊之以禮』。務厚其情而明其義。民親愛則無相害傷之意，動思義則無奸邪之心。夫若此者，非法律之所使也，非威刑之所強也，此乃教化之所致。」

綜上所述孔子治理國家的基本思想只是「導民向善」。著力點在於「不務治民事，而務治民心」、「貴絕惡於未萌、而起信於微眇，使民日從善遠罪而不自知也」。而其教化方法是：「政者，正也，子帥以正，孰敢不正」，「導之以德，齊之以禮」。其保障措施是：以法律手段是「大畏其心志，使誠其意」，給教化提供了強有力的支撐。

3.德治與法制的結合點

僅靠法制，是達不到治世的完全效果的。

因為法制只給出了民眾的行為的「應止」部分；而民眾「應行」的方向和標準是什麼卻沒有說。法制給民眾的行為標準尚不完全，卻希望能收到治世的完全效果是不可想像的。

從儒家治世的四個次第「以德化民」、「以禮齊民」、「以政導民」、「以刑禁之」來看，儒家治世的方法，前三個是為民眾提供了「應行」的標準，第四個才是「應止」的標準，當「應行、應止」兩個方面的標準都齊全了，才有可能收到治世的完全效果。

在儒家的治世方略中，刑法只是「應止」的方面，而德治給出的是「應行」的方面。「應行、應止」都齊備了也只是有了必要條件，只有當法律導向與德治的導向相一致了，也就是法律公正與社會公正相一致了（這是德治與法制相配合的結合點），當「導民向善」作為一種機制在不斷地發揮作用了，民眾心存社會公義了，知「應行、應止」了，治世方略才開始能收到「治」的效果。

而法家的治世思想只是「一斷於法」，只給了「應止」的標準，而缺少了「應行」方面的標準。由此可見儒法兩家的治世方略中的重大區別，孰優孰劣應是一目了然。

4.七教

在《孔子家語・王言解第三》中記載了一段對話，現摘錄於下以供學習儒家治世的思想。

原文：

曾子曰：「敢問何謂七教？」孔子曰：「上敬老則下益孝，上尊齒則下益悌，上樂施則下益寬，上親賢則下擇友，上好德則下不隱，上惡貪則下恥爭，上廉讓則下恥節，此之謂七教・七教者，治民之本也・政教定，則本正也・凡上者，民之表也，表正則何物不正，是故人君先立仁於己，然後大夫忠而士信，民敦俗璞。」

大意是：

曾子說：「請問什麼是七教呢？」孔子說：「執政者尊敬老人，則老百姓就越孝敬父母；執政者按年齡長幼秩序以封爵，則老百姓就越順從兄長；執政者樂善好施，則老百姓就越信實和寬容；執政者親近有才能的人，則老百姓就會慎重地選擇朋友；執政者尊德性，則老百姓就不隱匿辟世；執政者討厭貪婪，則老百姓就會以爭奪為恥辱；執政者越廉潔禮讓，則老百姓就越廉潔知恥。這就叫『七教』。這七種教化方法是治國治民的根本，政教定，則社會之本就定了。凡居上位者都是老百姓的表率和榜樣，表率和榜樣端正了還會有何物不正的嗎？所以作為人君

者必先使自身立之於仁，然後，各級士大夫、高官都能行之以恭敬、忠信，民眾變得敦厚、民風也漸漸純樸。」

在《中庸》中，子曰：「知所以修身，知所以治人，知所以治人，則知所以治天下國家矣！」

5.講示範

上文的「七教」其實所講的也是示範，不同的是做示範者為居上位的君主和士大夫。本節所錄的《呂氏春秋》中的一段故事，旨在反映出聖人君子對民風民俗的重視，也印證了「儒者在本朝則美政，在下位則美俗」的記述。現錄於下：

原文：

魯國之法：魯人為臣妾於諸侯，有能贖之者，取金於府。子貢贖魯人於諸侯而讓其金。孔子曰：「賜失之矣！夫聖人之舉事，可以移風易俗，而教導可施於百姓，非獨適己之行也。今魯國富者寡而貧者多，取其金則無損於行，不取其金，則不復贖人矣。」子路拯溺者，其人拜之以牛，子路受之。孔子曰：「魯人必拯溺者矣。」（《呂氏春秋》）

譯文：

魯國有一條法律，魯國人在國外淪為奴僕，有人能把他們贖回來的，可以到國庫中領回所花費的贖金。有一次，子貢在國外贖了一個魯國人，回國後拒絕領取國家補回的贖金。孔子說：「端木賜呀，你錯了。聖人所做之事，是要幫助改變風俗習慣，去影響老百姓的行為，並非個人的事情。現今，魯國富人少而窮人多，你收了國家的補償金，並不會損害於你的德行；而你不肯領取補償金，從今以後，魯國人就不肯再替淪為奴僕的本國同胞贖身了。」子路救起一名落水者，那人感謝他，送了一頭牛，子路收下了。孔子說：「這下子魯國人一定會勇於救落水者了。」

從中可見孔子對事物處理的著眼點都是「義以為質、義之與比」的，考慮了長遠的後果，都是在用歷史的眼光看待當前行為的。這與曾

子所言：「慎終追遠，民德歸厚矣」不是相一致的嗎。

　　從德治和人治概念的分析中，我們瞭解到儒家的治世思想，都是服務於仁義這個核心的。儒家各項治世制度的制定（即禮與法律制度等）都是要出自仁義而又服務於仁義的，所以儒家的各項禮制，特別是法律制度容易與社會公正保持一致，不適應的也易得到調整。

（四）孔子為何反對鑄刑鼎

　　儒學的行為特點就是變動不居、隨時更新的。其行為標準是：「此時、此地、此刻，我能、我可、我應該」，行為的尺度分寸可以根據時間、地點、環境的不同而隨時調整。

　　然而，儒家的行為原則也有不可變的地方，這就是孔子在《論語‧里仁》中所說：「君子於天下事，無可也，無莫也，義之與比。」從中我們可以理解到儒學沒有絕對不可以做的事，所做都是經過認真反省、經過內心「義之與比」後才行動的。

　　那儒家有沒有堅決反對的事例呢？！儒家文化的深邃內含是什麼？我們通過對孔子強烈反對鑄刑鼎這個歷史事件的分析來認識儒家治世思想的深邃內含。

1.鑄刑書、鑄刑鼎事件

　　西元前536年鄭國「鑄刑書」，西元前513年晉國「鑄刑鼎」，兩次成文法的公佈。開了中國法律史之先河，對當時的整個社會都產生了極大的衝擊和強烈震撼，圍繞這一事件表達各自的法律主張和政治觀點，形成一場持久的論爭，可以說從春秋一直延續到了今天。

　　孔子對西元前513年晉國鑄刑鼎予以猛烈抨擊，曰：「晉其亡乎，失其度矣！」孔子的批評究竟是何含意，我們看看在此之前的西元前536年鄭國發生的 「鑄刑書」的事件。《左傳‧昭公六年》記載晉國大夫叔向對鄭子產鑄刑書所提出的批評。

原文：

　　昔先王議事以制，不為刑辟，懼民之有爭心也。猶不可禁禦，是故閑之以義，糾之以禮，守之以信，奉之以仁，制為祿位，以勸其從，嚴斷刑罰，以威其淫。懼其未也，故誨之以忠，聳之以行，使之以和，臨之以敬，涖之以強，斷之以剛，猶求聖哲之上、明察之官、忠信之長、慈惠之師，民於是乎可任使也，而不生禍亂。民知有辟，則不忌於上。並有爭心，以徵於書，而徼幸以成之，弗可為也。……民知爭端矣，將棄禮而征於書，錐刀之末，將盡爭之。亂獄滋豐，賄賂並行。終子之世，周其敗乎？（《左傳‧昭公六年》）

大意為：

　　叔向曰：以往的先賢聖王議定案件都是對照以禮制，不是以法律和案例的，是擔心引發民眾的爭執之心。尤恐民眾爭執之心起而不可禁止造成泛濫，所以先賢的執政者日常都是以仁、以義、以禮、以信對民眾加以教化，並設置有相應的祿位作獎勵，引導民眾轉至仁、義、禮、信的方向，並以明察秋毫的刑罰以威懾還處於萌芽狀態的不良動機，防止其坐大造成危害。此外，還要以忠信教誨之，以具體的行動做示範來帶動民眾，使民眾和諧、有敬畏心。執政者當斷則斷，剛柔相濟以德主刑輔來治理政事。尤其重要的是求取賢哲之人使居於上位，如明察者為官、忠信者為長、慈惠者為師，當作好了這許多的事情後民眾方始能和諧而不生禍亂。如果民眾得知還可以用法律和案例作為判罰的依據，民眾則無需存有忌憚與敬畏心，而產生相互爭執的思想，對個人的行為不再做自我的內心檢討，而是為開脫罪責競相引用於法律刑書，以圖行險僥倖，到了這個地步就不好辦了。……民眾知可以爭執後，則將放棄內心的道德禮制，轉而用智於心外的法律（這樣做就能不留下痕跡，那樣說法官就抓不住把柄了），人們所想不再是對自己的行為負責，而是用法律幫助僥倖免於刑罰，（「民免而無恥」）因此思想上和行為上都發生墮落，小若錐刀之末、雞毛蒜皮之事也相互爭搶不止。案件多如牛毛而孳生司法之亂事，賄賂並行。終你子產之一生，周朝不就給毀了嗎？

2.民風民俗的化育作用

晉大夫叔向在給鄭子產的信中，詳細地講述了「先王議事以制」是如何以德為主以刑為輔來治世的，每一項的作用與目的都介紹得相當明確清楚，其中，「閑之以義，糾之以禮，守之以信，奉之以仁」是教化；「制為祿位，以勸其從」是誘導與鼓勵；「嚴斷刑罰，」是刑罰的威懾；「以威其淫，懼其未也」是防患於未然；「故誨之以忠，聳之以行，使之以和，臨之以敬，涖之以強，斷之以剛」則是以忠信教誨之，以具體的行動做示範來帶動民眾，使民眾和諧、有敬畏心。執政者當斷則斷，剛柔相濟等一整套德主刑輔、相輔相成的方法、措施來治理政事。

中國上古為政之目的非常明確，維護民風民俗。現代的人們一直低估了民風民俗在國家執政中的巨大作用。當社會風氣一旦形成，她將行化育之功。風氣正，民風漸淳；風氣不正，則世風日下。

3.晉國為何失其度

有了對儒家「德主刑輔」的清楚認識，但我們還是要從孔子「晉其亡乎，失其度矣！」的這句話中，解讀出更多的資訊來。其中之關鍵在於對「度」的理解。

從晉大夫叔向在給鄭子產的信和本書（十二、孔子的社會取向之管窺）中我們瞭解到孔子的社會願景是非常簡單非常平淡，然而不失其正。儒家的為政的關鍵之一是不讓民眾起爭奪心，古人的行為標準是以人對義的認識為標準的。鄭國「鑄刑書」和晉國「鑄刑鼎」事件的實質性問題是將人的行為標準從人內心對義的認識上，遷移到了人心外之法律上，使人行為標準的參照點或者說原點發生了改變，孔子的評說是「失度」也，晉國民眾因此失去了行為標準的參照點，所以才有「晉其亡乎，失其度矣！」這句話。

人行為標準的參照物和原點由內心遷移到了外部的法律上這有很大的影響嗎？能對整個社會產生極大地衝擊和強烈震撼嗎？圍繞這一事

件，需要從春秋一直延續到今天這麼一場曠日持久的爭論嗎？

學有所成者必知「人轉物，還是物轉人；人轉經，還是經轉人」這麼個原則性的大問題。

人行為標準的原點由內心遷移到了外部法律上，其實質是使國人以心外之物為標準，使國人永受物之所轉。人在物我之間尚不能自識，又何來什麼境界？

成文法的公佈，使人們的目光自然轉向法律，行為合法則已達到了社會的「要求」。然而關於法律，說透了，只是人們為社會道德築起的一道最後防線，違反之則要受到懲處是為了保障社會道德的不被破壞。現在將法律變為了社會的目的，人們就將漸漸模糊了法律本應維護的社會道德，最後迷失的社會方向。

成文法的公佈，將使鄭、晉兩國之人棄道德於不顧，一心一意在用心於法律條文上，最後將形成本末倒置，法律反而成了社會的準則！人們的行為與思想被限制在道德的底線（法律）附近打轉轉了，成文法的公佈等於是吹響了道德底線的集結號！久而久之人們忘卻了還有公義的存在。成文法公佈所起的作用不是導民「遠邪」，而是導民失正了。正合了「南轅北轍」的意思。

如果沒有成文法的公佈，人們的行為則是對照於禮（義）而行，雖然不是人人都能達到多麼高尚的境界，但畢竟人們的目光不是只盯著道德的底線法律上了，社會上所有的人都能在追尋道德中，而不同程度地達到「遠邪」的目的。

在《大戴禮記・禮察篇》中，曰：「禮云禮云，貴絕惡於未萌、而起信於微渺，使民日從善遠罪而不自知也。」將以禮為標準所會達到的效用講得再清楚不過了。

在《韓詩外傳》卷三曰：「傳曰：魯有父子訟者，康子欲殺之。孔子曰：『未可殺也，夫民不知父子訟之為不義久矣，是則上失其道。上有道，是人亡矣。』訟者聞之，請無訟。」

大意為：

魯國有父子兩人打官司，康子準備將這兩個不仁不義的父子都給殺掉。孔子反對說：『不能殺，如今民眾不知道父子互訟是不義的行為已經很久了，是因為居上位者失道的原因，如處上位者能居於道，這樣的人（指父子相訟的人）就不會有了。』相訟的父子聽了此話後，幡然醒悟，請求取消訴訟。

《韓詩外傳》裡記載的這個事例就證明了成文法的實施，民眾只知有法而忘記還有義了。本來立法的目的是為了維護社會的正義，然而，法律的實施確又將人的行為標準從人內心對道德的認識（義）上，遷移到了外部的法律上，使民「失其度矣」。

從我們自己身上也能看到「刑銘鼎」所起到的作用，我們都知有法律，但還有多少人知道仁義道德為何物呢？

古今之人多言一時之政術，唯孔夫子明萬世之治道！

在《漢書‧刑法志》記載，「孔子曰：『古之知法者能省刑，本也；今之知法者不失有罪，末矣』」。道出了法律在完善的過程中卻偏離了法律的原本目的。

中國儒家文化是法律與社會正義的統一，以端正人們的行為，使之合於社會公義，這就是《春秋》可以決獄的原因。

4、成文法在中西方法治史中的不同地位

經過前面的研究，我們知道立法的過程也只不過是制禮的過程，當然也應按儒家「義之與比」的要求來制定法律，也只有這樣制定的法律才能與社會的公正、公義不相違背。如果，法律是背義而出則必是惡法。

然而，義是什麼？董仲舒在《春秋繁露‧仁義法》中曰：「我不自正，雖能正人，弗予為義」。

成文法將人們的是非標準由內心遷移到了外部的法律之上。我們知道，現代人都想將法律奉之為公義、正義，處心積慮要把法律推到至高

無上的地位，這就是在拿不是標準的東西來做標準了，在拿不是義的東西來當作義來奉行了。

所以，孔子說：「晉其亡矣！失其度矣⋯⋯今棄是度也，而為刑鼎。」孔子說晉國之所以會亡，是因為「棄是度」而用「刑鼎」（法律）為標準。

在西方世界的文化裡，成文法的公佈是值得慶賀的一件事情，然而在中國，卻使國人迷失仁義標準，成為「禮崩樂壞」的里程碑。

柳詒微先生曰：「孔子者中國文化之中心；無孔子則無中國文化。自孔子以前數千年之文化賴孔子而傳，自孔子以後數千年之文化賴孔子而開。」

鄭子產「鑄刑書」給後世帶來了無比巨大的影響，被後世定為法家的代表人物，相信是他始料之不及。

在《論語・公冶長》中，子謂子產：「有君子之道四焉：其行己也恭，其事上也敬，其養民也惠，其使民也義。」可見子產雖被後世定為法家的代表人物，其所作所為與商鞅、韓非子、李斯等人卻有本質區別。

十四、 儒墨兩家的差異所在

在百家爭鳴的先秦時期，我們知道最具代表性的是道家、儒家、墨家和法家，這四家對社會文化思想的最終價值觀都分別提出了各自的看法。一般的認為：道家以超功利的態度來看待義利；墨家是義利並重、義利合一；法家提出了「貴利輕義」的主張；而儒家代表人物孔子提出的是「先義後利，義利一體」的思想。

　　然而這些只是簡單的表述，從更深的層次上講墨家是極端的理想主義者，其思想觀點非常龐雜，追求甚高，他要實現兼愛、實現天志，是想要實現一個完全的、絕對的理想社會。由於似是而非的概念充斥其中，因而產生了很大、很多的誤導。

　　墨子的思想遭到孟子非常尖銳地批判，曰：「楊朱，墨翟之言盈天下。天下之言不歸楊，則歸墨。楊氏為我，是無君也；墨氏兼愛，是無父也。無父無君，是禽獸也。……楊墨之道不息，孔子之道不著，是邪說誣民，充塞仁義也。仁義充塞，則率獸食人，人將相食。」（《孟子·滕文公下》）

　　孟子的這段話在門派之爭中算是非常激烈的了。孟子認為楊墨之言是「邪說誣民，充塞仁義，（將導致）率獸食人。」仁義乃是聖人所立的「人之道」，是人與禽獸相區別的根本原因，仁義失則人如禽獸，人與人將會互相殘食。由此可見孟子對墨子的評價「摩頂放踵，利天下，為之」絕不是讚揚墨子的話。用當時的語言描述墨子當屬「硜硜然」一類的人。

（一）墨子其人

墨子，春秋末、戰國初思想家、學者，墨家學派創始人。姓墨名翟，生卒於約西元前468年至西元前376年。關於墨子的故里有多種說法，有魯人說，現山東滕州人；楚人說，楚國魯陽（今魯山縣）人；還有一說是宋國人。墨子出身平民，自稱「北方之鄙人」，人稱「布衣之士」和「賤人」。

墨子曾為宋國大夫，自詡「上無君上之事，下無耕農之難」，是同情「農與工肆之人」的士人；曾師從史角之後，傳其清廟之法；又學於儒者，習孔子之術，稱道堯舜大禹，明於《詩》、《書》、《春秋》，因不滿儒家禮樂煩苛，於是棄周道而用夏政。

墨子在「六藝」中，僅明《詩》、《書》、《春秋》三藝就自立門戶，竟在先秦時期也響噹噹地引領了一代風騷，影響了二千幾百年的江湖，成為中國思想文化的重要組成部分，並還將伴隨中華民族一直地影響下去。

（二）墨子的主要思想觀點簡介

1.墨子從倫理的角度提出了「兼愛」的主張。認為愛不應有親疏、上下、貴賤、等級的分別。他認為天下之所以大亂，是由於人們不「兼愛」。墨子的「兼愛」主張是要「愛利百姓」，以「興天下大利，除天下之害」為己任。

兼愛是兼相愛，交相利。意思是：愛是相互的，利也是相互的。義與利應統一在人們「兼愛」的行為之中。

墨子認為大到國家之間要兼相愛交相利，小到人與人之間也要兼相愛交相利。兼愛還表現在大國不侵略小國，國與國之間實現和平共處的「非攻」上。

兼愛與非攻：只有兼愛才能做到非攻，也只有非攻才能保證兼愛。

兼愛是墨子最核心的思想概念。

　　墨家學說的「兼以易別」是他的社會政治思想的核心，「非攻」則是其具體的行動綱領。他認為只要大家「兼相愛，交相利」，社會上就沒有強淩弱、貴傲賤、智詐愚和國與國之間攻伐的現象了。

　　2.墨子從政治的角度提出了「非攻、尚賢、尚同」的思想。

　　「非攻」反對一切侵略戰爭，而不是「非戰」。他反對「攻伐無罪之國」，主張「誅無道」、「誅滅無道之君」。

　　「尚賢」是《墨子》一書的基本政治綱領。墨子認為「尚賢」（任人唯賢）是為政之本。提倡不拘一格選任賢才，任人唯賢，使天下大治。

　　「尚同」則是「一同天下之義」。他認識到「天下有義則治，無義則亂」，因而提出「尚同」的觀點要「一同天下之義」以制止當時的天下大亂。

　　3.墨子從經濟的角度提出「節用、節葬、非樂」的思想，反對奢侈的生活，主張節儉。

　　4.墨子從宇宙觀的角度提出「非命、尚力」 認為命運不能主宰人的富貴貧賤，強調只要透過後天的努力就可以改變個人的命運。然而墨子為了求福避禍，他又提出「天志、明鬼」，這就與「非命、尚力」 觀點出現了明顯的矛盾。

　　一方面他強調「非命」、「尚力」，認為決定人們不同際遇的不是「命」，而是「力」，他認為「賴其力而生，不賴其力則不生」，充分肯定「人力」在社會生活中的作用，另一方面，墨子又肯定「天志」和「鬼」的作用。他把「天」說成是有意志的人格神，宣揚「順天意者」，「必得賞」；「反天意者」，「必得罰」。他認為「兼相愛，交相利」就是「順天意」，「別相惡，交相賊」就是「反天意」等。然而這些都還是表面的。

　　我們深入研究墨子的各種主張後，就會發現其中有許多的偏頗、偏執和局限，這些與墨子的學識範圍是相當吻合的。前文說到墨子「明

於《詩》、《書》、《春秋》，因不滿儒家禮樂煩苛，於是棄周道而用夏政。」這裡邊說得很明白了，墨子於「六藝」中的《禮》、《樂》、《易》三項關於變化的、關於因地、因時制宜的學問不精，而且是厭煩（不滿儒家禮樂煩苛），墨子已經理解不了儒家禮的概念了，覺得禮還要區別不同的人、不同的事，太煩了，因此他提出「兼愛」的觀念。正由於墨子之學業的偏廢，導致其行為落於兩邊。

由於墨家觀點十分的龐雜不能將其觀點盡述，所以將選取儒墨兩家最重要的部分觀點進行對比與分析。

（三）墨家對義的獨特理解派生出「義利合一」、「義政一體」和「義總於天」的結論

1.墨子「兼」與「別」的概念

在《墨子·天志中》中，墨子對何謂「兼」何謂「別」給出了他自己的精確解釋。

墨子曰：「兼者，處大國不攻小國，處大家不亂小家，強不劫弱，眾不暴寡，詐不謀愚，貴不傲賤，觀其事，上利乎天，中利乎鬼，下利乎人，三禮無所不利，是謂天德。」

墨子曰：「別者，處大國攻小國，處大家亂小家，強劫弱，眾暴寡，詐謀愚，貴傲賤，觀其事，上不利乎天，中不利乎鬼，下不利乎人，三不利無所利，是謂天賊。」

墨子明確地解釋了他所說「兼」與「別」的含意。他把「兼」與「別」解釋為了一對反意詞。墨子還自稱兼士，將其他不贊成「兼愛」學說的人稱之為「別」。如：「別君」、「別士」，儒家自然是進了他的「別士」之列。

墨子認為「別」則：大國必攻小國，處大家必亂小家，強必淩弱，眾必暴寡。

墨子所說的「別」與儒家禮中「區別」的「別」是完全不相同的兩個概念，從詞性上分，墨子的別是名詞；儒家的別是區別，是動詞。

墨子提出「兼以易別」的主張，就成了是用墨子的「兼」易孔子禮制之區別的「別」。這就出現了兩個不同概念的「別」的轉換，在這裡我們可以看到墨子有一個偷換概念的大動作，也是混淆儒墨兩家是是非非的重要原因。

因此，可以說墨子用「別」的概念來針對儒家禮學中「區別」的這個概念，是有惡意推導之嫌疑的。這一點一定要明確且清楚。

2.墨子的理論是建立在假設基礎之上的

墨子為推導論證他的主張的正確性，做了很多單純的假設為前提條件，以此為基礎，又以大量的篇幅進行了繁雜的論述，推導出了他所構思的「義政一體」的理想社會。

我們通過《墨子‧尚同上》篇來具體地瞭解他的理論構建過程。

原文：

墨子曰：「是故選天下之賢可者，立以為天子。天子立，以其力為未足，又選擇天下之賢可者，置立之以為三公。天子、三公既以立，以天下為博大，遠國異土之民、是非利害之辯，不可一二而明知，故畫分萬國，立諸侯國君。諸侯國君既已立，以其力為未足，又選擇其國之賢可者，置立之以為正長。正長既已具，天子發政於天下之百姓，言曰：「聞善而不善，皆以告其上。上之所是，必皆是之，所非，必皆非之。上有過，則規諫之。下有善，則傍薦之。上同而不下比者，此上之所賞，而下之所譽也。意若聞善而不善，不以告其上。上之所是弗能是，上之所非弗能非。上有過弗規諫，下有善弗傍薦。下比不能上同者，此上之所罰，而百姓所毀也。」

譯文：

墨子說：因此選天下的賢良者立之為天子。立好了天子後，因為天子一個人的力量還不夠，又選擇天下可用的賢人，任命他們做三公。

當天子和三公設立之後，又因為天下的面積太廣闊，對於那些遠離國都的邊民，他們是非利害的爭辯，不可能一一瞭解，所以將天下再劃分為萬國，然後設立諸侯國君。諸侯國君定立了，因為他們的力量還不夠，又在國家之內選擇賢明能幹的人擔任行政長官。行政長官設立之後，天子就對天下的百姓發佈政令。說道：「你們聽到『善』和『不善』的，都要報告上級。上級認為對的，所以大家必然都贊同，上級認為錯的，大家必然也都認為是錯誤的。上級有過錯。就規勸進諫，下面有善的，就去查訪，並加以推薦、推廣。與上級同心協力而不與下面相互勾結，這是上級所讚賞的，也是下面所稱譽的。如果聽到『善』和『不善』，不向上級彙報，上級認為是對的（上之所是），結果大家不贊同（弗能是），上級認為是錯的（上之所非），結果大家卻不認為是錯的（弗能非）。上級有過錯而不能規勸進諫，下面有善的卻不能查訪和推廣。下面相互勾結而不與上級同心協力，這是上級所要懲罰的，也是百姓所反對的。」

　　粗略一看墨子說的都很在理，然而仔細一想，墨子的上述理論完全是建立在「選天下之賢可者，立以為天子」，這一假設的基礎上的。然後以此假設為起點，進行了從選三公、劃分萬國、設諸侯到政令發佈和民意回饋等長篇累牘想當然的推導。然而墨子的這種假設與推導有多少現實意義呢？

3.墨子的義利合一

　　我們研究墨子，會發現墨子將天比作有人格的、有意志的神，天按義與不義來對人們進行賞罰。因此，依照墨子的理論人們就可以從財富的多少來判斷出義之所在。

　　在《墨子·天志上》中，他對義與利的關係有過一段描述，曰：「天下有義則生，無義則死。有義則富，無義則貧。有義則治，無義則亂。」反映出墨子認為義與利是一體的，富貴都是天給予的獎償，是正義的結果；貧窮，是受天的懲罰，是不義的後果。

　　我們看墨子在《天志上》中如何用其義利一體的理論，以現實生活

中誰最富貴的情況來推斷社會正義之所在的。

原文：

墨子曰：「故天子者，天下之窮貴也，天下之窮富也。故於富且貴者，當天意而不可不順。順天意者，兼相愛，交相利，必得賞。反天意者，別相惡，交相賊，必得罰。然則是誰順天意而得賞者？誰反天意而得罰者？」（《墨子・天志上》）

大意為：

墨子說：「天子乃是天下之極貴、極富的人。由於極富且貴，對於天意就不可以不順從。所謂順天意即兼相愛，交相利，如此必得賞；所謂逆天意，即別相惡，交相賊，必定受罰。那麼實際上是誰順從天意而得到賞賜了呢？又有誰違反天意而受到懲罰了呢？」

墨子舉例當然是「天子」最為富有，墨子認為天子富有四海都是天給予的獎賞。

墨子有一個取巧之處，他推導論證了一大通後卻不下結論，好似把結論要留給讀者，好像很客觀。其實墨子的推理比較隱蔽，他把結論放在了前面，因為他是從結果推原因的。墨子首先認定天下誰最富與貴。當然是天子，然後再以富與貴皆是上天償罰的結果為理論，推導出富且貴者當然是順應了天意，所以義當然由「窮貴，窮富」的天子所掌握。

墨子的「義政一體」與「義利合一」將政、義、利三個概念相混淆，他已分不出其中的層次與區別。

4、儒墨對義來源的不同認識

（1）墨子的義來自天志

墨家對「義」的認識來自「天志」，由鬼神代言，由君主總持。並且認為「義」就是君主的執政行為。墨子的理論是：「且夫義者，政也。無從下之政上，必從上之政下」。大意為：什麼是義，義就是政體。政體不可能是由下政上的，必然是由上政下的。

墨家認為「義」隨著行政管理的設置從：「天子→三公、諸侯→將

軍、大夫→士→庶人」逐級傳遞與政同體，反映出墨子將「義」的概念與行政的概念相混淆，對「義」概念已經認識不清了，只好籠統地歸於「天志」（鬼神）。

我們應該很清楚執政確實是應該按義而行，但執政是否做到了合於義，則是不同的兩回事。

從墨子「天子又總天下之義，以尚同於天」的思想中，可以清楚地看到：墨子是將人的行為對接於形而上的義。而儒家則不同，是將形而下的行為對接於形而上的德。

（2）形而上有義嗎

形而上有道有德，無需論證。

問題又來了，形而上有義嗎？！

這裡要進一步講清仁義的關係，仁是聖人為中國人規定下來的思想方向（用心方向），是仁慈、是一種觀念、是一種意識、是價值觀。

在前文「十、中國文化中的關鍵字——正」裡，我們從《太極圖說》中知道，是聖人將中正仁義」定之為正的，這是人之所以能夠成為人的根本標誌所在。

而義則是在仁心慈意作為正的觀念確立下來之後，人們對是非的認識與判斷，是來自內心的一種認識，義是人意識之後產生的。我們可以肯定沒有意識是不會有分別、分辨等義與不義的判斷的。義是中國文化中人們內心是非判斷的原點、參照點。正因為如此，儒家於每事中都強調「義之與比」、「義以為質」。關於什麼是義在《禮記‧禮運》中還有更明確的敘述，曰：「何謂人義？父慈、子孝、兄良、弟弟、夫義、婦聽、長惠、幼順、君仁、臣忠，十者謂之人義。」

但儒家是承天地之德而後有仁的，有仁的觀念意識之後才產生的義。

而形而上的層次裡是不會有意識與判斷的，所以不會有義。

在《道德經》中，老子說：「天地不仁，以萬物為芻狗；聖人不仁，以百姓為芻狗」。可見老子是在說天地沒意識所以不仁！而「聖人

不仁」卻不是說聖人沒意識，而是聖人做到了自然而然，是不用意識，所以不仁。

從分析中，我們可清楚地看到儒墨兩家對「義」認識上的差別，儒家的「義」是來自孝道，來自個人對「此時此地此刻，我能我可我應該」的判斷，「義」的標準是來自孝道的學問與修養。而墨家的義來源於天，由天子總執，然後按「天子—三公；諸侯—將軍—大夫—士—庶人」逐級傳遞與政是同體的。

（3）文化的分枝

司馬談在《論六家要旨》中對文化變遷作了評論，他引用了《易·繫辭》的一句話：「天下一致而百慮，同歸而殊途。」認為中國文化雖分成了一個個的不同流派，然諸子百家本是同源的。其實，墨家文化也是從儒家文化中分枝出來的，只是墨子走了極端。

到了春秋時期，隨著時間的推移，人的心性所受蒙蔽日增，諸子已沒有能力從整體、從全域來理解和傳承中國上古的文化了，只能從文化的某個側面、某個角度，局部的來觀察和研究中國的上古文化，發展形成了各家之說，這就是文化的變遷，這個過程可以有如下多種形象化的說法：

① 百家爭鳴的時代，文化空前繁榮。這是最為表面現象的一種認識。

② 「天下一致而百慮，同歸而殊途。」這是一種逆時間追溯文化變遷的描述，說的是諸子百家各門各派的繁榮，然而追本溯源勻出自中國的上古文化。

③ 諸子百家文化是中國上古「文化本散而萬殊」的結果，與上面的 ② 的觀點基本相同。但這是順時間的、形象的表述。

④ 最古老的說法是：「禮崩樂壞」。這種說法才講到了根本上，是強調在「文化本散而萬殊」的過程中，迷失了上古文化中的精神！也就是迷失了上古文化中的價值觀仁與義。所以有「仁義充塞，則率獸食人」之說。

（4）中國文化的核心是仁義

中國的文化精神是什麼？又可以有多種表述，而內容是一樣的，都是對義的認識。

①「見利思義」（《論語·憲問》）。

②「義然後取」（《論語·憲問》）。

③「君子之於天下也，無適也，無莫也，義之於比」（《論語·里仁》）。

④「禮以行義，義以生利，利以平民，政之大節也」（《左傳》）。

以上的四種對義的表述，各自有不同的觀察角度，但以《左傳》中的表述最為清晰，並且把「禮、義、利、政」等的關係和作用說得非常清楚明白。禮是用來實現義的（禮以行義）；義是可以生出利來的（義以生利）；利是用於生養百姓的（利以平民）；政之大節也是對上述三項「禮以行義，義以生利，利以平民」次序和作用的肯定，並許之為政之大節也。這句話實際上對什麼才是為政給出了最後的定義。

在《荀子·正名》中，荀子對於儒家的義利觀也作了非常清晰的闡述。他說：「正利而為，謂之事，正義而為，謂之行」。意為：以利為目的的曰事業，以義為目的的曰德行。

《文言》曰：「利者，義之和也。」

儒家將義利也當做一體的，但是儒家將義利分為了綱與目的兩個層次。而墨子將利義當作是不分層次的一體。

5.墨子的愚忠思想

由於墨子對義的認識存在有了欠缺，因此在方法上出現了走極端的問題。墨子認為「義」在君主那裡，所以忠君就是義了，反之是為不義。墨家對君主投的都是贊成票，體現出的是「愚忠」。

愚忠從何而來？就是從墨家出來的。然而一直是儒家在背這個黑鍋。

儒家對君主的態度是「從道不從君，從義不從父」（《荀子·子

道》）。

　　孔孟原儒的君臣之道是怎樣的呢？在《論語・憲問》中，子曰：「邦有道，穀。邦無道，穀，恥也。」

　　這些都充分準確地反映出了儒家的君臣、忠孝思想。對於無道之君，儒家投的是棄權票，這與隱士的觀點是一致的。

　　孔子雖然在《論語・微子》中說過：「鳥獸不可與同群，吾非斯人之徒與而誰與？天下有道，丘不與易也。」但這並不應該認為是孔子看不起隱士，在罵隱士。我們知道孔子周遊列國十四年意欲尋覓有道之君推行王道，然而最終他也是「卷而懷之」的，孔子與隱士的種種差別只體現在了過程當中，隱士是直接歸隱，孔子是經過「知其不可而為之」的努力之後才「歸隱」，而改用著《春秋》的方式以為之的。

　　孔子與隱士的根本思想是相同的，都在於「終於立身」，有了「終於立身」的思想才會有潔身自好，維護自身的尊貴等等的追求，這才是知恥！沒有尊貴的概念何來對恥的認識！

　　現在人的品格貴賤不分，居高位者已不再是用義來衡量對錯了。人們經過反覆的灌輸後，都認可了法律面前人人平等的觀念了，人與人的分別也只剩下用金錢來衡量「貴賤」了。所以熬到了58歲就自然會產生出莫名的緊迫感來。

　　在《荀子・法行》中記載了一段故事，我們從中可以看到儒者對利與義的態度。

原文：

　　曾子病，曾元持足。曾子曰：「元，志之！吾語汝。夫魚鱉黿鼉，猶以淵為淺而堀其中，鷹鳶猶以山為卑而增巢其上，及其得也，必以餌。故君子苟能無以利害義，則恥辱亦無由至矣。」（《荀子・法行》）

譯文：

　　曾子病得很厲害，曾元抱著他的腳。曾子說：「元，記住！我告

訴你。那些魚鱉黿鼉以為淵池還太淺不夠安全，為了安身還要在下面打洞；鷹鳶以為山嶺還太低不夠安全，所以把巢穴建在了最高處才棲息；然而它們被人捕獲，一定是因為誘餌。所以君子如能不因為財利而傷害道義，那麼恥辱也就無從到來了。」

我們看到儒家都是以修身為最終目的的，都是「義之與比」的，其中體現的是孔子對人生最高境界的理解「終於立身」。

6.墨家對愛的獨特認識

墨子的倫理觀認為愛不應有親疏、上下、貴賤的等級分別，而是要人人平等的「兼愛」，這源自他對什麼是愛有獨特的見解。他說：「愛人，待周愛人然後為愛人。不愛人，不待周不愛人。不周愛，因為不愛人矣。」（《墨子‧小取》）

墨子這段話的意思是：「所謂愛人，就是要達到愛所有的人，然後才算是愛人了。什麼叫做不愛人呢，不用等到什麼人都不愛才算不愛人，只要愛得不周遍，（有愛有不愛）便算不愛人了。」可見墨子對愛的理解也是非常的極致。

墨子認為儒家的仁愛是有差別的愛，所以一定會落到有愛與不愛，這就是「兼相愛」的反面，成了「別相惡」了。他認為天下之所以大亂，就是由於人們的觀念有區別、差別有等級。其實這正是墨家根本問題所在，脫離了社會現實，而落入一種空想的理想主義。

因為，等級的區別是社會的現實、客觀存在的。墨家在錯綜複雜的人際關係面前措手無策，而採取忽視人與人之間差別的態度，提出人人「兼相愛」的設想。

我承認如果人人都能做到「兼愛」、「周遍的愛人」社會是會太平。問題是「兼愛」是忽視人與人地位身份差別的基礎上提出來的，「兼愛」本身需要有很多的假設條件才能成立。「兼愛」本身就沒有現實基礎，當然最後只能是停留在一種思想的層次上，永遠都只是思想的火花。雖然墨子的某些思想還在影響著中國人，但從來就沒有「兼愛」

的影子。

有的人可能會想不通了！我們的社會不是提倡人人平等嗎？怎麼能說從來沒有「兼愛」的影子。

首先要明確，提倡人人平等，並不等於人人就真的平等了，也不等於人人會有可能平等了。比如我們說：提倡人人都追求幸福，是不是人人就幸福了？未必；我們提倡人人有工作，是不是人人就有工作了？也未必。

近現代平等的觀念來自於西方。平等的概念只有用在種族、群體等脫離具體個人時才有其積極的意義。不能拿群體的概念用在個體上。因為這是兩個不同層次的概念，混淆了是要出現重大誤區的。

7. 墨子關於孝的理論

我們看墨子關於孝的論述，才能瞭解墨子要實現的目標「兼愛」是一個怎樣的境界。

在《墨子‧兼愛下》中記載，墨子對兼愛互利是否違背了孝道的這個重大問題做了這樣的解釋。

原文（部分）：

子墨子曰：「吾不識孝子之為親度者，亦欲人愛利其親與？意欲人之所惡賊其親與？以說觀之，即欲人之愛利其親也。然即吾惡先從事即得此？若我先從事乎愛利人之親，然後人報我愛利吾親乎？意我先從事乎惡人之親，然後人報我以愛利吾親乎？即必吾先從事乎愛利人之親，然後人報我以愛利吾親也。」

譯文：

子墨子說：「我不知道孝子為雙親考慮，是希望別人愛護和有利他的雙親呢？還是希望憎惡、殘害他的雙親呢？按照常理來看，當然希望別人愛護和有利於他的雙親。既然如此，那麼怎樣做才會得到這樣的結果呢？假若我先從事於愛護和有利於別人的雙親，然後別人回報我以愛護和有利於我的雙親嗎？還是我先從事於憎惡別人的雙親，然後別人回

報我以愛護和有利於我的雙親呢？則必然是我先從事於愛護和有利於別
人的雙親，然後別人報我以愛護和有利於我的雙親。」

　　墨子的這段話非常饒舌地表達出，要實現他設想的「利吾親」，有
一個「求諸人」的過程，有個「若我先從事乎愛利人之親，然後人報我
愛利吾親乎？」的假設，只有當這個假設是已經成立的，墨子的孝才是
可行的。也就是說如果我先做了「愛利人之親」之事，而期待他人也回
報「吾親」之時，必須要回報得及時，不能有意外。如果他人沒有回報
怎麼辦？回報不及時餓死人了又怎麼辦？別人沒有「兼相愛」的境界，
恩將仇報了又怎麼辦？

　　因為墨子是「兼士」，他的兼愛有兩個特點。其一，愛爹娘與愛其
他的人是一樣的，不會有差別的；其二，「不用等到什麼人都不愛才算
不愛人，只要愛得不周遍，便算不愛人了。」所以要注意墨子的「若我
先從事乎愛利人之親，然後人報我愛利吾親乎？」的這個過程不是僅僅
在你我他之間的這麼個小範圍！而是在全社會的範圍！

　　從分析知，墨子的孝要繞一個很大的、很不可靠的圈子，墨子認為
禮複雜，其實他繞的這個圈子更複雜。墨子的孝，是要先實現大同世界
而後才有可能實現的。並不是行其道可達大同世界。

　　所以孟子批「墨氏兼愛，是無父也。」

　　從分析可以瞭解到「兼愛」並不是不好，　並不是境界不高，「兼
愛」幾乎是完美的大同世界的另一個說法.只是如何達到「兼愛」的境
界？墨子給的方法是你「兼愛」了就能達到「兼愛」的境界。這好比有
你問人「如何才能實現大同世界？」別人回答說「只要大家都按大同世
界的境界去做了，就實現大同世界了。」這話錯了嗎？沒錯!但就是實現
不了，這中間還相隔著很遠的距離，如何跨過這段距離？這是「為政」
的事情了。子曰：「為政，正也。」

8、墨子的理論以假設為基礎以推導為結論

　　在前文「墨子的義政一體」中，我們看到了墨子在《墨子・尚同

上》篇，以假設「是故選天下之賢可者，立以為天子」為據，然後進行了從選三公、劃分萬國、設立諸侯到民意回饋的長篇推導。其實《墨子》一書的整個理論都是建立於這類假設之上的，因而缺少現實意義，也是墨家理論的缺點。

（1）墨子對天志的推導

在墨子看來，「儒以天為不明，以鬼為不神。天鬼不說，此足以喪天下」（《墨子·公孟》）。

墨子認為若無鬼神，則天下是非無一定之標準，失去統一的法度，因此必須設天志、明鬼神以為規矩。

在《天志上》中，墨子信心十足地說：「我有天志，譬若輪人之有規，匠人之有矩。輪匠執其規矩以度天下之方圓，曰：『中者是也，不中者非也。』

大意為：

「我有了上天的意志，就譬如造車輪的人有了圓規，工匠有了直尺。工匠們拿著圓規和直尺來量度天下的方和圓，說：『符合二者的就是對的，不符合的就是錯的』。」

在《墨子·天志上》中，他對「上天希望什麼？厭惡什麼？」又是作了一番推導得出了「天志」的結論，這個推論成為了墨子理論中最重要的支撐點，我們對這一段進行分析以瞭解其推導過程。

原文：

然則天亦何欲何惡？天欲義而惡不義。然則率天下之百姓以從事於義，則我乃為天之所欲也。我為天之所欲，天亦為我所欲。然則我何欲何惡？我欲福祿而惡禍祟。若我不為天之所欲，而為天之所不欲，然則我率天下之百姓以從事於禍祟中也。

然則何以知天之欲義而惡不義？曰：天下有義則生，無義則死。有義則富，無義則貧。有義則治，無義則亂。然則天欲其生而惡其死，欲其富而惡其貧，欲其治而惡其亂。此我所以知天欲義而惡不義也。

譯文：

那麼上天希望的是什麼？厭惡的是什麼呢？上天希望行義而厭惡不義。然而率天下的人民去做符合義的事，那麼我就是在做天意所希望的事啊！我做了上天希望做的事，上天也會做我所希望的事。然而我所希望和厭惡的是什麼呢？我希望得到的是福祿而厭惡災禍。假如我不去做上天所希望的事，而去做上天所厭惡的事，那麼我不是在率天下的百姓從事禍害了嗎？

然而憑什麼知道上天喜歡義而厭惡不義呢？答：「這是因為天下的事物，符合於義才能生存，無義就會滅亡。有義則富，無義則貧。有義才能治理，無義就會混亂。然而天意希望人們生存，而厭惡死亡，希望富足而厭惡貧窮，希望治理而厭惡混亂，這是我所以知道上天希望行義而厭惡不義的原因。

墨子的理論推導是個非常複雜的過程，我們要逐句分析墨子的每一段話，並將分析的結果寫在每段句子後的括弧內，以供研究。

譯文分析一：

那麼上天希望的是什麼？厭惡的是什麼呢？上天希望行義而厭惡不義（1：墨子自問自答就得出了斷言，上天希望行義而厭惡不義）。然而率天下的人民去做符合義的事，那麼我就是在做上天所希望的事啊（2：為自己所做之事定性）！我做了上天希望做的事，上天也會做我所希望的事（3：推論，我做了你想我做的，你也會做我想你做的）。然而我所希望和厭惡的是什麼呢？我希望得到福祿而厭惡災禍（4：自問自答論證自己的目的正義）。假如我不去做上天所希望的事，而去做上天所厭惡的事，那麼我不是在率天下的百姓從事禍害了嗎（5：此段為推論，我若從事於禍害，則與「2：為自己所做之事定性」和「4：自己的目的正義」相佐，以此判斷自己的行為是正義的。）？

然而，憑什麼知道上天喜歡義而厭惡不義呢？

答：「這是因為天下的事物，符合於義才能生存，無義就會滅亡。

有義則富，無義則貧。有義才能治理，無義就會混亂（6：此段墨子自問自答提出了他最重要的觀點，有義則生， 無義則亡，有義則富，無義則貧。墨子的關鍵點是他將事物的結論與事物的過程相混淆）。那麼天希望人類生存而厭惡死亡，希望富足而厭惡貧窮，希望治理而厭惡混亂（7：此段與「1」的相同，又是墨子自己做出的斷言），依此，所以能知道天希望行義而厭惡不義啊！（8：墨子依據「7」中自己做出的斷言，又做出了進一步的推論）。」

墨子在《天志下》中對義進行了描述，並給出了如下的定義。

墨子曰：「義正者若何？曰：大不攻小也，強不侮弱也，眾不賊寡也，智不欺愚也，貴不傲賤也，富不驕貧也，壯不奪老也。故凡從事此者，聖知也，仁義也，忠惠也，慈孝也。是故聚斂天下之善名而加之。」

墨子不僅將義利合一、義政合一，而且將仁義、忠惠都歸於兼的概念之內「兼則仁矣義矣。」（《兼愛》）

可見墨子「兼」的概念非常之大。

（2）以假設為依據的墨子理論

初讀墨子的文章，如云遮霧罩，細讀才見其依據都是假設的。現以《墨子・兼愛上》為例，看墨子的兼愛互利是如何論證出來的。

原文：

墨子曰：「若使天下兼相愛，國與國不相攻，家與家不相亂，盜賊無有，君臣父子皆能孝慈，若此則天下治。故聖人以治天下為事者，惡得不禁惡而勸愛？故天下兼相愛則治，交相惡則亂。」（《墨子・兼愛上》）

將墨子的這段話簡化後，則為：「假若使……，假若像……，故聖人……，故天下……。」

從簡化後的句子可以很清楚地看到這是一個「如果使……，如果像……，所以……，所以……」的假設判斷。在「假若如此，……所以如

此」的句子中，「假若如此」是一個假設，而「所以如此」又是在假設基礎上的推論，這樣的理論我是真不知有何現實意義了。

我們前面分析過有子的名言：「禮之用，和為貴，先王之道，斯為美，大小由之，有所不行，知和而和，不以禮節之，亦不可行也。」其中「知和而和」的句型格式則是：「為了……而……」，對比墨子的「假若使……，假若像……，故聖人……，故天下……」的這個句子，可知墨子的理論正是一個典型的「知和而和」的形式。也是為了目標而目標的。而更有甚者墨子的目標還是假設出來的。

其實，在《墨子》一書中，有很多理想主義的觀念，提出了很多脫離實際、脫離人性的觀點，許多篇章都是以假設為依據，然後任由其推導得出了結論。

在《墨子·兼愛中》還提到了一個觀點：「視人之國，若視其國；視人之家，若視其家；視人之身，若視其身。」從這裡可以瞭解到墨子大有擔盡天下責任的決心與信心。看起來好像很有道理。

如果在現代按照墨子的理論「視人之國，若視其國；……」推而廣之，立刻能使家與家之間無寧時，國與國之間無寧日。以此理推論，則「子路為郈令，以飼溝者」的行為就該受到表揚了！

墨子他只能提出一個自認為對的、合於他認為是「義」的理想主義：「處大國不攻小國，處大家不亂小家，強不劫弱，眾不暴寡，詐不謀愚，貴不傲賤。」然而，如何才能「處大國不攻小國」？墨子認為「兼愛」即可。

現在一些家長扁了小孩子，也都說是因為愛他們。日本當年打中國時不也是說要建立東亞共榮圈嗎？說要將中國從歐洲的殖民統治中解放出來嗎？

墨子只給出理想主義的目標「兼愛」，卻不能解釋什麼是「愛」，怎麼樣從人的內心中培養出「愛」來。

我記得上小學時經歷過的事，很能說明「愛」的問題。二個同學打架，老師問大個子的同學：「你為什麼打他？」答曰：「我愛呀！」老

師半天無語？

　　儒家的仁義就不同了，非常明確，仁是愛人，義是正己。在內心層次時，你的仁愛有多寬廣都行，但在行動上就要受到「此時此地此刻，我能我可我因該」的限制。

　　墨家學說對於中國傳統文化的貢獻是增加了一些元素，但相對於中國上古文化的正統代表──儒學，則顯得太膚淺、太幼稚。

　　在《論語・子路》中，子貢問曰：何如斯可謂之士矣？子曰：行己有恥，使於四方，不辱君命，可謂士矣。曰：敢問其次？曰：宗族稱孝焉，鄉党稱弟焉。曰：敢問其次？曰：言必信，行必果，硜硜然，小人哉，抑亦可以為次矣。曰：今之從政者何如？子曰：噫！鬥筲之人，何足算也！」

　　在子貢兩次「敢問其次」之後，孔子回答曰：「言必信，行必果，硜硜然小人哉！抑亦可以為次矣。」我以前就一直都想不通，孔子為什麼會把「言必信，行必果」的人說成硜硜然之小人？（硜硜然，形容一個人見識淺薄又非常固執的樣子）。

　　孟子在《離婁下》中也說：「大人者，言不必信，行不必果，惟義所在。」是勸告某人放棄不合於義的承諾，並指出大人之行為應「惟義所在」。

　　結合《史記・遊俠列傳》中對墨家的評說：「其言必信，其行必果，已諾必誠，不愛其軀，赴士之厄困。」

　　從《淮南子・泰族訓》中也可以看到類似的記載「墨子服役者百八十人，皆可使赴火蹈刃，死不還踵，化之所致也。」

　　現在可以肯定，孔子回答子貢時所講的：「言必信，行必果，硜硜然小人哉！抑亦可以為次矣。」正是指先墨子時代的俠士一族。

十五、 儒法兩家的法律思想對比

　　《禮記‧曲禮上第一》曰：「分爭辯訟，非禮不決。」從中可見禮包含了「辯訟」（法律）的功能，這也說明禮是比法律更高一個層次的概念。

　　南懷瑾先生在《論語別裁‧泰伯》篇中就其所談到的中國文化等問題有如下的解說：「我們現在說中國文化，如果嚴格地說應該是周代文化。是周公把過去的中國文化，集其大成；而孔子是將周公集其大成的中國文化加以整理。所以中國文化，也就是堯、舜、禹、湯、文王、武王、周公、孔子所傳承的文化總稱。」

　　因為孔子刪詩書，定禮樂，贊周易，修春秋，皆在於傳先王之所述，先王的重要思想就包含在六經（六經皆史）之中。子曰：「述而不作，信而好古，竊比於我老彭。」

　　我們說這麼多之為明確一件事實，孔子時代儒道未分，孔子是「祖述堯舜」、「信而好古」、「述而不作」的，他整理的是中國上古之文化，他流傳下來的儒家學說才是源於上古、是中國文化的正統，是中國文化之主幹。其他諸子學說只是中國上古文化主幹（儒道未分時）的分枝。可見孔子的文化地位遠遠高於其它諸子的文化地位。

　　本文正是基於上述的文化觀點，梳理法家學派在從中國上古文化主幹儒家分離出來的過程中，所產生的文化碎片，當這些文化碎片又重新融合成主流文化時，中國文化的「基因」卻發生了某些變異。這些變異與混淆是以法家學派的思想摻和為主的，然而許多概念卻又都延用儒家學說的名稱，加之近現代欲全盤西化的精英們對中國文化的歪曲，使今天的人們錯誤地認為：如今我們置身其中的文化，就是儒家原本的文化；以為現代文化中的諸多醜陋的因素甚至是邪惡的成分是來源於儒家

文化的；以為阻礙當今中國進步的思想糟粕也是來源於儒家文化的。

本章旨在為釐清文化變遷的過程提供一些參考。

從春秋時代管仲提倡重視法治，法家思想理論開始逐步形成；進入到戰國時代，商鞅成為法家思想體系的奠基者，然而其所奠基的已不是法治之基，準確地說其所奠的已成為法制之基了。待到韓非集法家思想之大成時，中國的法律思想經歷了：管仲的「以法治國」──慎到的重「勢」──申不害的重「術」──商鞅的重「法」──再演變為韓非的「法、術、勢」相結合的「法制」理論。

先秦的法治思想經歷了從萌芽到發展再到成熟的衍變。在這個過程中，法治思想從提出、衍變到成熟，其立意卻發生了根本的改變，甚至走到了法治對立面上去了。在明眼人看來韓非的「法、術、勢」中，「法」充其量只占了三分之一，而這三分之一的「法」與「術、勢」摻和在了一起，是否會變味呢？

我們從法家的法治（制）思想轉變的過程中，還能看到中國上古文化「禮崩樂壞」的縮影，還會看到中國文化在傳承過程中所發生的某些重要質變。對這段歷史與文化演變的觀察與研究，會看清儒、法兩家的歷史演化對今天中國傳統文化的形成所起的作用。只有細緻的觀察這些歷史片段，我們才能最終釐清眼前的中國傳統文化中的精華與糟粕及其來源。

（一）儒家對法的認識與運用

孔子是贊成用刑罰的，但是還必須明白孔子用刑罰的目的是無訟。曾子在《大學》中進一步闡述孔子的法制思想是為了使隱瞞真實情況的人不敢花言巧語，使人心畏服，轉向誠實，這才是「聽訟」的根本。

儒家認識到法制需與道德化育相配合才能起到根本的治世作用。因為法律所規定的是社會道德所容忍的最低限度，給出的僅為「應止」的內容，而民眾「應行」的標準、方向是什麼，法律中並沒有說。法制給

民眾的行為標準尚不完全，卻希望法制能達到治世的完全效果是不可能的。

儒家是以「德主刑輔」為治世方略的，把刑法只是當作治世的一種輔助工具，儒家認為只有當法律起到配合德治思想，起到了「導民向善」的作用，促進民眾對「應行、應止」的認識，法律的公正與社會公正保持一致時，社會才開始能收到「治」的效果。

在《孔叢子・刑論》中，仲弓問古之刑教與今之刑教。孔子曰：「古之刑省，今之刑繁。其為教，古有禮然後刑，是以刑省。今無禮以教，而齊之以刑，刑是以繁。……夫無禮則民無恥，而正之以刑，故民苟免。」

大意為：

孔子說：古時刑法條文少，今時的刑法條文多到繁。之所以如此是為政的指導思想不同了，古時以禮為先而備刑（備：有而未必用），所以刑法大多數時間用不上（刑省）。今時不用禮為政教的指導思想了，而是以刑法為標準，所以刑罰繁。……如果民不知禮，民則不知恥，只以刑罰為標準來正民之行為，所以民眾會認為免於刑罰就可以了，雖然，知道自己的行為不合於法，但內心卻不知錯在哪裡（不識義矣）。

關於刑與禮的不同作用在《大戴禮記・禮察篇》中有明確記述「以禮義治之者積禮義，以刑罰治之者積刑罰。刑罰積而民怨恨而叛上，禮義積而民和親。」

我們將從管仲對法律的觀點一直看到韓非所謂集大成者止，法律是由簡到繁。然而法治卻墮落成了法制，其中說明了什麼？

（二）管仲其人

管仲，（723 A.D. -645 A.D.），是春秋時期傑出的思想家、政治家。春秋時期，法家還沒有形成獨立的學派。當時，因為管仲相齊，開

始重視法治，於內政、經濟、軍事等多方面進行改革，積累了雄厚的物質和軍事實力，輔助齊桓公做了諸侯霸主，九合諸侯，一匡天下。管仲進行改革的成功，使法治思想在春秋時期開始萌發，管仲因此被認為是法家的鼻祖。

管仲得鮑叔牙的推薦任齊國上卿，輔佐齊桓公成為了春秋時期的第一霸主。管仲注重經濟發展，主張改革以富國強兵，他認為：「國多財則遠者來，地辟舉則民留處，倉廩實而知禮節，衣食足而知榮辱。」齊桓公知人善任，授權讓他主持開展了一系列的政治、經濟改革：在全國劃分政區，組織軍事編制，設官吏管理；建立選拔人才制度，士經三審選，可為「上卿之贊」（助理）；按土地分等徵稅，禁止貴族掠奪私產；發展鹽鐵業，鑄造貨幣，調劑物價。管仲改革成效顯著，齊國由此國力大振。對外，管仲提出「尊王攘夷」，聯合北方鄰國，抵抗山戎族南侵。這一外交戰略也獲得巨大成功。

後來，孔子與學生子路、子貢討論什麼算是仁德時，孔子對管仲也是大加讚嘆，曰：「管仲相桓公，霸諸侯，一匡天下，民到於今受其賜。微管仲，吾其被髮左衽矣。豈若匹夫匹婦之為諒也，自經於溝瀆而莫之知也？」（《論語·憲問》）

這段話的大意是：

孔子說：「管仲輔佐桓公，稱霸諸侯，匡正了天下，老百姓到了今天還享受到他的好處。如果沒有管仲，恐怕我們也要披頭散髮，穿著夷狄人向左邊開的衣服了。哪能料想他像普通百姓那樣恪守小節，自殺在小山溝裡，而誰也不知道。」

相傳管仲著有《管子》一書，其中內容豐富、觀點龐雜，包括了後人區分所定義的儒家、法家、道家、陰陽家、名家、兵家和農家的諸家觀點。從《管子》一書中，可以看出管仲所主張的依然是德治，其思想觀點的龐雜也正體現出儒家思想包羅廣博的特徵。

1.管仲德主刑輔的治國思想

　　《管子‧牧民》篇集中反映了管仲的治國之道。作為施政綱領，篇中的「守國之度，在飾四維」更是綱領中的精髓，從中可以看出管仲的治國思想依然是主張德治的。

　　《管子‧牧民》篇曰：「倉廩實，則知禮節；衣食足，則知榮辱；上服度，則六親固；四維張，則君令行。故省刑之要，在禁文巧；守國之度，在飾四維；四維不張，國乃滅亡。

　　國有四維，一維絕則傾，二維絕則危，三維絕則覆，四維絕則滅。傾可正也，危可安也，覆可起也，滅不可復錯也。何謂四維？一曰禮，二曰義，三曰廉，四曰恥。禮不逾節，義不自進，廉不蔽惡，恥不從枉。故不逾節，則上位安；不自進，則民無巧詐；不蔽惡，則行自全；不從枉，則邪事不生。」

　　《管子‧牧民》篇中將施政綱領禮、義、廉、恥的作用作了講解。（但我們注意到其中與孔子之學說是有較大差異的。）

　　《管子》中的其它篇章，則是對實現施政綱領所需要配套措施的闡述，如《管子‧明法》篇就是解釋如何理解法律和運用法律的，篇中曰：「威不兩錯，法不二門，以法治國，則舉措而已。」

大意是說：

　　統治者治理國家，只要統管好使得政出一門，以法治國，就會像人們舉手投足那樣，輕而易舉地治理好國家了。

　　又如《管子‧論法》篇中說：「故法者天下之至道也，聖君之實用也」、「不法法則事無常，法不法則令不行」、「法者民之父母也」。

　　管仲在這裡強調法是最高之至道、治國之根本，如果沒有這個根本則民無保障、國無秩序、民心不向、國將不國，可見管仲確是已將「以法治國」上升為一種治國的理念。

　　然而，我們還需注意，管仲在施政綱領《管子‧牧民》篇中對法律的目的還有如下講述，曰：「嚴刑罰，則民遠邪；信慶賞，則民輕難。」將實行法治的目的也講得非常的明確，「嚴刑罰」是為了使民「遠邪」。

　　問題是如何理解「遠邪」二字？我們可以簡單地理解「遠邪」就是對道德的追求與回歸，與「飾四維」是一致的。在「遠邪」二字之中我們明顯能看出有導向的含意。從這裡還是能看出管仲設置法律的目的在於對社會道德的維護。

　　從管仲「飾四維」的內容，我們可以看到他所強調的「禮、義、廉、恥」雖然與儒家思想「道、德、仁、義、禮」有了一定距離，但還是比較近的，畢竟還是包含了「禮、義」的內容（「禮不逾節，義不自進」）。這說明，管仲在齊國執政的年代雖有「故法者天下之至道也」之言，但他將法治的作用、目的都還是定位在「飾四維」上的，他將法律用於引導民眾對「禮、義、廉、恥」的回歸、對道德的追求，因此可以肯定，他還是在通過「德教」來實現「守國」的。這應該是他提倡法治的初衷。

　　在《管子‧七法》中，曰；「和民一眾，不知法不可；變俗易教，不知化不可。」

大意為：

　　「要使民眾和諧一致，不懂得法律是不行的；要移風易俗，使民風淳樸，不以德來教化是不行的。」從中可見管仲對移風易俗的教化還是有很深地認識，他只是將法律定位為眾多治國手段、工具中的重要一種。這與後來的法家人物商鞅、李斯等只懂「一斷於法」大不相同。

　　我們如果從時代的變化來考慮，在「道失而有德，德失而後有仁，仁失而後有義，義失而後有禮，禮失而後有法，法失而後有刑，刑失而後有亂」的時代演變中，管仲時代正是處在禮義缺失國家管理手段不足的年代，因此管仲轉而重視法律，提出了「以法治國」的主張。但管仲的法律目的還很明確，只是為了達到德化的一種手段。

　　在「和民一眾，不知法不可；變俗易教，不知化不可」中，很明顯他是將「知法」與「德化」二者同時互用的。

　　管仲他還認識到了可能出現的司法腐敗，他認為阻礙法令貫徹的禍

害，莫過於執法者「釋法而行私」（《管子‧君臣》），而能否杜絕行私，關鍵在於君主。要求君主本人必須以身作則「置法以自治，立儀以自正」（《管子‧法法》）。

眾所周知「立儀以自正」講的就不是法律的內容了，講的是道德榜樣、道德修養的內容。這可以看出管仲對法治的最終掌控是建立在道德修養上的，管仲他已經認識到了沒有道德修養掌控的法律終將走向司法腐敗，走向法律的反面。這裡能很清楚地看到管仲對道德作用的正確認識。

2.管仲的國家觀念與仁政功績

管仲把德、才作為選舉和任用官吏的標準，也說明其執政以德。正如《管子‧君臣下》中所說：「其選賢遂才也，舉德以就列，……舉能以就官。」所遵循的原則是「三本」和「四周」。

「三本」者，一曰德必當其任；二曰功必當其祿；三曰能必當其官。

「四周」者，一曰大德不至仁，不可以授國柄；二曰見賢不能讓，不可與尊位；三曰罰避親貴，不可使主兵；四曰不好本事，不務地利而輕賦斂，不可與都邑。

管仲還認識到國家之所以稱之為國家，並非只是一個抽象的概念，國家之主體就是全體的民眾，在《管子‧君臣下》中，曰：「國之所以為國者，民體以為國。」他把惠民與愛國的觀點真正地統一到了一起，否則說愛國不知是如何愛法，有了「民體以為國」的概念，則愛民、惠民才是真的愛國。而這個觀念的先進性並不落後於當今流行的「民本」、「人本」、「民主」的概念。

在經濟方面，管仲強調「倉廩實而知禮節，衣食足而知榮辱」，認為國家能否安定，人民能否守法，都與經濟是否發展密切相關。提出「善為國者，必先富民」（《治國》）的富民政策，將農、工、商列為國之基石，曰：「士、農、工、商四民者，國之石民也。」（《小匡》）

　　管仲的仁政體現在《管子・入國》篇，書中載：聖王治民，推行九種惠民的政教。

第一叫做老老

第二叫做慈幼

第三叫做恤孤

第四叫做養疾

第五叫做合獨

第六叫做問病

第七叫做通窮

第八叫做振困

第九叫做接絕

　　老、幼、孤、獨、病、窮、困者生活無依，特別需要照顧和接濟，能否對這些處於困境之人進行救助，是體現統治者是否以民為本的關鍵。管子在國內設置掌老、掌幼、掌孤、掌養疾、掌媒、掌病、掌窮、掌振困、掌接絕等九種官職，體現出管仲執政期間的仁政惠民功績。此類政策的落實，才能使「老者安」。

　　我們在討論管子法律觀點時為何又轉為其擺功績呢？這是因為說到底法律只是工具而已，要確定法律的性質，不是看其法律的完善成度而是看法律的使用方向與目的。管子的仁政思想必然主導他的法律觀念和其它的治國理念。用孔子的話來表述為：「人而不仁，如禮何？人而不仁，如樂何？」孔子認為心懷仁義才是真正的人性核心和文化的根本，禮樂只是仁與義的載體，沒有了仁與義的內涵禮樂就只是繁文縟節。

　　管仲助齊桓公稱霸，但是在管子心中事國比事君更為重要，他認為「國之所以為國者，民體以為國」（《君臣下》），孟子的另一種表述與這完全一致，孟子曰：「民為貴，社稷次之，君為輕。」

　　管仲在《君臣下》的這句名言對於今人也是非常有啟示和教育意義的，否則今人只知言要愛國，卻不知如之何為愛國，卻未必知愛國體現在惠民、愛民上。

在《韓詩外傳》中還記載了這樣一段話。齊桓公問於管仲曰：「王者何貴？」曰：「貴天。」桓公仰而視天。管仲曰：「所謂天，非蒼莽之天也。王者以百姓為天，百姓與之則安，輔之則強，非之則危，倍之則亡。詩曰：『民之無良，相怨一方。』民皆居一方而怨其上，不亡者、未之有也。」

（三）慎到其人

慎到（390 A.D. -315 A.D. ），戰國時期趙國人，原來學習道家思想。齊宣王時他曾長期在稷下講學，有不少學生，在當時享有盛名。慎到著有《慎子》一書。對於慎到的學說與思想，歷史上的評價分歧較大。

慎到在關於明確物的所有權時，講到法律「定分止爭」的作用，他講了一個很淺顯的比喻：「一兔走，百人追之。積兔於市，過而不顧。非不欲兔，分定不可爭也。」意思是說：（在野外）一個兔子跑，很多的人都會去追，但對於集市上的那麼多的兔子，人們卻看也不看。這不是不想要兔子，而是所有權已經確定，人們不會再去爭奪了。

從深的層次來思考與理解這個比喻，人們對「所有權已定，不能再爭」的判斷，就是來源於人們內心都預設的公義與規則，是人們對義的認識在起規範行為的作用，所以才有「積兔於市，過而不顧。」從這個事例看，慎到對義還是有一定認識的。

在《慎子·佚文》中也有對義的敘述，慎到曰：「有權衡者，不可欺以輕重；有尺寸者，不可差以長短；有法度者，不可巧以詐偽。」

大意為：

「有秤在手的人（掌握量衡的人），不可在輕重上作欺騙；有尺子在手的人，不可在長短上出偏差；掌握法度者，不可弄虛作假欺詐人。」其所強調的意思是：「有權衡者」、「有尺寸者」、「有法度

者」等掌握了公共權力的人，不可以此來欺詐他人。換句話說，此為居其位者的起碼素質要求。

順便一提，有將此文譯作：「有秤在手，人們就不能在輕重上作欺騙；手中有尺子，人們就不會在長短上出偏差；掌握了法度，人們就不能夠弄虛作假、耍花招。」其錯誤也太明顯了，其理論就是在說：你沒掌握量衡活該被短斤少兩，沒掌握法度活該受欺詐。

老百姓雖有諺語曰：「靠山吃山，靠海吃海」，但為官者、為士大夫者不可有「靠啥吃啥」的念頭，這其中包含的才是真正意義上的公平、公正。

孟子曰：「……是以惟仁者宜在高位。不仁而在高位，是播其惡於眾也。」（《孟子·離婁上》）

慎到關於「有權衡者」、「有尺寸者」、「有法度者」如何使用手中權利的這段論述，反映出他對義還是有一定認識的。慎到與管仲相比較，則更接近於法家的思想。從時間的維度看在春秋戰國時期，文化的樹狀模型正是由主幹上分權、權上再分枝、枝上再抽葉之時。與此相對應，人的思想隨時間的推移而分化得越來越細，同時離主幹也越來越遠。

（四）商鞅其人

商鞅（390 A.D. -338 A.D. ），衛國人。戰國時期政治家，思想家，著名法家代表人物。衛國國君的後裔，公孫氏，故稱為衛鞅，又稱公孫鞅，後封於商，人稱之商鞅。應秦孝公求賢令入秦，說服秦孝公變法圖強。孝公死後，被秦國貴族車裂而死。在位執政十年，秦國國力大增，史稱商鞅變法。

1.看「時君世主」如何影響文化變遷

我們在這裡只是要以商鞅說服秦孝公的過程作為一個例子，看「好

惡殊方」的「時君世主」是如何影響了中國思想文化變遷的，看文化分化過程中是如何分裂出碎片的。

　　公孫鞅入秦之前，事魏相公叔痤為中庶子，據《史記‧商鞅列傳》記載：公叔痤死後。公孫鞅聞秦孝公下令國中求賢者，將修繆公之業，東復侵地，公孫鞅乃遂西入秦。因孝公寵臣景監以求見孝公。孝公既見衛鞅，語事良久，孝公時時睡，弗聽。罷而孝公怒景監曰：「子之客妄人耳，安足用邪！」景監以讓衛鞅。衛鞅曰：「吾說公以帝道，其志不開悟矣。」後五日，復求見鞅。鞅復見孝公，益愈，然而未中旨。罷而孝公復讓景監，景監亦讓鞅。鞅曰：「吾說公以王道而未入也。請復見鞅。」鞅復見孝公，孝公善之而未用也。罷而去。孝公謂景監曰：「汝客善，可與語矣。」鞅曰：「吾說公以霸道，其意欲用之矣。誠復見我，我知之矣。」衛鞅復見孝公。公與語，不自知膝之前於席也。語數日不厭。景監曰：「子何以中吾君？吾君之驩甚也。」鞅曰：「吾說君以帝王之道比三代，而君曰：『久遠，吾不能待。且賢君者，各及其身顯名天下，安能邑邑待數十百年以成帝王乎？』故吾以強國之術說君，君大說之耳。然亦難以比德於殷周矣」。

　　從衛鞅與秦公的四次談話中，我們能看出以下幾個問題：

　　第一次，衛鞅以帝道說秦公，秦公聽得打瞌睡。說明秦公不愛聽帝道之說。

　　第二次，衛鞅以王道說秦公，秦公也聽不進。

　　第三次，衛鞅曰：「吾說公以霸道，其意欲用之矣。誠復見我，我知之矣。」

　　第四次，衛鞅復見孝公。公與語，不自知膝之前於席也。語數日不厭。

　　這四次的談話，說明了秦公之喜好，還說明衛鞅是懂得儒家帝道與王道的，但衛鞅只是知儒家的一些知識而絕非儒道中人。在《史記‧商君列傳》中太史公評論曰：「商君，其天資刻薄人也。跡其欲干孝公以帝王術，挾持浮說，非其質矣。」

衛鞅最終是按照秦孝公這位「時君世主」的需要推薦了霸道，使法家一派登上了中國的歷史舞臺。

2.商鞅的嚴刑峻法

對商鞅的變法司馬遷在《史記·商君列傳》是如此評價：「行之十年，秦民大悅，道不拾遺，山無盜賊，家給人足；民勇於公戰，怯於私鬥，鄉邑大治。」

司馬遷對商鞅的十年變法所取得的成功給予了較高的評價，商鞅能於十年中使秦國達到「道不拾遺，山無盜賊，家給人足」的境界也著實不易。

然而，司馬遷並不認同商鞅的為政方法。司馬遷評價商鞅用刑太重，寡恩少義。數年間，因為商鞅之法而變成殘疾之人幾乎及一國之半。商鞅也太強捍了，僅數年間他是怎麼做到的呢？

（1）商鞅實行刑九賞一的比例

商鞅說：「王者刑九賞一，強國刑七賞三，削國刑五賞五。」「王者」就是指統一各國，稱王天下的大一統國家；「強國」則指本國強盛的諸侯國家，「削國」就是指國家的削弱。商鞅相秦，實行法治，正是要完成統一大業，所以他認為在秦國實行「刑九賞一」是最理想的治國賞罰方案。

商鞅立法的基本原則是輕罪重刑，設連坐之法，制定嚴厲的法律，增加肉刑黥、劓、刖、宮、鑿頂、抽肋、鑊烹、大辟（死刑）之刑。我們從記載商鞅變法的《商君書》中看看這位商君是怎麼幹的。

（2）商鞅量刑的原則輕罪重判

「行刑，重其輕者，輕者不生，則重者無從至矣；行刑，重其重者，輕其輕者，輕者不止，則重者無從止矣。」（《商君書·說民》）

大意是：

量刑時，輕罪重判，民眾就輕罪也不發生了，則重罪就更不會有了；量刑時，重罪重判，輕罪輕判，就會不停有人犯輕罪，那麼犯重罪

的就會止不住了。

「行罰：重其輕者，輕者不至，重者不來，此謂以刑去刑，刑去事成；罪重刑輕，刑至事生，此謂以刑致刑，其國必削。」（《商君書・靳令》）大意與上同。

「禁奸止過，莫若重刑。刑重而必得，則民不敢試，故國無刑民，故曰：『明刑不戮』……明刑之猶至於無刑也。」（《商君書・賞刑》）

從商鞅的上幾篇書中，我們可以看到他反反覆覆地講述他輕罪重判的量刑原則，其理論是以嚴刑峻法的高壓政策來達到以刑去刑的。

（3）未罪先判

「刑加於罪所終，則奸不去，賞施於民所義，則過不止，刑不能去奸，而賞不能止過者，必亂。故王者刑用於將過，則大邪不生；賞施於告奸，則細過不失。」（《商君書・開塞》）

大意為：

刑法是施行於犯罪之後，所以不能禦奸，而獎賞是施行於民眾對的一面，所以獎賞對於人的過錯也防止不了。刑罰不能禦奸，而獎賞又不能防過，所以社會必亂。因此王者將刑罰提前用於人將犯錯之時，則大的罪惡就不會發生；而把獎賞用於告密者，則很小的過錯也可以不放過了。

3.商鞅的根本問題所在

商鞅沒有半點為人的基本道德，為一己私利，刻薄少恩到無所不為衛鞅在魏國的作戰中利用與魏國將軍公子卬的友誼，遺魏將公子卬書曰：「吾始與公子驩，今俱為兩國將，不忍相攻，可與公子面相見，盟，樂飲而罷兵，以安秦魏。」設伏甲士而襲虜魏公子卬，盡顯其陰詐的一面。將實用主義淋漓盡致的展示給了世人，為後世大奸大惡者作了「先下手為強」的詮釋。

在《史記・秦本紀》有：「二十二年，衛鞅擊魏，虜魏公子卬。封

鞅為列侯，號商君。」記載的便是此事。

　　法家一派因商鞅始登上中國的歷史舞臺，並影響後世至今。這是史實，歷史都應得到人們的尊重。但是，我們又不能只因循了歷史的變化，而不知其所以然。

　　我們來看在陳、蔡之間孔子與子路、子貢、顏回的對話，以及孔子關於君臣關係的言論，再與商鞅的所做所為進行對比，才能看出商鞅的根本問題所在。

　　孔子在陳、蔡間斷了糧食，面對困境，依然唱歌、彈琴、修訂音樂。

　　他的學生子路說：「夫子現在還唱歌，難道這也是禮的要求嗎？」孔子沒有回答他，直到一曲結束後才說：「子路啊，在這種情況下，君子演奏音樂是為了使自己沒有驕縱之心，小人演奏音樂則是為了使自己不害怕，你難道是在不瞭解我的情況下而跟隨我的？」孔子給了他一個盾牌讓他演練，這樣跳了三遍，子路平靜下來了。

　　子貢對老師說：「夫子之道達到了非常高的境界，所以不容易被天下人瞭解、容納。夫子是不是可以稍微降低一些標準呢？」孔子說：「子貢啊，好農夫擅長種莊稼卻不能說必然能得到收穫，好工匠能夠心靈手巧卻不一定順所有人的愛好。君子能夠弘揚道義，是希望天下人能夠按照正道原則去做而回歸天理，怎麼能降低道義標準而苟合世俗呢？如今你不修你的正道卻去考慮怎樣被天下所採納，是因為你的志向不夠遠大呀。」

　　顏回說：「夫子之道達到了非常高的境界，所以不被有些人瞭解和接受。即使如此，夫子盡心盡力去推行，以仁德之心救百姓於水火之中。雖受阻遭嫉，不為一些人所容，對夫子之道有何傷害呢？這可能正是道的珍貴吧！只有君子才能在任何環境中都堅守正道不動搖。不修養正道，是我們的恥辱；我們傳播了正道，卻不被一些人採納，那是他們的恥辱。」孔子高興的說：「顏回有這樣的見識太好了！」

在論語中與此相關的話還有如下：

子曰：「君子哉蘧伯玉！邦有道，則仕；邦無道，則可卷而懷之。」（《論語・衛靈公》）

子曰：「君子之於天下也，無適也，無莫也，義之與比。」（《論語・里仁》）

子曰：「天下有道則見，無道則隱；邦有道，貧且賤焉，恥也，邦無道，富且貴焉，恥也。」（《論語・伯泰》）

子曰：「邦有道，穀。邦無道，穀，恥也。」（《論語・憲問》）

子曰：「甯武子邦有道則知，邦無道則愚。其知可及也，其愚不可及也。」（《論語・公冶長》）

子曰：「不降其志，不辱其身」（《論語・微子》）

子曰：「富與貴，是人之所欲也，不以其道得之，不處也。貧與賤，是人之所惡也，不以其道得之，不去也。」（《論語・里仁》）

何晏對這一章的注解是：「時有否泰，故君子履道而反貧賤，賤此則不以其道得之，雖是人之所惡，不可違而去之。」

從這些言論中，我們可以清楚地看到儒家在處理君臣關係、利義關係時，都堅持「義以為質」、「義之與比」的行為標準的，都堅持「終於立身」的修身原則。

孔子一生無論做什麼事，都堅持了上述原則矢志不渝的，以維護真理和傳承正義為使命。他宣導「遵天道，循綱常，行仁政」、「盡人事而聽天命」，以仁愛之心意欲喚起更多人的覺醒和回歸正道！

衛鞅是聞秦孝公將修繆公之業而入秦的。繆公有何德業使秦孝公急於效仿？這裡摘錄有關記載，瞭解秦繆公的功業，對比商鞅的所作所為。

我們通過一個很有名的故事來認識秦繆公。

秦繆公嘗出，而亡其駿馬，自往求之，見人已殺其馬，方共食其肉，繆公謂曰：「是吾駿馬也。」諸人皆懼而起，繆公曰：「吾聞食駿馬肉，不飲酒者殺人。」即以次飲之酒，殺馬者皆慚而去。居三年，晉

攻秦繆公，圍之，往時食馬肉者，相謂曰：「可以出死報食馬得酒之恩矣。」遂潰圍。繆公卒得以解難，勝晉獲惠公以歸，此德出而福反也。

譯文：

秦穆公曾在外出時丟失了自己的駿馬，他親自出去找，看見有人已經把自己的馬殺了並且還正在吃肉。秦穆公對他們說：「這是我的馬。」這些人都害怕驚恐的站起來。秦穆公說：「我聽說吃駿馬的肉但不喝酒會死人的。」於是給他們酒喝。殺馬的人都慚愧地離開了。過了三年，晉國攻打秦穆公，把秦穆公圍困住了。以前那些殺馬吃肉的人在一起說：「應該拼死報答吃馬肉得酒喝的恩惠了」於是擊潰了包圍秦穆公的軍隊，穆公終於除危難，並打敗晉國，把晉惠公抓了回來。這就是給人恩惠而得福報啊！

商鞅執政，別說是殺了秦王的駿馬，連「棄灰於道者」都要處以黥刑，雖然秦國也做到了「道不拾遺，山無盜賊，家給人足。」然而司馬遷評價：數年間殘廢殘疾之人幾乎及一國之半。

不看不知道，商鞅的治國還不如現代人的養豬。有誰家的豬圈裡的豬是缺胳膊少腳的？！

商鞅在向秦孝公進言時，居然還能想到帝道、王道與霸道的不同，還作了分別的講述，並言「然亦難以比德於殷周矣」依稀還有對帝王之道失落的惋惜，但商鞅絕非儒道中人，他的根本目的只是求富貴、迎合秦公、推銷自己，只為一己私利而已。所以他的思想觀念比起隱士的思想和孔子的境界「君子謀道不謀食，……君子憂道不憂貧」所差何止萬里！

從衛鞅執李悝所著《法經》到秦國與孝公暢談變法治國之策，於西元前359年被任左庶長，開始變法，再到西元前338年秦孝公崩，惠文王嬴駟即位，公子虔告商鞅謀反，並殺於鄭國黽池。商鞅死後被秦惠王處「車裂之刑」於彤，並滅商君之族。衛鞅從參政到執政短短二十年間，由衛鞅封候而成商鞅，演繹的是一番實用主義，他自己也當真火了一把，可是遺害何止千年！

　　看到這裡，可能有人要問商鞅何罪之有？如何遺害了千年？其實，法家的遺害就在於「一斷於法」，將法律推到了「至高無上」的地位，這是個錯誤的命題。

　　首先是不能有「法高於一切」的觀念，法是一項工具，工具是為某一件事情服務的，被服務的「那件事」是高於法的，當法律不能好好的為「那件事」服務時，法律就會被修改。把法律說成高於一切本身是偏離正確認識的宣傳，離正就是錯。錯多少則另外算。

　　商鞅為己之私利（榮華富貴）甘願墮落以迎合秦孝公之需，以邪說將法律抬到至高無上的位置，然而卻是商鞅在後面操縱法律對人民實行殘酷統治數年間，因為商鞅之法而變成殘廢殘疾之人幾乎及一國之半，請問「殘疾之人幾乎及一國之半」是個什麼概念？

　　然商鞅以邪說惑眾，至今人們以為法律要至高無上，2000多年來歷史上多少無知無畏者，只見商鞅之「功」不知其罪，而效仿之。而忘記了「那件事」是什麼，其罪小嗎？

　　「那件事」是什麼？子曰：「政者，正也。」什麼是正？正者，中正仁義也。這又回到了儒家倫理正義的問題上了。

　　我們從衛鞅個人興衰的歷史，更應看到在「禮崩樂壞」時代的文人學士，在附會「時君世主，好惡殊方」的思想傾向時，所發生的墮落現象。而這種墮落又哪裡是風塵女子可以相比的呢？

（五）韓非其人

　　韓非，戰國晚期韓國人（今河南新鄭），韓王室諸公子之一，《史記》記載，韓非精於「刑名法術之學」，與秦相李斯都是荀子的學生。韓非因為口吃而不擅言語，但文章出眾。他有很多著作，如：《孤憤》、《五蠹》、《內外儲》、《說林》、《說難》等。由後人收集成《韓非子》一書。

　　韓非是戰國末期法家思想的集大成者。

　　韓非目睹戰國後期的韓國積貧積弱，多次上書韓王，希望改變當時治國不務法制，養非所用，用非所養的情況，但其主張始終得不到採納，便退而著書。

　　韓非的書流傳到秦國，為秦王嬴政所賞識，秦王以派兵攻打韓國相威脅，迫使韓王讓韓非到秦國為其效力。韓非在秦國倍受重用，引起了秦相李斯的妒忌，李斯、姚賈在秦王面前誣陷韓非，秦王將其投入監獄，最後逼其自殺。

　　管仲是法治的啟蒙，到了商鞅時代其所奠基的已變成了法制，到韓非時期他在法制的基礎上又加入了「術、勢」兩項，形成「法、術、勢」三位一體的配置，這樣的配置還屬於法制的範疇嗎？

　　韓非的法制思想可以說與近現代的西方的法治思想不但毫無共同之處，甚至可以說是水火不能相容的。但不知道是誰，有意還是無意地給它穿上了法治的馬甲，迷惑世人，其毒害之深遠，難以用言語表達。子曰：「惡莠，恐其亂苗也。」

1.韓非的「法、術、勢」的本質

　　什麼是法？法即法律制度，由國君頒佈的法律條文，要求全體國人共同遵守。這些公開的法律條文，規定了那些事不能做，做了會受到什麼樣的懲罰。這樣全國民眾就有了共同的「應止」標準，韓非認為國君只要運用賞罰，就可實現統治民眾的目的。

　　什麼是術？術是國君為了支配他的大臣所運用的手段、伎倆，使大臣猜不透國君的意圖，而不敢妄為。

　　什麼是勢？勢即權位、勢力。韓非子認為推行法令，使用權術必須要有勢力配合，他曾舉例說孔子雖是聖人，但也只有學生在追隨他，而魯哀公只是個能力平常的國君，因為他掌握了魯國的政權，所以連孔子也要聽從他的支配，這其中在起作用的就是勢。

　　因此韓非認為「法、術、勢」三者是一個國君統治必不可少的三樣法寶。

　　然而經過上面的分析，我們也可以明確「法、術、勢」的實質是地

地道道的人治，秦朝在此基礎上建立起了中央集權政府。然而，韓非的
這套治國理論和方法，從典章制度上卻奠定了我國二千多年來的社會政
治制度以人治為主體的框架結構。（注：此處人治的概念與第六章人治
的概念有本質的區別，然而名稱卻又相同。）

研究中國古代法制史和政府機構的設置會發現有二個特徵：

第一，法制是在君權下的法制。中央政府機構的設置為三公九卿
制，設丞相、御史大夫和太尉，稱為「三公」，分別幫助皇帝處理全國
政事、監察百官和管理軍事。「三公」之下還設有「九卿」，分別掌管
各部門的政務。古代政府機構的設置既有監察也有諫官（這不是韓非的
功勞，而是承接上古時代的體制），然而其體制卻是在「法、術、勢」
三位一體集權之下的、是在君權層面下的諫官監督制度。

這與現代西方的民主在監督層次上有重大的區別。現代民主體制的
監督是設置在對最高權力的分權與限制上的；中國古代的法律與監督，
則是設置在君權之下的，如果君主缺少了自我修養，所有的法律與監督
則是虛設。法家的法是「法、術、勢」的配合，哪有自律的影子，因為
君主制中的法律不可能實現至上性，所以法家的法只會是法制而不可能
成為法治。

第二，韓非將「法、術、勢」融其為一爐，法律與權術、伎倆、政
治勢力相結合，將法律設置成完全並直接是為政權服務的，不再有半點
德教的內容與含意，等於將法律的靈魂給抽出去了，法律徹底淪為獨裁
政權的工具和手段，然而卻依然穿著法治的馬甲在迷惑著國民。

馮友蘭在《中國哲學史》一書〈第十四章：韓非和法家〉中明確地
指出韓非為代表的法家一派只是表面上重法，他說：「法家所講的是組
織和領導的理論和方法。誰若想組織人民，充當領袖，誰就會發現法家
的理論與實踐仍然很有教益。很有用處，但是有一條，就是他一定要願
意走極權主義的路。」

馮友蘭先生的意思很明白，他認為法家一派所講的根本就不是法制

的內容。但是對獨裁統治卻很有效。

2.韓非的思想理論

韓非認為只用「法與術」相配套還不過癮，必須有「勢」作保證。「勢」，即權勢、政權。他在《難者》中說；「堯為匹夫不能治三人，而桀為天子能亂天下」，提出了「勢」的觀點。

韓非所說的事物看似有道理，然而，他總是將其修改掉一些，更換掉其中最重要的東西，韓非最大的特點就是「言偽而辯、記醜而博」。

我們從其著作中可以看到其偷換概念的動作。在《韓非子・物權》中有：「事在四方，要在中央；聖人執要，四方來效。」其中，他主張的「聖人持要」有什麼問題嗎？問題的關鍵是何者為「要」？先王是以道德教化為要的，將「中正仁義」立為人之道。面韓非卻把它給偷換成了「法、勢、術」。

比如，他在《難勢》篇中說：「抱法處勢則治，背法去勢則亂。」這是不是韓非之要？

又比如，他在《五蠹》篇中說：「故明主之國，無書簡之文，以法為教；無先王之語，以吏為師；無私之捍，以斬首為勇。」

這段話的大意是說：

在明君的國家裡，不需用文獻典籍，而是以法令為教；禁絕先王的言論，而以官吏為老師；沒有遊俠刺客的兇悍，而只以殺敵立功為勇敢。其中的「以法為教；無先王之語」這是不是韓非之要？

對這段話如何理解，我們還要具體研究一下什麼是「以法為教」？為此我們看看《史記・孫子吳起列傳》中孫武的一個故事：

春秋時侯，有一位著名軍事學家名孫武，他攜帶自己寫的「孫子兵法」去見吳王闔（hé）廬。吳王看過之後說：「你的十三篇兵法，我都看過了，是不是拿我的軍隊試試？」孫武說可以。吳王又問：「用婦女來試可以嗎？」孫武也說可以。於是吳王召集一百八十名宮中美女，請孫武訓練。

孫武將她們分為兩隊，用吳王最寵愛的兩個宮姬為隊長，並叫她們

每個人都拿著長戟。隊伍站好後，孫武便發問：「你們知道怎樣向前向後和向左向右轉嗎？」眾女兵說：「知道。」孫武再說：「向前就看向心前；向左就看向左手；向右就看向右手；向後就看向背後。」眾女兵說：「明白了。」

於是孫武便命搬出鐵鉞（古時殺人用的刑具），三番五次向她們申戒。說完便擊鼓發出向右轉的號令。怎知眾女兵不單沒有依令行動，反而哈哈大笑。孫武見狀說：「解釋不明，交代不清，應該是將官們的過錯。」於是又將剛才一番話詳盡地再向她們解釋一次。再而擊鼓發出向左轉的號令。眾女兵仍然只是大笑。

孫武便說：「解釋不明，交代不清，是將官的過錯。既然交代清楚而不聽令，就是隊長和士兵的過錯了。」說完命左右隨從把兩個隊長推出斬首。吳王見孫武要斬他的愛姬，急忙派人向孫武講情，可是孫武說：「我既受命為將軍，將在軍中，君命有所不受！」遂命左右將兩女隊長斬了，再命兩位排頭的為隊長。自此以後，眾女兵無論是向前向後，向左向右，甚至跪下起立等複雜的動作都認真操練，再不敢兒戲了。

這則出自《史記·孫子吳起列傳》的故事，我理解此正是「以法為教」的典型例子，故錄於此。（當然我們也要注意到軍令與政令是有區別，這是例子不夠完美之處。）

從前文的研究我們知道法是為了維護正義的。然而，向左向右轉與義何干？與社會的公平正義何干？背義而出之法皆為惡法！然而，韓非卻要「以法為教」，人的行為將再也無正義非正義的區別，只是聽命於令，人成了行屍走肉，民眾變成了工具，只等君王一聲令下則以「斬首為勇」報王恩。而君王之命也如孫子之口令，可能也只是一時之欲，不再有社會正義的內容了。

子曰：「晉其亡乎，失其度矣。」

「以吏為師」與「以法為教」大同小異，吏是隨時變更的，今天孫武為吏以孫武為師，明日王武為吏以王武為師，什麼是文化的精神？什

麼是正義？都被「無先王之語」包括完了。這是一個什麼樣的結果？一句話，為君王者「隨心所欲」，為民者「隨波逐流」。

孫武練女兵的例子，說明法律雖然容易在短期內奏效，但國家政令的貫徹實行，完全仰仗施用嚴刑峻法的賞罰權力，人民的守法就只能是出於恐懼和貪欲，所以人們就會出現「免而無恥」的現象，行為上能避免法律的處罰，道德上卻墮落而變得無恥之極。

韓非「法、術、勢」的實施，使管理者完全是按需要（欲望）來制定法律，民眾對執法要求也只能是一味附合，然而全國上下皆失去了對社會公理、公義和社會本質、道德層次上的認識與理解。韓非的法制理論完全背離了「中正仁義」的人之道，是在掩蓋仁義、導民向惡。

我們通過孫武練女兵的故事，是否看出「以法為教，……以吏為師」在這方面的啟示？

3.韓非的《顯學第五十》

原文：

「夫聖人之治國，不恃人之為吾善也，而用其不得為非也。恃人之為吾善也，境內不什數；用人不得為非，一國可使齊。為治者用眾而舍寡，故不務德而務法。夫必恃自直之箭，百世無矢；恃自圜之木，千世無輪矣。自直之箭、自圜之木，百世無有一，然而世皆乘車射禽者何也？隱栝之道用也。雖有不恃隱栝而有自直之箭、自圜之木，良工弗貴也，何者？乘者非一人，射者非一發也。不恃賞罰而恃自善之民，明主弗貴也，何則？國法不可失，而所治非一人也。故有術之君，不隨適然之善，而行必然之道。」

大意：

聖人治理國家，不是依賴人們的自覺善行，而是要人們不敢做壞事。要是靠人們自己的自覺善行，國內找不出十幾、幾十個；但是要形成人們不敢做壞事的局面，全國都可以做到整齊劃一。

治理國家需要採用多數人都能遵守的措施，不能採用只有少數人才

能做到的方法，因此不應該推崇德治，而應該實行法治。定要依靠自然挺直的箭桿。三千年也造不出箭來；定要依靠自然長成的圓木，三萬年也造不成車輪。自然長成的直杆和圓木，既然千年萬載也沒有一個，那為什麼大家還都能有車坐、還都能射箭打獵呢？因為應用了加工木材的工具和方法（隱栝之術）。雖然也有不經過加工就自然合用的直杆和圓木，但好工匠是不看重的。為什麼呢？因為要坐車的不是一個人，射箭打獵不是只發一箭。雖然也有不靠賞罰就能自行去做好事的人，但明君是不看重的。為什麼呢？因為國法不可喪失，而所要統治的也不是一個人。所以有辦法的君主，不隨順於偶然的天生善行，而推行必然的政治措施。

　　從韓非《顯學第五十》的這段看似很有道理的文字中，我們還是要看出他的問題所在，韓非極其善於偷換概念，即「言偽而辯」。

　　韓非其罪一，在於將治國標準降低為「用其不得為非也」，這個標準的降低使韓非推銷的法制成為了夠用與合手的工具，在缺少道德修養的「時君世主」眼裡修身是最做不來的事，韓非遞過去的梯子當然地成為了首選。

　　韓非其罪二，混淆是非標準。韓非將道德高尚者與車輪箭杆相比，其中就是在偷換概念，我們知道車輪不夠圓是不能用的，但人的道德水準不夠高是允許的。但在韓非這裡變成了道德水準不夠高就不完美，不完美就不夠圓，不夠圓則不能用。經他的比喻一攪和，變得寧可用最低的法律標準了，只要不犯法就符合了。然而，自善其身者，雖然有的人道德水準還不夠高，但很可能是遠離了道德底線的！比「一斷於法」裁出來的水準高出多少倍來都未可知。最重要的是韓非在這裡切斷了後世之人通往道德之路。

　　韓非其罪三，他將萬物之靈的人降低以竹木相比，竹木可以用「隱栝之道」的外力加以改造。而人的修養重在內養，外力只是輔助，只是助因。然而韓非這個比喻的實際效果是徹底掩蓋了仁義道德的觀念，言外之意是居上位者何需賢良。「時君世主」最做不來的就是修身，現在

無需「立儀以自正」了那該多好！這當然很符合「時君世主」的思想。韓非用其花言巧語，竟依仗君王之「勢」就將「賢者當居高位」的這個中國文化思想中的公義給改變了。

韓非其罪四，「言偽而辯」。韓非為荀卿的學生，他故意將道德教化與法治對立起來，使人認為二者有如水火不可調和。以韓非之博學，他是故意不提《管子·七法》中德刑並重的治世思想，管子曰：「和民一眾，不知法不可；變俗易教，不知化不可。」也故意不提孔子對「德主刑輔」的觀念，造成世人將道德與法律相對立。

韓非其罪五，他不可能不知道儒家思想是最強調自強自新的。然而，他故意把儒家諷刺為守株待兔愚蠢的守舊之人而加以攻擊。

在此摘錄部分儒家名言如下，以證儒者非守舊之人，而韓非則是「言偽而辯」之主。

《周易》曰：「天行健，君子以自強不息」。意為：天道剛健，君子（效法之）當自強不息。

《周易·乾·文言》曰：「君子終日乾乾，與時偕行。」意為：從早到晚謹慎做事，自強不息，如與日月一起運轉，永不停止。

《周易·繫辭上》曰：「日新之謂盛德」。意為：每天都有新的變化才是最盛大的德行。

《周易·繫辭下》曰：「窮則變，變則通，通則久。」意為：當遇到窘困的境況時，就要變革以求變通，能通則能久。

《禮記·大學》曰：「苟日新，日日新，又日新。」意為：如果今天能除舊更新，就應該能天天除舊更新，更新再更新。

《論語·學而》中，子曰：「殷因於夏禮，所損益可知也；周因於殷禮，所損益可知也；其後繼周者，雖百代可知也。」

《孟子·離婁上》中，孟子曰：「嫂溺不援，是豺狼也。男女授受不親，禮也；嫂溺，援之以手者，權也。」

其實儒家經典中《易》與《禮》最是強調事物隨時間地點的變化的，都說明儒家不僅承認事物與歷史的變化的合理性，而且在歷史變化

中有一種堅持。然而其中所堅持的是什麼？韓非雖博學，但至死也不可能知道。

4.韓非描繪的可怕圖畫

韓非認為人性本惡，他以人之「自為心」、「自利之心」、「計算之心」為其理論體系的假設前提，用經濟利益來詮釋人與人之間的各種關係。法家的思想理論赤裸裸地體現在《六反》篇中，他說：「君上之於民，有難則用其死，安平則用其力。」意思為：「君主有難，就用百姓去當炮灰；天下太平，就用百姓去出苦力。」

在韓非所著的文章中，以趨利思想為主線旁徵博引各種事例，為我們描繪了一幅人間地獄的可怕圖畫。

摘錄部分韓非的言論如下：

曰：「且父母之於子也，產男則相賀，產女則殺之。此俱出父母之懷衽，然男子受賀，女子殺之者，慮其後便，計之長利也。故父母之於子也，猶有計算之心以相待也。而況無父子之澤乎？」（《六反》篇）

曰：「醫善吮人之傷，含人之血，非骨肉之親也，利所加也。故輿人（造車的人）成輿則欲人之富貴，匠人成棺欲人之夭死，非輿人仁而匠人賊也，人不貴則輿不售，人不死則棺不買，情非憎人也，利在人之死也。」（《備內》篇）

曰：「且萬乘之主，千乘之君，後妃、夫人、嫡子為太子者，或有欲其君之早死者。」（《備內》篇）

曰：「故優施傅麗姬殺申生，而立奚齊。夫以妻之近與子之親而猶不可信，則其餘無可信者矣。」（《備內》篇）

曰：「人主之患在於信人，信人則制於人。」（《備內》篇）

曰：「且臣盡死力以與君市，君垂爵祿以與臣市。君臣之際，非父子之親也，計數之所出也。」（《難一》篇）

曰：「人臣之情，非必能愛，其君也，為重利之故也。」（《二柄》篇）

曰：「主賣官爵，臣賣智力，故自恃無恃人。」（《外儲說右下‧說二》篇）

曰：「利之所在，民歸之；名之所彰，士死之。」（《外儲說左上》）

曰：「安利者就之，危害者去之，此人之情也。」（《奸劫君》）

韓非列舉了八種陰謀算計君主的奸邪之事寫成《八奸》

第一為「同床」，講的是妃嬪妻子篡權謀害丈夫。

第二為「在旁」，是說身邊的陪侍之人篡權謀害君主。

第三為「父兄」，是說兄弟親戚等篡權收買人心。

第四為「養殃」，是說臣子窺測君主的享樂之欲而投其所好，貢獻聲色給君主享樂，以亂其心。

第五為「民萌」，是說大臣散公財來收買人心。

第六為「流行」，是大臣故意用社會上花言巧語惑亂君主以謀取私利。

第七為「威強」，是大臣暗中以威勢恐嚇百姓以便樹立自己的威信。

第八為「四方」，就是大臣借重外國的威勢來要脅君主謀取私利。

在韓非看來，這些都是人的本性使然，沒有什麼道德是非對錯。在利益面前，父子兄弟之間發生鬥爭，互相謀害也是正常的。不值得用道德去批評。因此韓非是個「記醜而博；順非而澤」的極端利己主義者。

此處所錄韓非關於人性惡的描述，未及其所述的百分之一，摘錄過多恐有傳惡之嫌。

荀子是韓非的老師，在《荀子‧宥坐》記載了孔子誅少正卯的事，其實韓非與少正卯一樣，都是「心達而險，行辟而堅，言偽而辯，記醜而博，順非而澤」的人。

孔子非常清楚那些混淆是非的危害，曰：「惡似而非者：惡莠，恐其亂苗也；惡佞，恐其亂義也；惡利口，恐其亂信也；惡鄭聲，恐其亂

樂也；惡紫，恐其亂朱也；惡鄉原，恐其亂德也。君子反經而已矣。經正，則庶民興；庶民興，斯無邪慝矣。」（《孟子・盡心下》）

　　馮友蘭先生在其《中國哲學史》中云：「或謂儒家在政治上主張尊君抑臣，故為專制皇帝所喜；然於專制皇帝最方便之說，為法家非儒家。」

（六）李斯其人

韓非所描繪的罪惡基本上都是由李斯去實踐的。

　　李斯所做最得意的一件事，則是於第一時間用「刑勝」之法讓韓非安靜了下來，在獄中李斯將韓非給毒死了。然而其指導思想卻還是沒跳出韓非的理論，韓非曰：「刑勝而民靜，賞繁而奸生。故治民者，刑勝，治之首也；賞繁，亂之本也。」（《韓非子・心度》）

　　李斯的一劑毒藥讓韓非徹底安靜了，可惜還是沒什麼創意。

小　結

　　經過商鞅、韓非、李斯等法家人物搗騰，中國上古文化的正統儒家文化跌落到谷底，中正仁義的人之道漸漸深埋，現代人知有人道主義，然而何謂人道？已沒有知曉了。

　　在《韓非子・奸劫臣》篇中，曰：「夫嚴刑重罰者，民之所惡，而國之所以治也。哀憐百姓輕刑罰者，民之所喜也，而國之所以危也。」完全背民意而為卻還能如此堂而皇之。

　　在《韓非子・外儲說右》中記載，秦昭襄王時大饑，民無食。應侯（秦相范睢）請示：「五苑（專供君王游獵的動植物園）之草著（附土之草根）、蔬菜、橡果、棗栗足以活民（救命），請發（開放）之。」

昭襄王曰：「吾秦法：使民有功而賞，有罪而誅。今發五苑之蔬草者，使民有功與無功俱賞也，此亂（亂法）之道也。夫生而亂，不如死而治。大夫其釋之（放棄發苑活民的提議）。」

　　從這些可見秦昭襄王為政目的只是控制，哪裡還有管仲「國之所以為國者，民體以為國」的思想，哪裡還有「王者以百姓為天」的影子？然而，這也還叫法治，法治的馬甲還穿著，內容卻完全變了，其中法治最根本的東西被抽掉了、掏空了，可以說管仲的法治思想的DNA都已經被徹底改變了。

　　秦國穿上的是一件法治的「馬甲」。

　　時間到了漢朝。漢武帝採用了董仲舒的建議，在思想文化上首開「罷黜百家，獨尊儒術」之政策，確立了儒家思想的正統與主導地位，使得儒家思想又成為了一種主流的意識形態。

　　但是，在這裡千萬要注意到「漢承秦制」的這個史實。漢朝繼承了秦朝的體制，所用也是君權獨裁體制。雖然「罷黜百家，獨尊儒術」，但也只是在君權獨裁體制框架中運用了儒家思想，並沒有完全真正能恢復回到德治。因為超出了君權獨裁體制框架之外的是不能被允許的。

　　漢朝的「罷黜百家，獨尊儒術」實際上是給「法、勢、術」三位一體君權獨裁體制又穿上了一件儒家的馬甲。

　　而這件儒家的馬甲一穿就穿了二千多年。不知就裡的人，以為今天的中國傳統文化就是儒家文化，其實是在法家的思想上又包裝了儒家的馬甲。

　　秦朝以降的二千多年，歷朝歷代的文人讀的雖是四書五經，冠之以儒士之名，然在「法、術、勢」三位一體君權獨裁的體制下運行的卻是「外儒內法」的模式。「外儒內法」的組織領導模式，主導了中國文化傳遞過程中的每一個細節，對中國傳統文化的影響可以說是絕對的、全方位的。

　　如今不知此中奧妙的人，竟以為中國傳統文化還是原儒思想為核心。中國今天的文化與上古文化發生了巨大的變化，其中獨裁專制等糟

粕思想觀念皆受法家所賜。

　　所以在中國歷史上遇到明君則可以天下大治，出現空前盛世；遇到昏君破壞了本就脆弱的監督體制，那就成為民不聊生的悲慘世界。

　　司馬遷曾說：「習文法吏事，而又緣飾以儒術。」（《史記·平津侯列傳》）

　　班固提到：「以經術緣飾吏事，天子器之。」（《漢書·循吏傳·序》）

　　朱熹揭示曰：「秦之法盡是尊君卑臣之事，所以後世不肯變。」（《朱子語類》）

十六、 儒墨法三家的對比

從前面對墨家理論的研究，可以看到墨家學說的理論部分，屬於理想主義和空想主義，十分地不切實際，他對於社會問題的研究採取了簡化的方法「兼以易別」，我們討論過了墨子「兼」與「別」是一對反意詞。墨子的「兼」為平等、無差別，也是「一同天下之義」、「一同其國之義」概念的來源。

而法家對於社會問題的研究也採取了簡化的方法，叫「不別親疏，不疏貴賤，一斷於法」。既然墨子講「兼」，追求平等、無差別。法家也要「不別親疏，不疏貴賤」，那對於自然社會的五倫關係能不能只用一個稱謂，以示平等、無差別和「不別親疏，不疏貴賤」呢？當然不行。商鞅嘴上雖說「不別親疏，不疏貴賤」，未了為逃避秦國貴族的追殺，一樣是跑得鞋都掉，為什麼呀？商鞅失勢貴族得勢，此時「不疏貴賤」行嗎？韓非當年見了秦王跪得也是比誰都快，頭叩得比誰都響，為什麼呀？他們都知道這其中是有區別的。墨子也一樣，他也知道國與家有大小、強弱之別，人有眾寡、智愚、貴賤之分。但為什麼在治世指導思想上，墨法兩家都分別提出了簡化的方案？

這裡就出現兩個必須要討論的問題。儒家為什麼不需要簡化社會問題，而墨家和法家為什麼要去簡化社會問題呢？

（一）儒家為什麼不需要簡化社會問題

我們知道社會的自然狀態就是會有君臣、父子、夫婦、兄弟、朋友等不同身份的人，他們形成的人際關係歸納之為「五倫」。現在很多人都想取消身份上的不平等，但五倫中的每一個概念卻都是不能相互取代

的，少了哪個概念都不行。自然的社會中就是存在有這麼多種的區別，與生俱來自然而然，取消它幹什麼呢？儒家學說是隨順自然而宏大，無所不及而又不過，故曰：中庸之道。儒家治世之法不是簡化社會問題，而是擺正社會的問題而已，其首要的就是端正人的觀念，故聖人「立人之道，曰仁與義」，仁與義的作用就是端正人的思想觀念，以義人之行為。

在《中庸》中，子思曰：「致中和，天地位焉，萬物育焉。」

在《論語》中，子曰：「為政，正也。」

對於儒家來說社會管理就是這樣的簡單，擺正而已。

（二）墨家和法家為什麼要去簡化社會問題

這就歸於歷史人物對社會治理的極積參與和獻言獻策了，其中的部分人又被分為了墨法兩家。只是這兩家因為對社會的萬事萬物和多層次多角度的人事關係束手無策。所以想到了簡化社會問題的點子，墨家認識到「天下有義則治，無義則亂。」對因人而異的種種差別卻束手無策，因而要簡化這種種差別，而提出了「一同天下之義」。墨法兩家的人物想要更深入的認識社會，他們從智力上與能力上都顯得不足。

墨子曾經就學於儒者，習孔子之術的，稱道堯舜大禹等先王，因不滿儒家禮樂煩苛，於是棄周道而用了夏政。可見墨子是真的理解不了儒家禮樂變化的動態管理。墨家雖然認識到義的重要性，認為大家都依義而行社會就能大治。但他認識不到義與禮的表裡關係和動態變化，他對義的解釋全都偏離了人之正道。

法家要「一斷於法」，以為這樣社會都能整齊劃一。法家的集大成者韓非，也是從學於荀子的，他於如此宏大的儒學內容中，從「德主刑輔」治世思想中，他只看到了法律的重要性，以為「不別親疏，不疏貴賤，一斷於法」就能治理好社會，殊不知對教化（德化）思想認識的偏見就已經使他落入極端，遠離了行為的中正。

可見墨法兩家從宏大的儒家學說中都是只學到了一部份，而看不到、看不懂其它的理論思想，把看到的這一點當作了全部，然後「以此馳說，取合諸侯。」墨家看到了義，但看不懂「此時此地此刻」的環境對個人行為的決定性的影響，不懂得權變，只知認死理而變得「硜硜然」。

法家看到了法律對社會管理所發揮出來的重要作用，他們對歷史人物在運用法律手段管理社會，使國家迅速富強的光輝業績羨慕不已。但是他們看不到法律的作用在於維護正義，在於維護社會的道德倫常，法律只是一項重要工具，法家把法律當成了社會目的，又跑偏了。

墨法兩家都為身外之物所困，又受見識與能力的限制，使墨法兩家的理論與行為都走上了極端。

儒家的治世理論是怎樣的呢？難道說不是為治世而治世？對了！儒者之本是修身。儒者的思想是「始於事親，中於事君，終於立身。」「終於立身」才是人生目標，參與政治即「中於事君」只是儒者順便要做的事，是「己欲立，而立人；己欲達，而達人」的忠恕思想的實踐。

孟子亦曰：「古之人，得志，澤加於民；不得志，修身見於世。窮則獨善其身，達則兼善天下。」（《孟子·盡心上》）

可見儒墨法三家的根本區別還是在於「用心」的不同，所以導致行為上出現區別。儒家志在修身。墨家「用心」於救世上，為救世而救世，而落於兩邊；法家則「用心」於功利上，為榮華富貴不遺餘力，能放棄做人的起碼原則，走的全是實用主義的路線，徹底背離了人之道中正仁義，怎能不落於兩邊？

儒家的《中庸》思想集世界觀和方法論於一體，認為「不偏之謂中，不易之謂庸，中者天下之正道，庸者天下之正理。」

儒家認識義，並且將義當作一切行為的準則，如「義之與比」、「義以為質」等，但儒家雖是以義為質，卻不是「硜硜然」的，而是用「禮以行之」的。「禮以行之」這裡面就包含了變與不變的兩種思想成份，變的是禮儀，不變的是禮之質——義。

　　墨子認識有義，但行事「硜硜然」為「義」而義，他理解不了義是要經各種規章制度、禮儀和民風民俗等的節制才能表達出來的。用《論語》中的話來說，則為：「君子義以為質，禮以行之，遜以出之，信以成之。」這句話明確地說：義要經行為、語言和誠信等多方面節制而方可準確地表達出來。

　　對墨家的評價說得再不好聽，墨家於義還是有認識的，墨子認識到「天下有義則治，無義則亂」，因而要「一同天下之義」是為了制止當時的天下動亂，出發點是要「興天下大利，除天下之害」，實現「處大國不攻小國，處大家不亂小家，強不劫弱，眾不暴寡，詐不謀愚，貴不傲賤」的兼愛社會。其出發點是為他人的，只是方法出現了誤差。

　　而法家只為追求個人富貴，美其名曰：建功立業，實際上是徹底放棄仁義道德，玩的是術勢伎倆，給世人展示的全都是實用主義的路線，比的是看誰更下流。

　　中國文化講的是天人合一，人與天地之合是合之於德。先王立人之道曰，中正仁義！「仁義」是中國人文最根本的東西，是人與禽獸相區別的根本特徵，是人之所以是人的基本條件。沒有仁與義的思想根本就不會有人的稱謂，所以仁與義是中國人文之基礎和開始！

　　法家徹底拋棄了仁義道德。自法家登上歷史舞臺，使中國人背離了仁義道德，這全賴法家所賜。

十七、儒家思想品質的概念

孔夫子的教育，簡言之是塑造君子仁的思想。他根據人的天賦、素質、品性和努力的不同因材施教，對不同的人有不同的提醒，孔子的仁學語錄多見於《論語》、《中庸》、《仲尼燕居》以及《孔子家語》等。

按照孔子的思想理論，仁應該是一切行為的指導思想，主導和涵蓋人們的一切行為（子曰：「人而不仁，如禮何？人而不仁，如樂何？」）。細分之大概包含了以下的成分：義、禮、孝、弟（悌）、知、信、忠、恕、直、勇、節、溫、良、謙、恭、儉、讓、寬、敏、惠等。

夫子關於君子的教育則是對上述二十項的修養，如何修養則在曾子所著《大學》中有「三綱、八目、七證」的論述（「七證」的概念源自於南懷瑾先生的《原本大學微言》）。

關於夫子的教育內容，我們先從「文、行、忠、信」和「恭、寬、信、敏、惠」等品質來進行簡單論述。

（一）文、行、忠、信

《論語‧述而》曰：「子以四教：文、行、忠、信。」

1.文

文：是文字、文學方面的素養。詩、書、禮、樂、易、春秋等六經文字、文獻屬於文這一大類。

在《大戴禮記‧保傅篇》上就有：「古者八歲出就外舍，學小藝焉，履小節焉。束髮而就大學，學大藝焉，履大節焉」的說法。

　　我們知道中國古人學習分為兩個階段，八歲上小學，學習基本的日常生活知識和應對技能，曰小六藝，分別為：禮、樂、射、禦、書、數。到束髮年齡（大約十五歲）則開始大學階段，學習的目的是要達到《大學》開篇所言的三綱「在明明德，在新民，在止於至善」，這就要通過對大六藝：詩、書、禮、樂、易、春秋的學習，這時的學文不再限於知識，而是要明理、弘毅做大學問。

　　曾子在《大學》裡列出了實現「三綱」的途徑，分為：格物、致知、誠意、正心、修身、齊家、治國、平天下八目。

　　國學大師南懷謹先生對「三綱八目」的修學另有體會，認為需經七證方可獲得，七證為：知、止、定、靜、安、慮、得。

　　對八目進行分析，又可分為：格物、致知是途徑；誠意、正心、修身是內功；齊家、治國、平天下是學有所成的外用。

　　孔子所說的文，不僅是知識也不僅是文學，而是做學問，他老人家用了一個「文」字就代表完了。

　　我們做學問需要明白一個原則。我們首先要知道孔子對人的最終要求是什麼？這個最終要求是「立身」，是「終於立身」。大家不要錯以為是「治國、平天下」這樣宏偉的大事情。能有治國平天下的機會當然要弘毅，但以孔子之能尚在《論語・鄉黨》中感嘆曰：「時哉！時哉！」可見有多少人都沒有機會去建功立業。

　　當然，如果能把「儒者在朝則美政，在下位則美俗」（《荀子・儒效》），也算作「治國、平天下」，那就當真的了不起，不愧為真儒者了。

　　孟子曰：「達則兼濟天下，窮則獨善其身。」（《孟子・盡心上》）

2.行

　　行：行是德行，是行為素質的培養，是「知」與「行」相結合的「篤行」，包含有：「恭、寬、信、敏、惠」等行為品質的煆煉。

　　我們在行動之前也要明白其原則。也就是要知道我們的「應行、應止。」在《論語·顏淵》中記載了這樣一段對話，講的其實就是「應行、應止」的問題。

原文：

　　齊景公問政於孔子。孔子對曰：「君君，臣臣，父父，子子。」公曰：「善哉！信如君不君，臣不臣，父不父，子不子，雖有粟，吾得而食諸？」

譯文：

　　齊景公問孔子如何治理國家。孔子說：「做君主的要做君主的事，做臣子的要做臣子的事，做父親的要做父親的事，做兒子的要做兒子的事。」齊景公說：「講得好呀！如果君不像君，臣不像臣，父不像父，子不像子，雖然有糧食，我能吃得上嗎？」

　　幾十年前和現在都有人在詬病孔子的這段話，認為孔子就是要恢復和維護封建奴隸的等級制度。其實孔子的這段話的真實意思如譯文所說，是言君臣父子的行為準則。這在曾子的《大學》中就有過非常明確的解釋。

　　曾子曰：「為人君，止於仁；為人臣，止於敬；為人子，止於孝；為人父，止於慈。」

3.忠

忠的意思為：誠其意而盡力為人謀也。與恕相對。

　　「忠」為：「己欲立而立人，己欲達而達人」；「恕」為：「己所不欲，勿施於人」。忠恕合起來就是仁的概念。

　　忠的特點體現在一個「盡」字，受人之託辦事盡心盡力、想方設法、不計得失地成人之美才能叫忠。對長輩盡孝道也是要體現忠，因為孝要體現盡心盡力、想方設法、不計得失這個特點，後來「忠」字的使用演變成了特指忠君。

　　但這裡要說明，南懷瑾先生在《論語別裁》中有特別提醒，大意是：孝也要依自己的能力，不要把其中的「想方設法、不計得失」做出了格。

　　漢以後出現了「三綱」，其中「君為臣綱」，強調君臣之間的關係原則。你願為臣則忠君便是天經地義。你若認為此君不足以讓你盡忠，那就應該是「卷而懷之」進退只在個人的選擇。

　　只是腐儒們後來又加入了他們自己的思想，把忠君提到「君要臣死，臣不得不死」的絕對高度，完全違背了孔孟原儒所要求的：「義之與比」、「義以為質」「終於立身」等原則。遺害儒學這一百多年來備受批判。

4.信

　　信字從人從言，人言不爽，方為有信也。誠心之意也，以誠居心，必然誠實。處世端正，不誑妄，不欺詐者，是為信也。

　　信：意為誠實，講信用。按字意解釋為：人言曰信。人的語言按公義理解，就應該是誠實可信的。

　　信是儒家的道德範疇之一，意為誠實，講信用，不虛偽。信是儒家實現仁這個道德原則的重要條件之一，又是其道德修養的內容之一。

　　人們常把誠信放在一起聯用，誠信是一體的兩面，誠為對己，信為對人。

　　從「誠心誠意」中，我們可以追問是誠誰之心？又是誠誰之意？當然誠的是行為者自己的心自己的意。所以誠信的誠是對行為者自己的要求。

　　從「取信於民」的意思，我們可看到是民眾對「誠心誠意」者的回應，由於居上位者誠心實意、誠心正意的為民眾服務，民眾由瞭解進一步提升為信任，一切皆來自於對誠者行為的認可。所以，誠信的誠只是對己，信是對人，誠與信包含有互動的資訊。

（二）恭、寬、信、敏、惠

「恭、寬、信、敏、惠」這五項行為標準在《論語·陽貨》中是一起提出來的。

原文：

子張問仁於孔子。孔子曰：「能行五者於天下為仁矣。」「請問之。」曰：「恭、寬、信、敏、惠。恭則不侮，寬則得眾，信則人任焉，敏則有功，惠則足以使人。」

譯文：

子張向孔子問仁。孔子說：「能夠將五種品德施行於天下者就是仁人了。」子張說：「請問是哪五種。」孔子說：「恭敬、寬厚、誠實、勤敏、慈惠。恭敬就不遭受侮辱，寬厚就會得到尊重，誠信就能得到別人的信任與任用，勤敏才能處事及時到位，惠澤於民才足以擔當管理者。」

孔子說：什麼是仁？「恭寬信敏惠」，這五點你都做到的話，就說明你的內心已完成了的「仁」的建立。

1.恭

恭：是恭敬。

恭：形聲。從心，共聲。本義：恭敬，謙遜有禮。

在《禮記·曲禮》中如此解釋「在貌為恭，在心為敬。」恭字，表示了人的外部表情。敬，表示了人的內心態度。

現代將恭敬連用，即你尊重他人，他人就會尊重你，你就不易遭受到羞辱。

但如果沒有普敬之心，這恭與敬的最高境界是做不到的。恭與敬不是對有權有勢者做出謙卑樣，而是對一切人都持真誠敬意，即能敬君子還要能敬小人。

2.寬

寬：寬字本意指橫向的距離大，範圍廣，與「窄」相對。

寬作為人的一種品德為寬宏大量，是一種容他人之過的胸懷。寬諒他人。

寬與讓很接近，但還是可以區分出其中的差別。「寬」是出於「主動的」，體現在待人處事的不苟求：寬待、寬宏、寬厚、寬鬆、寬容、寬恕等。

「讓」是「被動的」，他人提出了一些要求，有的要求在可與不可之間，有的要求卻是無理之極。正如《六尺巷》的故事所講的那樣，讓與不讓只在一個念頭，讓與不讓都只看個人修養。

3.信

略

4.敏

敏：迅速，靈活。如：敏捷、敏感、敏銳等。是人頭腦的敏銳和行為的迅速與敏捷，包括了聰明，能看出事物的預兆和行動迅捷二個方面。

敏是智慧的表現，在這方面，水表現得最為出色。

比如：小水入大坑，水必靜待後援，待到足夠的力量時，水總是於第一時間逾越邊緣，從無停滯，這就是敏。

再比如：小水入大坑，水靜待後援而不至，水則隨風吹日曬之機緣而消散，靈巧無比，這還是敏。

孔子對自己的評說：「我非生而知之者，好古，敏以求之者也。」（《論語‧述而》）

5.惠

惠：仁也。——《說文》

柔質慈民曰惠。愛民好與曰惠。——《周書‧諡法》

孔子的「恭、寬、信、敏、惠」是「為仁」的標準，而對於民眾最

重要的一件事，是要能夠得到實惠，「惠」是君子「為仁」的實質。

子謂子產曰：「有君子之道四焉：其行己也恭，其事上也敬，其養民也惠，其使民也義。」（《論語·公冶長》）

子貢曰：「如有博施於民而能濟眾，何如？可謂仁乎？」子曰：「何事於仁？必也聖乎！堯舜其猶病諸。夫仁者，己欲立而立人，己欲達而達人。能近取譬，可謂仁之方也已。」（《論語·雍也》）

大意為：

子貢問：「假若有一個人，他不僅帶給百姓很多好處，而且還能扶貧濟困，怎麼樣？可以算是仁人了嗎？」孔子說：「豈止是仁人，簡直是聖人了！就連堯、舜尚且難以做到呢。至於仁人，就是自己想要做到的，也幫助別人去做到；自己想要實現的目標，也要幫助別人去實現。能就近以自己作比較，將心比心，推己及人，可以說就是實行仁的方法了。」

（三）中國文化的素質教育──仁、義、禮、孝、弟（悌）、知、信、忠、恕、直、勇、節、溫、良、謙、恭、儉、讓、寬、敏、惠

1.仁與義

仁與義的產生。聖人為彰顯天地之德而設立了仁的概念，以「中正仁義」為人的指導思想，以正人之心，以義人的行為。

當仁的觀念確立之後，人們才能將事情對比於自己的內心仁的觀念，而得出行為是否適宜，是否合於義的判斷。

仁是內心思想層面上的觀念。在孔子的名言「志於道，據於德，依於仁，遊於藝」這四個層次中，仁的概念是其它生物所沒有的，是人類特有的概念，經聖人人為地固定下來，作為中國人最基本的觀念。

仁與義的概念是中國人文最根本的東西，是人與禽獸相區別的根本

特徵，是人之所以為人的最基本的條件與標誌。沒有仁的思想就不會有區分對錯的觀念，也就不會產生出義與不義的判斷，沒有仁與義的觀念則是人獸未分，也就根本不會有人的稱謂。

（1）仁

仁是一種價值觀。仁是屬於內心的思想。當一個人在沒有任何語言與行為表現時，你是看不出他是否有仁的思想觀念的，仁需要行為或語言作為載體才得以表達。

對於什麼是仁？

董仲舒在《春秋繁露‧必仁且智》中如是說：「何謂仁？仁者，憯怛愛人，謹翕不爭，好惡敦倫，無傷惡之心，無隱忌之志，無嫉妒之氣，無感愁之欲，無險詖之事，無辟違之行，故其心舒，其志平，其氣和，其欲節，其事易，其行道，故能平易和理而無爭也，如此者，謂之仁。」

仁，是中國文化中含意極廣的道德範疇。

仁的主旨是「愛人」，從積極地方面講是「己欲立而立人，己欲達而達人」（忠）；從消極地方面講就是「己所不欲，勿施於人」（恕）。

仁是對他人而言的。董仲舒曰：「《春秋》為仁義法，仁之法在愛人，不在愛我；義之法在正我，不在正人。」又曰：「人不被其愛，雖厚自愛，不予為仁。」

孔子把仁作為形而下的最高道德原則、道德標準和思想境界。形成了以仁為核心的倫理思想體系，集：義、禮、孝、弟（悌）、知、信、忠、恕、直、勇、節、溫、良、謙、恭、儉、讓、寬、敏、惠等內容於一體。其中孝悌是仁之本。

（2）義

義是人對公正、公理、公義內容的認識。

義是通過仁這種價值觀對人與事、對與錯、當與否的認識與判斷。

義的首要原則也是區別，因人而異，這一點上禮與義相同。

義與禮的關係是義是禮之質，禮是義的載體。

義是人行為所應當遵循的原則。

如：父子關係，父對子是慈愛，子對父是敬愛，這是日常生活中誰都懂的。

如：君臣關係，包括泛指的上下級關係。都應該是「君使臣以禮，臣事君以忠」這是正常的，這個也不能反過來的，這些不能變的事物中就包含了義。

義是人的行為——禮的內在標準：「此時、此地、此刻，我能、我可、我應該」。義在《中庸》中的解釋是：「義者，宜也」。「此時、此地、此刻，我能、我可、我應該」正是「宜也」的注釋。

而人對自己的「我可、我應該」的判斷從何而來呢？是從孝道中來。誠如《禮記・禮運》所言：「何謂人義？父慈、子孝、兄良、弟弟、夫義、婦聽、長惠、幼順、君仁、臣忠，十者謂之人義。」

可見，人對義的認識與理解都是從孝道中培養出來的。當社會的孝行越來越淡薄時，社會的人對義的認識也是越來越淡薄。更有甚者是背義而行。

從漢代開始，儒家將仁、義、禮、智、信合稱為五常。

義是人的行為標準。

孔子在《論語・衛靈公》中，曰：「君子義以為質，禮以行之，孫以出之，信以成之。君子哉！」將義與禮的表裡關係表述得非常清楚。

在《論語・里仁》中，子曰：「君子之於天下也，無適也，無莫也，義之與比。」

孟子闡述為：「大人者，言不必信，行不必果，惟義所在。」（《孟子・離婁下》）孔孟都把「義」作為儒家最高的道德標準之一。

什麼是義？

孟子說：「民為貴，社稷次之，君為輕。」（《孟子・盡心下》）

荀子說：「天之生民，非為君也；天之立君，以為民也。」（《荀子・大略》）

中國傳統文化認為做人的原則之一，是：「其所令反其所好，而民

不從。是故君子有諸己，而後求諸人；無諸己，而後非諸人。所藏乎身不恕，而能喻諸人者，未之有也，」自己沒做到的卻要求別人要做到是沒有道理，是不符合義的。

董仲舒的總結為：「義之法在正我，不在正人；我不自正，雖能正人，弗予為義。」又曰：「仁者，人也！義者，我也。」將仁與義的概念從使用的方向上作了明確的區分。

因此中國上古文化認為：「自天子以至於庶人，壹是皆以修身為本。」這是行為標準於人內心的要求──自正然後正人。

義的概念與每個人應盡的責任、義務很相近，但比責任、義務所規定的範圍要更大得多。因為責任、義務所規定的是他人可知、可見的外部範圍，而義還包含有外人所看不見的廣闊範圍，而這些他人所看不見的範圍，才是個人道德水準的增長點。

實際上「四書五經」等經典所闡釋的都是仁與義的內容，因而義的內容是不可能羅列完的。但是，全社會所有的人都要遵循的、總的義還是可以列舉出一部分，如下：

① 天（陽）尊、地（陰）卑，推而廣之則有：「君臣、父子、夫婦的『三綱』」和「君臣、父子、夫婦、兄弟、朋友的『五倫』。」這些是由父子之間與生俱來的親愛感情，君臣之間應有的相敬禮義，夫婦之間自然產生的內外分別，長幼之間的天然次序，朋友之間必然的誠信，這五種關係與秩序都是來源於天經地義！人要知倫理且依禮而行，這是人的應有之義，是中國上古文化中的公義。

② 「仁者宜在高位。不仁而在高位，是播其惡於眾也」這也是中國文化中的義，所以，「貴賢者、貴上者」是應該的，也是義。

③ 中國文化的特點體現了對義的遵循，中國的儒家教育是以人為本的，但是儒家的社會治理理論則是以民為本的，這要深入研究孔子的「無訟」思想才能得到的啟示。人文教育和社會治理這是兩個層次，不同的層次有不同的側重點，中國儒家思想對事物的層次感特別強。中國儒家思想是以中庸之道，對事物的處理追求的是無過無不及，如果對事

物的層次都把握不住何以談中庸？

④「絜矩」也是義。

在《大學》中，曾子曰：「所謂平天下在治其國者，上老老而民興孝；上長長而民興弟；上恤孤而民不倍。是以君子有絜矩之道也。

所惡於上毋以使下；所惡於下毋以事上；所惡於前毋以先後；所惡於後毋以從前；所惡於右毋以交於左；所惡於左毋以交於右。此之謂絜矩之道。」

曾子對什麼是治國平天下有非常明確的解釋，然而所說的只是尊老、敬長、恤民和對惡言惡事的限制使之不得傳播，這看似非常平淡的觀念與行為，其實這才是治國安幫的真理。

⑤「忠恕」是義。

在《論語‧雍也》中，子曰：「已欲立而立人，已欲達而達人」（忠）

在《論語‧衛靈公》中，子曰：「其恕乎，己所不欲，勿施於人」（恕）。所謂的「人同此心，心同此理」是也。推而廣之還有：「老有所終，壯有所用，幼有所長，鰥寡孤獨廢疾者，皆有所養」也都是義。

2.禮

禮的狹義概念是指社會規章制度、禮節、儀式、禮器、禮物等。

禮作為儒家學說的重要組成部分，本書重點研究的是其廣義概念，泛指人們的一切行為，禮的實質用現代語來說則是人們行為的道德規範。

（1）禮是中國人的行為準則。

儒家把禮看成是實現最高道德原則仁的行為載體。禮與樂都是仁的載體和表現形式。禮體現的是「區別」的一面，而樂體現的是「和」的一面。

（2）禮之本是誠。

在《中庸》中，子思曰：「誠者，天之道也。誠之者，人之道也。」

《禮記・樂記》中也有記載，曰：「著誠去偽，禮之經也。」

在《禮記・祭統》中也說：「禮有五經，莫重於祭。夫祭者，非物自外至者也，自中出生於心也。心怵而奉之以禮，是故唯賢者能盡祭之義。」

我們要注意這裡說禮是「自中出生於心也」這句話，我們還要追問能從心中生出的會是什麼？只有誠。因此我們可確定禮之本就是誠！

（3）禮之質是義。

孔子在《論語・衛靈公》中，曰：「君子義以為質，禮以行之，孫以出之，信以成之。君子哉！」這句話將義與禮的表裡關係表述得非常清楚，孔子說：君子的行為是以義為質的，是依禮而行的，用謙遜的語言來表述，用誠信的態度來辦事。這就是君子！

禮的行為是以義為尺度的，是「義以為質」的，所以也可歸納為：「此時、此地、此刻，我能、我可、我應該」亦是「宜也」的具體表述。因為義為禮之質，禮是義的載體，禮與義是一體的，所以禮與義這兩個概念都可以用「此時、此地、此刻，我能、我可、我應該」來表述。

孔子對禮進行了全面的論述，提出了「克己復禮」的觀點；把禮當作治國「為政以德」的途徑。在《論語・為政》中，子曰：「道之以政，齊之以刑，民免而無恥；道之以德，齊之以禮，有恥且格。」

在《禮記・禮運》中也有記述：「治國不以禮，猶無耜而耕也；為禮不本於義，猶耕而弗種也。」

荀子在《禮論》中對禮的起源有如下論述：「禮起於何也？曰：人生而有欲，欲而不得，則不能無求，求而無度量分界，則不能不爭，爭則亂，亂則窮。先王惡其亂也，故制禮義以分之，以義人之欲，給人之求。使欲必不窮於物，物必不屈於欲，兩者相持而長，是禮之所起也。」

其實先王制禮的根本目的在於立義。禮的範圍隨個人的能力增加而擴大，而義為禮之質也在隨著禮的範圍擴大而擴大，這個應該很好理

解，一個人的能力提高了地位提高了，他的責任就更大了，應該做的事情也會相對多。所以孔子在其中心思想中強調要「游於藝」，就是要人們不斷提高個人能力，進而提高個人的地位，但提高個人的地位不是為了去撈錢，而是為了「弘毅」。

（4）仁義禮之間的關係

正如《荀子‧大略》中曰：「仁義禮樂，其致一也。君子處仁以義，然後仁也；行義以禮，然後義也；制禮反本成末，然後禮也。三者皆通，然後道也。」

荀子的這段話大意為：

仁義禮樂是一致的。君子處仁的原則是按義的，然後能體現仁；行義的原則是依禮而行的，然後能體現義；制禮的原則是追溯至禮之本誠意上，而且又要能細化到事物的末節，使禮能夠順利施行，然後才成之為禮。以上仁義禮三項都做到了，則是合於道。

我們從《荀子‧大略》中對仁義禮三個概念的分析，仁是內心活動的思想，而禮則是人的具體行為，義則體現於具體行動之中，當人的行為合於道德倫常，又合於此時此地此刻的環境條件，這樣的行為則合於義的要求。

有了對仁義禮關係的釐清，才能最後清晰禮的全部概念。其實除了人的思想活動之外的皆屬於禮的範疇。

「制禮反本成末，然後禮也，」然而，有禮的概念也有非禮概念。如果人們在定制度、定規章時不能做到「制禮反本成末，然後禮也，」所制定出來的規章制度不出於誠意，不合於公理、公義，不是為了立義、興義，這樣的規章制度則屬非禮。

3.孝

孝：善事父母者。從老省從子，子承老也。

象徵：子用頭承老人手行走。用扶持老人行走之形，以表示孝。

本義：敬心奉養和順從父母。

子曰：「夫孝，天之經也，地之義也，民之行也。」（《孝經》）

子曰：「始於事親，中於事君，終於立身。」（《孝經》）

子曰：「立身行道，揚名於後世，以顯父母，孝之終也。」（《孝經》）

有子曰：「孝弟也者，其為仁之本與！」（《論語・學而》）

在《禮記・禮運》中說：「何為人義？父慈、子孝、兄良、弟悌、夫義、婦聽、長惠、幼順、君仁、臣忠，十者謂之人義。」

在《孝經・開宗明義章》載有：子曰：「夫孝，德之本也，教之所由生也。」

孝的概念中還包含了養、敬、忠、諫、順、安等多個要素成分。

（1）養與敬

孔子認為孝不僅限於對父母的供養，而應著重體現在對父母和長輩的尊敬上，認為缺乏敬心的供養則與飼養犬馬毫無區別，雖有供養仍是不孝，所以孝敬的關鍵是體現在內心的敬上。

（2）忠與諫與順

對長輩盡孝道要體現忠，要盡心盡力、想方設法、不計得失。但南懷瑾先生在《論語別裁》中有特別提醒，孝也要依自己的能力，不要把其中的「想方設法、不計得失」做出了格，超出了禮的範圍。

孔子還認為父母可能也會有過失，兒女應該婉言規勸，力求其改正，並不是不分對錯的絕對服從， 婉言地規勸父母體現的也是忠，只有敬與忠都做好了，才是真正的孝。

在《論語・里仁》中，孔子對子女當如何對待父母的勸諫有如下交待。

子曰：「事父母幾諫，見志不從，又敬不違，勞而不怨。」

意為：

孔子說：侍奉父母，他們若有過失的苗頭時，就要婉言相勸。話說清楚了，卻沒有被接納，仍然要尊敬他們，不能違逆對抗，仍然要『又敬不違，勞而不怨』地服侍父母，不可生怨恨。（注：「幾諫」中的

「幾」譯為：苗頭；預兆。幾諫說得很明白，勸諫父母一定要于事前，事後則不應再說。）

在《荀子‧子道篇》第二十九中記載這樣一件事：魯哀公問於孔子曰：「子從父命，孝乎？臣從君命，貞乎？」三問，孔子不對。孔子趨出，以語子貢曰：「鄉者君問丘也，曰：『子從父命，孝乎？臣從君命，貞乎？』三問而丘不對，賜以為何如？」

子貢曰：「子從父命，孝矣；臣從君命，貞矣。夫子有奚對焉？」

孔子曰：「小人哉！賜不識也。昔萬乘之國有爭臣四人，則封疆不削；千乘之國有爭臣三人，則社稷不危；百乘之家有爭臣二人，則宗廟不毀。父有爭子，不行無禮；士有爭友，不為不義。故子從父，奚子孝？臣從君，奚臣貞？審其所以從之之謂孝，之謂貞也。」

孔子對子貢說的大意是：「父親有敢於直言勸諫的子女，就不會去做違背禮義的事；有志之士有敢於直言勸諫的朋友，就不會做出不合道義的事。所以，子女服從父母的命令，哪裡是什麼孝順？臣子順從國君的命令，哪裡是什麼忠貞？要經過思考明白了子從父是遵從什麼、臣從君是遵從什麼？這才是真的孝和真的忠。」

又如：《大戴禮記‧曾子事父母》中記載，單居離問於曾子曰：「事父母有道乎？」曾子曰：「有。愛而敬。父母之行若中道，則從；若不中道，則諫；諫而不用，行之如由己。從而不諫，非孝也；諫而不從，亦非孝也。孝子之諫，達善而不敢爭辨；爭辨者，作亂之所由興也。由己為無咎，則寧；由己為賢人，則亂。孝子無私樂，父母所憂憂之，父母所樂樂之。孝子唯巧變，故父母安之。若夫坐如屍，立如齊，弗訊不言，言必齊色，此成人之善者也，未得為人子之道也。」

譯文：

單居離問曾子說：「侍奉父母有什麼方法、原則嗎？」曾子說：「有，這就是親愛與恭敬。父母行為如果合於道，就服從他們；如果不合於道，就勸諫他們。勸諫的意見不被父母採用，父母行為造成的錯誤，就好像是自己造成的一樣。聽從父母而不勸諫就是不孝。勸諫父母

無效，而不再恭敬也不算是孝。孝子勸諫，是為了向父母講清正確的道理，而不敢爭辯。爭辯，是產生逆亂的開始啊！讓父母聽從自己的意見，如果是為了使父母沒有過失，就平安和美；如果讓父母聽從自己的意見是為了表示自己能幹有見解，那就成了叛逆。孝子沒有私自的快樂。以父母的憂愁為憂愁，以父母的快樂為快樂。孝子能適應父母的憂和樂而靈活轉變，所以父母感到安樂。至於坐如祭祀時的屍祝那樣莊嚴，站像齋戒時那樣恭敬；不經詢問不說話，說話時必定容色莊嚴；這是成年人應持的態度，但不是兒子侍奉父母的方法。」

上述的思想，才真正反映出中國原儒的忠孝思想。

（3）安

在《論語·里仁》中，子曰：「父母在，不遠遊，游必有方。」

大意為：

孔子說：「父母年邁，儘量不長期在外地。不得已，必須告訴父母自己去了哪裡，為什麼去，什麼時候回來。並安排好父母的供養。」一句話讓父母放心、安心。

在《論語·為政》中，孟武伯問孝，子曰：「父母唯其疾之憂。」

大意為：

孟武伯向孔子請教孝道。孔子說：「做子女的各方面都要努力做好，不能使父母為子憂愁。唯子有疾病時，才會讓父母擔憂。其餘一切都能讓父母放心。」

（4）仁孝是中國文化的道統

「孝」是中國文化中最高的美德，是儒家倫理學說的最核心的內容，是培養產生仁義思想的基礎，是一切德行的根本，是教化的源泉。

我們現在已經知道中正仁義是人之道，是人與禽獸相區別的根本標誌，是人之所以稱為人的原因。仁義思想可以說是中國人最重要的一個思想。用顧炎武先生的話說：「仁義充塞，而至於率獸食人，人將相食，謂之亡天下。」可見仁義是萬萬不可斷滅的。所以仁義是中國文化

道統中當然的內容。

仁的思想如何能夠傳遞下去，這是文化傳承所必須包含的內容。在中國文化中孝就包含有傳遞的作用，而且孝還是仁之本，是一切教化的開始。所以仁孝思想就是中國文化的道統。

孔子所傳之大道，不能只有少數人才能做到，那不能叫大道。儒家的大道很平常人人可行，任何人都可以進入，它就是倫常大道，所以中國古話說「道莫大於倫常」、「學以明倫，倫外無學」。

孔夫子給我們傳的道統就是這麼一個人人可行和應行的道，儒家的核心是倫常。倫常的核心又是什麼呢？就是仁孝。

因為仁是為人的基礎，而孝又是仁德教化的基礎，是基礎的基礎，所以孝的思想中所含內容非常之精微博大，非一篇文章、一本書就能介紹完。然而用一個字也能涵蓋其內容，這個字正是「誠」字。

還是那句話「誠乃眾妙之門！」

4. 弟（悌）

弟悌通。

是儒學倫理道德的核心內容之一，指敬愛、順從兄長。常與「孝」並用，稱為「孝悌」。儒家非常重視「孝悌」，把它看作是實行「仁」的根本條件。《論語·學而》：「其為人也孝悌，而好犯上者鮮矣。不好犯上，而好作亂者，未之有也。君子務本，本立而道生。」

5. 知

知：與智通，即智慧、聰明。

儒家把「知」看成是「仁」的重要組成部分，「知」為何會成為「仁」的重要內容？

我們對「仁」的含意有了深刻認識，才能體會要達到仁的高境界，沒有聰明智慧是做不到的。我們知道為「禮」需要分別，這不是見風使舵、不是牆頭草，而是分清層次、尺度、分寸。如果沒有智慧，在意識上都沒分辨不清楚層次、尺度、分寸，又如何能體現在行動上？

子曰：「舜其大知也與！舜好問而好察邇言，隱惡而揚善，執其兩端，用其中於民。其斯以為舜乎！」

大意：

孔子說；「舜真是具有大智慧啊！他喜歡徵詢別人的意見，對一些淺近的話，也要省察它的含意。包容別人的錯誤和不好的意見，宣揚別人好的行為事蹟把握事物的兩個極端，防止民眾觸及，而取遠離極端的中道施行於人民，這就是舜之所以為天下百姓擁戴與津津樂道的緣故吧！」

孔子是讚嘆舜有大智慧能靈活運用多種高明的方法「察邇言，隱惡而揚善，執兩用中於民。」所以，沒有大智慧者是達不到仁的最高境界的。

在《論語‧里仁》中，子曰：「不仁者不可以久處約，不可以長處樂。仁者安仁，知者利仁。」孔子在這裡描述了「仁者」和「不仁者」在「處約與處樂」時的不同表現，反映了知者和不知者對環境的不同承受力。

人的學問修養，達到了仁的境界，才能像孔子最得意的學生顏回一樣「一簞食，一瓢飲，可以不改其樂，不失其節。」換句話說，不能安處困境者，也不能長處於樂境。沒有真正修養的人，不但得意忘形，失意也會忘形。到了功名富貴快樂的時候而忘形，是沒有真正達到仁的境界。假如到了貧窮困苦的環境而忘形，也是沒有中心思想的緣故。安貧樂道「可處有，可處無」是很不容易的事，需要有很高的智慧和修養。

如真有智慧，還必須能施行智所包含的五種行為表現，即博學、審問、慎思、明辨、篤行。

從漢朝始儒者將「智」列為「五常」之一。

6.信

信字從人言，人言不爽，方為有信也。

信：意為人的語言按公理公義理解，就應當是誠實可信的。信是中

國古代社會道德規範之一。

信是儒家的道德範疇之一，意為誠實，講信用，不虛偽。「信」是儒家實現「仁」這個道德原則的重要條件之一，又是其道德修養的內容之一。

人們常把誠信放在一起聯用，誠信是一體的兩面，誠為對己，信為對人。

從「誠心誠意」中，我們可以追問是誠誰之心？又是誠誰之意？當然誠的是行為者自己的心自己的意。所以誠信的誠是對行為者自己的要求。

從「取信於民」的意思，我們可看到的是民眾對「誠心誠意」者的回應，由於居上位者誠心實意、誠心正意的為民眾服務，民眾由瞭解進一步提升為信任，一切皆來自於對誠者行為的認可。所以，誠信的誠只是對己，信是對人，誠與信包含有互動的資訊。

7.忠

忠：誠其意而盡力為之謀也，與恕相對。

儒家的倫理道德規範。是「仁」的內容之一。

《論語‧學而》中，曾子曰：「吾日三省吾身，為人謀而不忠乎？與朋友交而不信乎？傳不習乎。」曾子說：「我每天都會幾次反省自己：答應為別人做的事，是不是盡心盡力去做了？與朋友交往時是不是真誠？老師傳授的有沒有練習？」

「忠」，包含有「己欲立而立人，己欲達而達人」的內容。忠的特點體現在一個「盡」字，受人之托辦事盡心盡力、想方設法、不計得失地成人之美才能叫忠。對長輩盡孝道也是忠，其中就是因為孝要體現：盡心盡力、想方設法、不計得失這個特點，後來「忠」字的使用演變成了特指忠君。

但我們明白孝也要依自己的能力，不要把其中的「想方設法、不計得失」做過了頭，超出了禮的範圍，反又落入了不孝。

　　漢以後出現了「三綱」，其中「君為臣綱」確定了君臣之間關係的基本原則。你願為臣則忠君便是天經地義。你若認為此君不足以讓你盡忠，那就應該是「卷而懷之」進退只在個人的選擇。

　　只是腐儒們後來又加入了他們自己的思想，把忠君提到「君要臣死，臣不得不死」的絕對高度，完全違背了孔孟原儒所要求的：「義之與比」、「義以為質」、「終於立身」等原則。遺害儒學這一百多年來備受批判。

8.恕

　　恕：形聲。從心，如聲。本義：恕道，體諒。恕，忖也。忖度其義於人。

　　儒家的道德標準之一。「恕」要求推己及人，自己不想做的事，不強加給別人。在孔子的有關倫理學說中，「忠」與「恕」是並列的。「忠恕」是實行「仁」的方法，是「仁」的內容，是孔子思想的一貫之道。

　　又《論語‧衛靈公》中：子貢問曰：「有一言而可以終身行之者乎？」子曰：「其恕乎。己所不欲，勿施於人。」

　　「恕」就是要推己及人，「己所不欲，勿施於人，」自己不欲的、自己不想做的事，別人也是同樣不欲和不想做。所謂的「人同此心，心同此理」是也。這是中國文化中義的概念。

　　在《大學》中，曾子曰：「君子有諸己，而後求諸人；無諸己，而後非諸人，所藏乎身不恕而能喻諸人者，未之有也。」就是說君子要能推己及人，用忠恕之道，才能由己而推廣到家人，由家而推及到國內，由國內而推廣到天下，是對「故君子不出家而成教於國」立論的具體解釋。

9.直

　　直是誠的外在表現。

　　直分為：正直、剛直、耿直、率直、平直等。其中，平直是各種

「直」的情形中帶情緒色彩最少的，平直是在禮約束之下的直，是用平心靜氣和無爭的態度行的直道，應該是最接近《中庸》「喜、怒、哀、樂之未發，謂之中，發而皆中節，謂之和」的要求。

古時德字作「直心」，經書有云：「直心是道場，直心是淨土。」

孔子認為不循直道，何以談仁？何以談德？子曰：「剛、毅、木、訥，近仁。」他認為：剛、毅者敢講真話，是揚直；木、訥者不講假話，是不違直。孔子當然不是認為直就等於仁，但肯定要有仁，卻必先有直，直是仁的必要條件之一。

10.勇

勇：儒家的道德標準之一。

指果斷、勇敢。孔子把「勇」作為施「仁」的條件之一。「勇」必須符合「仁、義、禮、智」，而且不能「疾貧」，才能成其為勇。

在《論語·憲問》中，子曰：「仁者必有勇，勇者不必有仁。」

在《論語·為政》中，曰：「見義不為，無勇也。」

於《論語·子罕》中，曰：「知者不惑，仁者不憂，勇者不懼。」

關於勇還有四項相關的要求：發乎仁，適乎禮，慎於謀，止乎義。

（1）發乎仁

勇與仁的關係是，「仁者必有勇，勇者未必有仁，」仁之中就包含有勇的成分。仁是大概念，勇是小概念。勇要以仁為指導思想才行，否則就會亂。

（2）適乎禮

在《論語·泰伯》中，子曰 「勇而無禮則亂。」孔子這裡說有些人有勇氣、有衝勁，很容易下決心，有事情就幹了，這就是勇。但是人的內在沒有好的修養，沒有對禮的尺度與標準的把握，把事情幹完了才發現超出了行為標準，超出了禮的範圍就會出大亂子，把事情辦壞。所以勇要適合於禮，否則「勇而無禮則亂」。

（3）慎於謀

《論語‧述而》中記載，「子路曰：『子行三軍，則誰與？』子曰：『暴虎馮河，死而無悔者，吾不與也。必也臨事而懼，好謀而成者也。』」孔子這裡說：「赤手空拳打老虎，淌水過河，死都不悔的人，我是不和他在一起的，我只和遇事謹慎，善於謀劃而又能辦成事的人在一起。」

勇有大勇與小勇之分，大勇必慎於謀，可以大到安天下，小勇則小到只能力敵一人。

在《孟子‧梁惠王》中，記載了孟子與齊宣王的一段對話：王曰：「大哉言矣！寡人有疾，寡人好勇。」對曰：「王請無好小勇。夫撫劍疾視曰，『彼惡敢當我哉！』此匹夫之勇，敵一人者也。王請大之！《詩》云：『王赫斯怒，爰整其旅，以遏徂莒，以篤周祜，以對於天下。』此文王之勇也。文王一怒而安天下之民。」

大意為：

齊宣王說：「先生的話可真高深呀！不過，我有個毛病，就是逞強好勇。」孟子說：「那就請大王不要好小勇。有的人動輒按劍瞪眼說：『他怎麼敢抵擋我呢？』這其實只是匹夫之勇，只能與個把人較量。請大王選擇大勇！《詩經》云：『文王義憤激昂，於是整頓軍旅，把侵略莒國的敵軍阻擋，增添了周國的吉祥，不辜負天下百姓的期望。』這是周文王之勇。文王一怒而天下定。」

中國儒家文化所推崇的是大勇，大勇之中必體現了仁與義方可謂之大勇。

（4）止乎義

子路曰：「君子尚勇乎？」子曰：「君子義以為上。君子有勇而無義為亂；小人有勇而無義為盜。」孔子認為不能專講尚勇，所以答覆：「君子義以為上。」邢昺疏：「君子指在位者。」在位的君子以義為上。後二句是解釋為何要以義為上。如果在位的君子只有勇而無義，便會作亂。小人，即一般的民眾，如果有勇無義，他們雖然無力造成禍亂，但會淪為盜賊。

　　所以，勇要成為一個好的品質需要有義的約束。義是人們所有行為的內在標準。

11.節

節：氣節、名節、操守、節制。

節是人的高貴品質的具體表現。

　　講氣節、重操守、重名節、輕利欲是「義以為質」的體現，是知恥的另一種表現，接近於「終於立身」的意思，是中國人的高貴品質之一。

12.溫

溫：和氣，柔和。

　　若只是從辭氣上裝飾自己，沒有純潔的內心，一味溫婉其語氣，那一定是內心有所貪求，有所覬覦，不是利即是虛譽，又如何能稱之為溫？只是偽而已。所以溫應是仁慈內心在外表的流露。

13.良

良：善良。

　　良字的結構是艮上一橫，艮卦，形山也。真正的良，是屬於能「高高山頂立，深深海底行的人，」有高遠見識又有待天下人我一體的慈悲心。這樣的人，自身守正高明，而能夠設身處地為對方著想，成人之美不成人之惡。

　　真正的善良，不必落淚，心靜如水，卻是溫婉如春風。若只會陪著落淚，那不叫善良，是不理性，只是一種情緒性的行為。

14.謙

謙：形聲。

從言，兼聲。本義：謙虛，謙遜。側重於內心上的恭順謹慎。

謙，敬也。──《說文》。

謙，遜讓也。──《玉篇》

謙卦：

　　謙卦是《易經》六十四卦之第十五卦。上卦為坤為地，下卦為艮為山。為地中有山之象。山本高大，但處於地下，是為內高外低，在此象徵德行很高，但能自覺地不顯揚。也比喻功高不自居，名高不自譽，位高不自傲。

　　清代學者劉沅解釋曰：有而不居曰謙。艮內止、坤外順，謙之意。地卑下，山高大而居其下，謙之象。以崇高之德而處於卑下，謙之意也。

　　劉沅又曰：惟君子能謙，惟謙終成其為君子也。

　　宋理學家程頤曰：「地體卑下，山之高大而在地中，有外卑下而內蘊高大之象，故為謙。」

　　韓詩外傳雲：德行寬裕，守之以恭者榮。土地廣大，守之以儉者安。祿位尊盛，守之以卑者善。人眾兵強，守之以畏者勝。聰明睿智，守之以愚者善。博聞強記，守之以淺者智。故易有一道，大足以守天下，中足以守其國家，近足以守其身，謙之謂也。易曰，謙，亨，君子有終。

　　君子者觀察謙卦山體高大，而在地中之象，悟知凡事不可盈滿，當權衡其多寡，取多以益寡，均平以施與。

　　《道德經》第七十七章曰：「天之道，其猶張弓與？高者抑下，下者舉之，有餘者損之，不足者補之。天之道，損有餘而補不足。」

　　《文子 上德》：「天之道，衰多益寡。」

　　謙也者，致恭以存其位者也。又，謙者，德之柄也。（《易‧繫辭》）　謙謙君子，用涉大川。（《易‧謙》）

　　謙謙君子　謙虛而嚴於律己的人；如：謙謙君子，卑以自牧也。（《易‧謙》）

　　謙辭：表示謙恭的言辭。

　　謙恭：謙遜恭謹、謙恭有禮。

　　謙和：謙遜易接近。

　　謙讓：謙虛地禮讓或退讓。

謙慎：謙遜而慎重。

謙虛：虛心，不誇大自己的能力或價值；沒有虛誇或自負；不魯莽或不一意孤行。

謙虛謹慎：形容待人處事小心而不自滿；謙虛謹慎，戒驕戒躁。

謙遜：不自大或不虛誇；如：他十分謙遜；也不愛出風頭。

15.恭

恭：是恭敬。

恭：形聲。從心，共聲。本義：恭敬，謙遜有禮。

恭乃莊重恭敬，即你尊重他人，他人就會尊重你，你就不易遭受到羞辱。

在《禮記・曲禮》中如此解釋「在貌為恭，在心為敬。」恭是內心敬意在外的表現。

恭：敬也。沒有普敬之心，這恭是做不到的。不是對有權有勢者做出謙卑樣，而是對一切人的真誠敬意，即能敬君子還要能敬小人。

16.儉

儉：節省；不浪費；儉樸勤儉、省吃儉用。

儉於家於國都是一個很重大的事情，儉樸的生活也是對自然的崇敬，「儉」是個非常深邃的概念。

在《尚書・大禹謨》中，曰：「克勤於邦，克儉於家。」

意思是說，「對於國家能夠勤勤懇懇，對於家庭，能夠勤儉持家」。勤儉節約，艱苦樸素，於國於家無不是富。

在《左傳・莊公二十四年》中，曰：「儉德之共也；侈惡之大也。」

大意為：

節儉，是有德之人的共同品質；奢侈，是邪惡中的大惡。可見古人把奢侈浪費看作一種惡行。

在《周易・否》中曰：「君子以儉德辟難。」

大意為：

君子用儉樸的德行來避免災難。

《周易》是群經之首，其中包含有深邃的道理，並且闡述事物變化道理時能把非常細微的看似毫不相干的事情聯繫起來，揭示出事物本末的發展變化規律。「君子以儉德辟難」闡明儉樸的生活能防患於未然，防止奢靡腐化而造成的災難。

唐代李商隱在《詠史》中對前朝的歷史概括為：「歷覽前賢國與家，成由勤儉敗由奢。」

大意為：

「縱觀歷史，大到邦國，小到家庭，無不是興於勤儉，亡於奢靡。」

李商隱的《詠史》正合適用來解釋「君子以儉德辟難」的意思。

在《宋史·範純仁列傳》中也說：「惟儉可以助廉，惟恕可以成德」。這句話道出了「君子以儉德辟難」的因果。對於官員而言，貪受賄賂不廉潔，往往是因為迷戀紙醉金迷的生活，造成了貪得無厭，最後難逃牢獄之災。而儉樸的德行有助於抑制對奢侈生活享受的欲望，所以，節儉是富國的重要國策，也是防腐倡廉的重要途徑。

古往今來，成功的創業者大都經過艱苦奮鬥的階段，所以比較注意勤儉節約。但是對守業者來說則正好相反，他們沒有經歷過創業的艱辛，容易貪圖奢侈享樂。

儉一般作為勤儉、節儉、儉樸來用，但卻包含了非常深刻細微的道理。儒家文化最根本的原則都是來自簡單的日常生活之中。

17.寬

寬：寬字本意指橫向的距離大，範圍廣，與窄相對。

寬作為人的一種品德為寬宏大量，是一種容他人之過的胸懷。寬諒他人。寬與讓很接近，但還可以區分出其中的差別。「寬」是出於「主動的」，體現在待人處事的「寬鬆、寬容、寬恕」。

寬：　不嚴厲，不苛求：寬待、寬厚、寬鬆、寬容、寬恕、寬宏大量等。

18.讓

讓：指謙讓、禮讓。

對人的謙讓是中華民族的一種美德。

「讓」與「爭」相對。社會亂之源是什麼？就是人有爭心。

「讓」與「寬」的概念很接近。

「寬」是主動的，體現在待人處事的「寬鬆、寬容、寬恕」。

「讓」是被動的，他人提出了一些要求，有的要求在可與不可之間，有的要求卻是無理之極。讓與不讓只在一個念頭，讓與不讓都只看個人修養。現錄六尺巷的故事於下，提供體會讓的概念。

《六尺巷的故事》

據《桐城縣誌》記載，清朝時，在安徽桐城有個一個著名的家族，父子兩代為相，權勢顯赫，這就是張家張英、張廷玉父子。

清康熙年間，張英在朝廷當文華殿大學士、禮部尚書。老家桐城的老宅與吳家為鄰，兩家府邸之間有個空地，供雙方來往交通使用。後來鄰居吳家建房，要佔用這個通道，張家不同意，雙方將官司打倒縣衙門。縣官考慮糾紛雙方都是官位顯赫、名門望族，不敢輕易了斷。

在這期間，張家人寫了一封信，給在北京當大官的張英，要求張英出面，干涉此事。張英收到信件後，認為應該謙讓鄰里，給家裡回信中寫了四句話：

> 千里來書只為牆，讓他三尺又何妨？
>
> 萬裡長城今猶在，不見當年秦始皇。

家人閱罷，明白其中意思，主動讓出三尺空地。吳家見狀，深受感動，也讓出三尺房的基地，這樣就形成了一個6尺寬的巷子。

19.敏

敏：迅速，靈活。

如：敏捷、敏感、敏銳等。是人頭腦的敏銳和行為的迅速與敏捷，包括了聰明能看出事物的預兆和行動迅捷二個方面。

敏是智慧的表現，在這方面，水表現得最為出色。

比如：小水入大坑，水必靜待後援，待到足夠的力量時，水總於第一的時間逾越邊緣，從無停滯，這就是敏。

再比如：小水入大坑，水靜待後援而不至，水則隨風吹日曬之機緣而消散，靈巧無比，這還是敏。

孔子對自己的評說：「我非生而知之者，好古，敏以求之者也。」（《論語‧述而》）

20.惠

惠：仁也。

《說文》柔質慈民曰惠。愛民好與曰惠。（《周書‧諡法》）

孔子的「恭、寬、信、敏、惠」是「為仁」的標準，而對於民眾最重要的一件事，是要能夠得到實惠，「惠」是君子「為仁」的實質。

子謂子產曰：「有君子之道四焉：其行己也恭，其事上也敬，其養民也惠，其使民也義。」（《論語‧公冶長》）

大意為：

孔子評價子產時說：「子產具備了君子的四個方面：他的行為都很謙遜有禮；對君王（上級）很恭敬謹慎；他帶給民眾的是實惠；他徵用百姓時都合於道義的。」

子貢曰：「如有博施於民而能濟眾，何如？可謂仁乎？」子曰：「何事於仁？必也聖乎！堯舜其猶病諸。夫仁者，己欲立而立人，己欲

達而達人。能近取譬，可謂仁之方也已。」（《論語・雍也》）

大意為：

子貢問：「假若有一個人，他不僅帶給百姓很多好處，而且還能扶貧濟困，怎麼樣？可以算是仁人了嗎？」

孔子說：「豈止是仁人，簡直是聖人了！就連堯、舜尚且難以做到呢。至於仁人，就是自己想要做到的，也幫助別人去做到；自己想要實現的目標，也幫助別人去實現。能就近以自己作比喻，將心比心，推己及人，可以說就是實行仁的方法了。」

我們從這句話可以看到「將心比心，推己及人」就是行仁了。而惠則是對仁的思想的落實，是對仁思想的實現。這應該是仁與惠的聯繫與區別。

十八、 恥——人類的最後底線

中國儒家思想中還有一個基本的和非常重要的一個概念——恥。儒家於「道」的修為是漸進中庸，於「禮」的修為則是不斷遠恥。

古人云：「恥，乃人禽之別也。」

孟子曰：「人之異於禽獸者幾希，庶民去之，君子存之。」

大意為：

孟子說：「人異於禽獸只有『幾希』的部分，要做好人做君子，關鍵在於克制同於禽獸的部分，而保存發揚那『幾希』的人性。」

然而，我們現代的文化中卻經常用適者生存這樣的「叢林法則」來教育年輕的學生要努力學習與工作，真有點搞不懂其意欲何為了。

恥的概念是中西文化中的共同底線。因此，可認為它是人類的最後底線。

1.西方的例證

在西方的文化的源頭之一的《舊約‧創世紀》中可以看到這個例證。

「當上帝讓亞當和夏娃住在伊甸園中，讓他們修葺並看守這個樂園。上帝吩咐他們說：園中各樣樹上的果子你們可以隨意吃。只是分別善惡樹上的果子你們不可吃，因為你吃的日子必死。」

亞當和夏娃赤裸著身體，品嘗著甘美的果實。他們或款款散步，或悠然躺臥，信口給各種各樣的動植物取名：地上的走獸、天空的飛鳥、園中的嘉樹、田野的鮮花。

他們就這樣在伊甸樂園中幸福地生活著，履行著上帝分配的工作。當蛇引誘夏娃和亞當違背上帝的命令吃了伊甸園中善惡樹上的禁果時，

兩顆果子好像強力劑一樣注入了渾沌蒙昧的兩顆心。夏娃和亞當的精神世界頓時澄清了、明晰了，他們的眼睛明亮了。他們開始分辨物我，產生了『自我』的概念，他們無比沮喪地發現，自己赤裸著身體，是羞恥的事情。於是他們用無花果的葉子為自己編織了裙子，來掩飾下體。」

從這則故事中，我們可以很清楚地看到：上帝耶和華只是創造了人形的亞當和夏娃，只有當他們開始分辨物我，產生了「自我」的概念，有了「羞恥」感後而才真正成為人的。這和中國文化對人的理解「恥，乃人禽之別也」是一致的，這不是什麼巧合，而是殊途同歸。

2.儒家文化對恥的論述

《禮記‧曲禮上》第一中曰：「鸚鵡能言，不離飛鳥，猩猩能言，不離禽獸。今人而無禮，雖能言，不亦禽獸之心乎？夫惟禽獸無禮，故父子聚麀。」

在《管子‧牧民》篇中也有論述到「恥」的概念，並將禮、義、廉、恥作為國之四維，曰：「倉廩實，則知禮節。衣食足，則知榮辱。……四維張，則君令行。……守國之度，在飾四維。……四維不張，國乃滅亡。……國有四維，一維絕則傾，二維絕則危，三維絕則覆，四維絕則滅。傾可正也，危可安也，覆可起也，滅不可復錯也，何謂四維？一曰禮、二曰義、三曰廉、四曰恥。禮不逾節，義不自進，廉不蔽惡，恥不從枉。故不逾節，則上位安。不自進，則民無巧詐。不蔽惡，則行自全。不從枉，則邪事不生。」

人知恥而與禽獸別，由恥而生出有人倫，也就是父子、君臣、夫婦、長幼、朋友，這五種人的區別和秩序！

人以什麼為公理、公義？就是父子之間與生俱來的親愛之情，君臣之間應有的相敬之禮，夫婦之間自然產生的內外分別，長幼之間天然的次序，朋友之間必然的誠信，這五種關係秩序就源自於天經地義！人能夠知倫理而且依禮而行，才是人的應有之義，這些是中國傳統文化中的公義。如果行為喪失倫理，縱然具有了人的形體，也只是衣冠禽獸。

　　西方文明雖也起於恥，但沒有演化出倫理綱常的文化，是缺少了「區別」的層次而直接就到了「平等」的層次。

　　在這裡我們有必要進行一個說明，中國的古代人的行為是以義為人們的行為標準的。但是隨著禮崩樂壞和成文法的頒佈，在民眾中又形成了新的平等參照點——法律。所以當代的中國人就生活在一種苦悶中，某某本來應該這樣做才對的，他卻是哪樣做的，而且還不圍法！？

　　中國文化有沒有「平等」的觀念？有！在中國文化中，對於義才是人人平等的，董仲舒曰：「義之法，在正我，不在正人。」

　　中國的文化中是先講「區別」的概念，在「區別」的基礎上才講「均」的。「均」不是數學平均，而是公平合理、公義層次上的平等謂之均。

　　禮的「區別」：

　　首先是區別人的身份地位，不同的人各有適於身份地位的「應行、應止」這就是按義而行。

　　前文我們討論過「君子犯義，小人犯刑，國之所存者幸也」的內容，明確了對於「居高位的君子」衡量其行為的標準是義，不能再是刑法！如果需要用法律來衡量他們的行為時，人品就太低微了，已屬於人渣，「大夫必用有德」這其中體現出來的才是中國文化中「平等」的真實含意！這其中亦是以義為標準的。

　　其次，是區別功勞、貢獻大小，按功勞、貢獻的大小進行獎勵與分配才是真正的「均」，其中是以「義」為衡量標準的，絕對不是數學的平均分配！更不是「不勞動者不得食」！

　　《論語》中對「恥」作了很多的論述，如：

　　子曰：「巧言、令色、足恭，左丘明恥之，丘亦恥之。匿怨而友其人，左丘明恥之，丘亦恥之。」（《論語‧公冶長》）

　　孔子說：花言巧語，一副非常的恭敬討好人的嘴臉，左丘明認為是可恥，我也認為可恥；心懷怨恨卻要跟人交朋友，左丘明認為可恥，我也認為可恥。

子曰：「天下有道則見，無道則隱。邦有道，貧且賤焉，恥也；邦無道，富且貴焉，恥也。」（《論語·泰伯》）

孔子說：天下政治清明就出來實現抱負，天下政治黑暗就隱退。國家政治清明而自己卻貧賤，這是恥辱；國家政治黑暗而自己卻又富且貴，也是恥辱。

憲問恥。子曰：「邦有道，穀；邦無道，穀，恥也。」（《論語·憲問》）

在孔子看來，若「邦有道」就應該出來從政做官，如果沒本事出來做官是恥辱；反之，若「邦無道」時立身仕途、從遊宦海，那亦是一件十分可恥的事情。

管子提出了禮、義、廉、恥之四維，其分別關係到國運之傾、危、覆、滅。

正是「公輸子能與人規矩，不能與人巧」。規矩擺在這裡，用與不用、習與不習都只在個人。

顏回也說：「不修養正道，是我們的恥辱；我們傳播正道了，卻不被一些人採納，那是他們的恥辱。」

十九、　後記

有必要區分孔子文化和中國傳統文化的概念。

南懷瑾先生在《論語別裁‧泰伯》篇中有如下的評說：

「我們現在說中國文化，如果嚴格地說應該是周代文化。是周公把過去的中國文化，集其大成；而孔子是將周公集其大成的中國文化加以整理。所以中國文化，也就是堯、舜、禹、湯、文王、武王、周公、孔子所傳承的文化總稱。」

現代人把孔子時代的原儒與以後經歷朝歷代改造過的「儒學」沒有進行區分，往往誤當成是同一個概念。歷朝歷代所改造過的「儒學」流傳到現在，名稱雖然還叫儒學，其內容卻發生了很大很大的改變。

怎樣變的？在班固的《漢書‧藝文志》中說得很清楚，曰：「諸子十家，其可觀者九家而已。皆起於王道既微，諸侯力政，時君世主，好惡殊方，是以九家之術蜂出並作，各引一端，崇其所善，以此馳說，取合諸侯。」

意思是說：當「王道既微」後，由於「諸侯力政，時君世主，好惡殊方」，投其所好者找上門來，從上古文化的不同側面展開論述，因諸子各有所長而從原有文化中各「引一端」加以發揮，而發展出具有不同特色的諸子文化，形成了原有文化（儒道未分）的分支。

孔子時代的中國文化這杯淳厚的美酒在先秦時代就被諸子百家給稀釋了N次，在以後，歷朝歷代的「時君世主」又按他們自己的「好惡」稀釋2000多年。現在擺在你我面前，貼著「2500年的上古美酒」，你信嗎？你敢喝嗎？

所以不做孔子文化和中國傳統文化概念的切割，由孔子整理承傳下來的中國文化思想的本來面目就很難被現代人所認識。一說振興儒學，

就認為是被摻了水後的「中國傳統文化」，一些沒分清這個概念的人情緒之抵觸、心中之憤懣溢於言表。

從司馬談的《論六家要旨》中能看出陰陽、儒家、墨家、法家、名家、道家的側重與區別，但看不出文化的主次，容易讓人誤以為孔子的文化地位與其他諸子同是一個層次的。我們需要明確一件事實，孔子是「祖述堯舜」、「信而好古」、「述而不作」的，他整理的是中國上古之文化，他流傳下來的儒家學說才是源於上古的，是中國文化的正統，是中國文化之主幹。其他諸子學說只是中國上古文化的分枝。

中國文化發展變化的脈絡一定要清晰。諸子百家只是中國上古「文化本散而萬殊」的結果，好比鋼化的玻璃摔在了地上，我們看到的是晶瑩剔透美麗如鑽的顆粒，卻都沒有見過玻璃未碎時的美麗！

然而文化的分化又是歷史的必然趨勢。我們只是不能因循歷史發展了、變化了，而不知所以然。

中國文化從上古流傳下來，經過歷朝歷代「時君世主，好惡殊方」的改造，變成現在我們看到的這個樣子。其中加進了多少他們的思想和觀念？！然而，仍舊冠之以孔孟之道，擾亂了視聽混淆了是非，作為有責任感的中國人就要努力釐清上古中國文化中的真實概念。而不是用西方的思維和眼光去看中國上古的文化，更不該跟著故意歪曲中國上古文化的人一起瞎攪和。

國家圖書館出版品預行編目資料

論語核心思想探研：對仁義禮的解讀 / 江闊著. -- 初版. -- 臺北市：蘭臺, 2012.12 面；公分. -- (蘭臺國學研究叢刊. 第一輯；7)
ISBN：978-986-6231-27-8（平裝）
1.論語 2.中國文化 3.研究考訂
121.227   100018637

蘭臺國學研究叢刊 第一輯 7

論語核心思想探研：對仁義禮的解讀

作　　者：江闊
編　　輯：郭鎧銘
封面設計：鄭荷婷
出 版 者：蘭臺出版社
發　　行：蘭臺出版社
地　　址：台北市中正區重慶南路1段121號8樓之14
電　　話：(02)2331-1675或(02)2331-1691
傳　　真：(02)2382-6225
E—MAIL：books5w@yahoo.com.tw或books5w@gmail.com
網路書店：http://store.pchome.com.tw/yesbooks/
　　　　　http://www.5w.com.tw/lanti/
　　　　　http://www.5w.com.tw、華文網路書店、三民書局
總 經 銷：成信文化事業股份有限公司
劃撥戶名：蘭臺出版社　帳號：18995335
網路書店：博客來網路書店 http://www.books.com.tw
香港代理：香港聯合零售有限公司
地　　址：香港新界大蒲汀麗路36號中華商務印刷大樓
　　　　　C&C Building, 36,Ting, Lai, Road, Tai,Po, New,Territories
電　　話：(852)2150-2100　傳真：(852)2356-0735
出版日期：2012年12月 初版
定　　價：新臺幣1200元整（精裝）
ISBN：978-986-6231-27-8
套書定價：新臺幣12000元整（精裝）
ISBN：978-986-6231-56-8